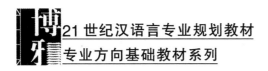

现代汉语词汇学教程

周 荐 编著

图书在版编目 (CIP) 数据

现代汉语词汇学教程 / 周荐编著 .—北京：北京大学出版社，2016.10
（21 世纪汉语言专业规划教材）
ISBN 978-7-301-27575-7

Ⅰ.①现… Ⅱ.①周… Ⅲ.①现代汉语 – 词汇 – 高等学校 – 教材
Ⅳ.① H136

中国版本图书馆 CIP 数据核字 (2016) 第 225720 号

书　　　名	现代汉语词汇学教程 XIANDAI HANYU CIHUIXUE JIAOCHENG
著作责任者	周　荐　编著
责任编辑	崔　蕊　邓晓霞
标准书号	ISBN 978-7-301-27575-7
出版发行	北京大学出版社
地　　　址	北京市海淀区成府路 205 号　100871
网　　　址	http://www.pup.cn　新浪微博：@ 北京大学出版社
电子信箱	zpup@pup.cn
电　　　话	邮购部 62752015　发行部 62750672　编辑部 62754144
印　刷　者	三河市博文印刷有限公司
经　销　者	新华书店
	650 毫米 ×980 毫米　16 开本　16.5 印张　214 千字 2016 年 10 月第 1 版　2021 年 7 月第 3 次印刷
定　　　价	42.00 元

未经许可，不得以任何方式复制或抄袭本书之部分或全部内容。
版权所有，侵权必究
举报电话：010-62752024　电子信箱：fd@pup.pku.edu.cn
图书如有印装质量问题，请与出版部联系，电话：010-62756370

序

周荐教授所编写的《现代汉语词汇学教程》现在与广大读者见面了。阅读全书有面貌一新之感。作为教材，全书铺排得当，内容符合教学需要，且能与时俱进，章节安排很有逻辑性，语言也比较通畅；而且虽为教材，大家阅读后会感到内中不乏作者之创见。

本教材一开头就有一段说明词汇重要的话：

> 词汇与语法、语音并称语言的三大要素。在语言的这三大要素中，语法自然是一个重要的因素，因为若无语法，词汇就仿佛一盘散沙，无从结构和组织；语音也是一个重要的因素，如果没有语音这个物质性的载体，词汇所表达的内容也就无法为人所感知。但是，比起语法和语音来，词汇的重要性似乎更胜一筹。

我完全同意作者这一观点。学语言的人，很多人以为学习语法最重要，其实词汇比语法更重要。我们为什么要把孩子送进学校识字学文化？就是为了能让孩子从小就学习、掌握好母语的书面语。因为一个人只有掌握好了母语的书面语，他才能不断接受高素质的教育，包括文化科技教育和道德品质教育。而到一定阶段我们还得让孩子学习掌握一门外语，这为的是让孩子添加一对翅膀，多长一双眼睛，好让他们将来能飞得高看得远。而学习掌握母语的书面语也好，学习掌握外语也好，最重要的是要切实学习掌握好大量的词汇。我们现在都不太能看懂文言文古书,这是为什么?大多是由于不解词义的缘故,语法的障碍相对说要少得多。同样,我们学外语,如果不掌握足够多的词汇,那就不用说写了,读、听、说都成问题。我国的语言研究有两千多年的历史,创建了文字学、音韵学、训诂学,有极其辉煌的成就。表面看是围绕汉字的形、音、义展开研究的,实际研究的就是汉语词的音和义,就是词的书写形式——汉字。我国最早的语言学著作《尔雅》《说文》《方言》《释名》基本都属于词汇方面的专著。这足见古人对词语之重视。

  语言是随着社会的发展而不断发展变化的。其中,词汇的新旧更替是最快、最显著的,而且语言的词汇常常会被烙上深深的时代的、民族的历史文化印记。因此,不仅词汇学习重要,词汇研究也重要。但是需知词汇研究很难很难。为什么?我想原因起码有四:

  第一,语音也好,语法也好,研究起来也有不小的难度,但无论语音还是语法,相对来说要素不是很多,规则也还有限。而词汇是一个离散的又是极为庞大的集合,词汇量极大,就是常用词少说也要上万,而其规则性不强,更难以把握。词汇研究的研究量和研究难度远远超过语音和语法的研究。

  第二,任何一个词都是音义结合的单位,研究词汇实际主要是研究词的意义。而语言中意义是最为复杂,又是最不可捉摸的东西。意义如流沙,在研究中很难把握得准、把握得住;意义犹如泥潭,研究意义会犹如掉进泥潭;意义又如宇宙黑洞,研究意义可能研究了半天一事无成,弄得"有去无回"。

  第三,研究词汇,面对的是千千万万个词;而每一个词都有一部小小的但又难以厘清的历史。例如"火车",许多人认为来自"火轮车",是"火轮车"缩写而成。现在看来这是想当然的看法。今年一月我去马来西亚访问,马来西亚汉语研究者邱克威先生给我看他刚完成的文章《论"华语"与马来西亚华语研究》,文中指出,"'火车'一词在文献中出现得比'火轮车'早",因此"较晚出现于中国文人笔下的'火轮车'显然不可能会是'火车'

一词的扩展形式"。事实上这两个词"是不同地域产生的词汇，即：'火车'是粤方言词汇，而'火轮车'是官话词汇"。又如"文明"一词，1958年出版的高名凯、刘正埮编撰的《现代汉语外来词研究》认为是日语借词；许多教材上也跟着这么说。Lydia H. Liu（刘禾）（1995）的 *Translingual Practice：Literature, National Culture, and Translated Modernity—China, 1900—1937* 也认为"源自古汉语的日本'汉字'词语"。今年一月我在新加坡读到庄钦永、周清海撰写的《基督教传教士与近现代汉语新词》一书，方知"文明"这个词早见于道光十九年（1839年）所镌之《犹太国史》：

> 惟犹太民蒙上帝眷顾，其史自开辟之初以后络绎不绝，循踪迹尽必自屈遂安居于异方，而乐业矣。当是之时，大师兴焉，化昭文明，流教，蛮夷云集，奋扬疆界，悠掠戮矣。

再如"议会"，过去也一直认为是日语翻译词汇借形到汉语来的。然而庄、周二位的书中指出，"议会"一词在英国传教士米怜于1821年的文献中就首次使用了。此外，上古汉语常常一声之转造成不少异形词，搞得后人错解上古文意。譬如《楚辞·九章·惜往日》中有"秘密事之载心兮，虽过失犹弗治"一句。一直以来将"秘密"分训，并且将"秘密事"切分为"秘"和"密事"。不少从事先秦文学研究的学者也按此释解上面所引的那句话。直到当代学人姜亮夫在《重订屈原赋校注》中才指出："'秘密'即'黾勉'一声之转。""'秘密事之载心'，即《诗经》之'黾勉从事，不敢告劳'之义。"最近马来西亚邱克威著文《〈楚辞〉中两个"黾勉"义双声连绵词释义》（载《学文》创刊号，2012，马来西亚），以丰富的文献资料证实姜亮夫先生观点之正确。这些都是足以改写汉语词汇史的重大发现。

第四，汉语中有大量同义词（严格说是"近义词"）。真正从词语使用的语义背景这一视角来辨析清楚各组同义词的用法差异，这更是难事。同义词中各个词使用的语义背景，这对母语为汉语的中国人来说并不是迫切需要的,因为从小习得汉语,具有丰富的语感;而对外国学习者则极为需要。外国学习者词语使用不当,究其原因,主要不是他们不了解那些词的基本意义,而是不了解那些词的具体用法,特别是不了解那些词语使用的语义背景。而我们目前的辞书对各个词语多数只是注释了词的基本意义,而不说具体用法,更不说明所注释的词使用的语义背景。

  词汇难研究,但我们要有人去研究。北京大学出版社推出周荐编写的《现代汉语词汇学教程》,是希望各高校中文系重视词汇教学,希望社会关注汉语词汇研究,以培养越来越多的年轻学子投入到汉语词汇研究中来。

  教材是过几年就需要修订的。日后出修订版时,望在文字上力求简明。

  是为序。

陆俭明

2013 年 5 月 1 日

于北京大学

前 言

词汇学在中国发轫甚早,即使不算先秦诸子著作中零星的记载而只从大部头的著作(如战国末至汉初的《尔雅》、汉末的《释名》)算起,距今也有两千多年的历史了。如果说语言学是一门古老的学科,那么语法、语音、词汇这语言三大要素中当得起这"古老"二字的,非词汇莫属。但古老的学科往往负担重,转型难,吸纳新理论,汇入新潮流,都颇为不易。当中国即将告别两三千年的封建社会迈入20世纪的门槛时,西方的葛朗码通过马建忠的《文通》迅速走进中国。当中国终于要打开国门融入到世界洪流中去的时候,语义学等崭新的学科又以迅疾的脚步跨进中国神圣的学术殿堂。而词汇学,这个曾经给我们带来无比荣耀的学科,却因负重千年,蹒跚珊珊,步履维艰,严重地落伍了。兄弟学科似乎并未遗忘词汇学。当20世纪初语法学在中国发展得如火如荼之时,曾有不少语法学者将词汇学的内容纳入到其所著的"文法"书中。这些学者之所以这样做,原因固然很复杂,但最关键的还是,在他们看来,词的结构与句法的结构本质上是一套。两千多年前即已发轫的词汇学似乎就这样被语法学轻而易举地全盘收编了。更有学者,虽未将词汇学一口鲸吞,却将本属词汇学研究的有机的内容切割出去,作为其标新立异的内容。

词汇学之所以发轫最早,而且在两三千年的历史长河中始终保有旺盛的生命力,其来有自。这原因就是词汇学始终有着自己独特的研究内容和研究方法,是不容其他学科取代,也是任何其他学科替代不了的。以常被一些语法学者拿去作为他们的研究内容的构词法为例，它与句法结构关系只是表面上相似，实际差别是不可以道里计的。例如，句法上说的主谓结构关系，被拿来用到词内部的结构关系上，说汉语复合词有什么主谓关系的一类。但是，主谓句中的主语，多是动作发出者，是施事，常充当主语的是代词。有谁见过被称作主谓式的双字复合词，其首字是由"我""你""他"这些代词充当的？反过来看，"车辆""花朵""马匹""枪支"这些由名词性的字与表示单位的字组合成的复合词，其间的结构关系，也不是可以在句法中找得到的。这说的是结构关系。意义内容也一样，词汇意义不是语法意义，也与逻辑意义不可混同。比如，同义词为何可以有一组词语存在？反义词为何一般只是两相对待的？原因在于同义词、反义词都要求单位彼此间要能产生意义联想，同义词是让人在众多的词语中挑选出一个更适切的来用，而反义词则一般只能对举使用。词语内意义的研究，也不是其他学科所能庖代的。例如"偷风不偷月，偷雨不偷雪"，其间的关系只能逆向解释：在刮风的天气去偷而不在满月的时节去偷（免得被人发现），在下雨天去偷而不在下雪天去偷（避免留下足迹）。似这样需要逆释的词语有很多，如"冲喜、缝穷、洗三、宅院"。

  词汇的内容不简单，真正研究出点像样的成果来更难。近三十年前张志公先生就曾发出过"语汇重要，语汇难"的慨叹，今天陆俭明先生也发出了重视词汇研究的呼吁。难不怕，怕的是我们没有战胜困难的勇气和恒心。两三千年前的中国古人既能创造出足以夸耀世界的词汇学辉煌成就，我们今天没有任何理由不使之发扬光大。

  本教材对词汇的各类单位、各种现象都有简明的介绍和详细的讨论；对字、语素、词、仂语、熟语各自的性质、特点，尤其是彼此纠结处，一一作了阐释；从形式的角度详细分析了词语的构成（造词法）、词语的结构（构词法）的异同以及各自存在的问题；从内容的角度展示了各类词汇单位意义之复杂和各类词语间意义关系之纷繁;对熟语等特殊词汇,对词语的集汇和交流,以及词汇的演变和规范,作了深入而独到的分析。本教材所用的汉语的字词语语料,多以对汉语权威词典的统计数据为据,间或也会用上其他语言的材料,以为佐证。本书主要是现代汉语的语料,偶或用到古汉语的材料,以资参证。每章结尾处均列出一些参考题,供学习者思考。全书末尾附有可供延伸阅读的主要参考文献,可使读者看到汉语词汇学这个古老而青春焕发的学科在最近几十年的发展中留下的足迹。

　　本教材适合具备语言学理论和汉语语言文字学基础知识的人使用,尤其适合汉语语言学专业、国际汉语教育专业高年级本科生以及研究生使用。

目 录

第一章 导 论 ... 1
第一节 词汇的地位和性质 ... 1
第二节 词汇的范围 ... 4
第三节 词语的内容和形式 ... 6
第四节 词语化——由非词语到词语的过程 ... 7

第二章 词汇单位 ... 9
第一节 字 ... 9
第二节 语素 ... 13
第三节 词 ... 16
第四节 仿语 ... 20
第五节 熟语 ... 22

第三章 造词法——词语创制之法 ... 29
第一节 造词方法种种 ... 29
第二节 词的内部形式 ... 46

第四章 构词法——词语构造之法 ... 55
第一节 词根、词干、词缀、词嵌和字串 ... 55
第二节 单纯和合成 ... 59
第三节 复合和派生 ... 63
第四节 双字格 ... 75
第五节 三字格 ... 80
第六节 四字格 ... 90
第七节 简略 ... 101

第八节　词汇架构 …………………………………………… 107

第五章　词汇意义 …………………………………………… 116
　　第一节　字词语义的单位 …………………………………… 116
　　第二节　字义和词义 ………………………………………… 134
　　第三节　词义因使用的分类 ………………………………… 137
　　第四节　词典释义和俗词源 ………………………………… 141
　　第五节　词义的聚合 ………………………………………… 144
　　第六节　词义的组合与嬗变 ………………………………… 153

第六章　熟　语 ……………………………………………… 160
　　第一节　熟语范围的界定 …………………………………… 160
　　第二节　成语 ………………………………………………… 161
　　第三节　惯用语 ……………………………………………… 171
　　第四节　歇后语 ……………………………………………… 180
　　第五节　谚语 ………………………………………………… 183
　　第六节　标签性词语 ………………………………………… 185

第七章　词语集汇和交流 …………………………………… 193
　　第一节　词语常用性和非常用性 …………………………… 193
　　第二节　基本词汇 …………………………………………… 194
　　第三节　一般词汇 …………………………………………… 196

第八章　词汇演变和规范 …………………………………… 227
　　第一节　词汇发展、变化的态势 …………………………… 227
　　第二节　词汇的正态分布与调节 …………………………… 229
　　第三节　词汇的语用变异 …………………………………… 231
　　第四节　异形词：异形一词 ………………………………… 234
　　第五节　同音词、同形词：一形异词 ……………………… 237
　　第六节　异名同实词语和同名异实词语 …………………… 241

参考文献 ……………………………………………………… 243
后　记 ………………………………………………………… 245

第一章 导 论

第一节 词汇的地位和性质

词汇与语法、语音并称语言的三大要素。在语言的这三大要素中,语法自然是一个重要的因素,因为若无语法,词汇就仿佛一盘散沙,无从结构和组织;语音也是一个重要的因素,如果没有语音这个物质性的载体,词汇所表达的内容也就无法为人所感知。但是,比起语法和语音来,词汇的重要性似乎更胜一筹。词汇是语法赖以存在的实体,没有词汇,语法就成了干巴巴的规则,失去了存在的意义。进一步说,如果语言从未有过词汇,语法也就不会产生;如果一种语言的词汇消亡了,语法的意义和作用便顿然丧失,即使该语法的条条可从语法书中了解到,但那失去生命的条条已无从唤起人们的任何感应。婴孩出生后最初的牙牙学语,所学的是单字和单词,而不是语法。直到孩童所掌握的词汇总量达到了一定的程度,他需要用这为数众多的词语组织成句子表达自己的意思时,语法才开始发挥其重要作用。词语的意义是语音所负载的实际内容,没有了这实际的内容,语音就与自然界的风吼雷鸣无异。语音就仿佛鸡蛋的外壳,它使得内容被固化,且不能随意流动;外壳连同内容作为一个整体为外界所感知,被人用作与外界交往的凭借物。

词汇是全民的。虽然一些人的群落可能会因某种特殊的需要或历史、地域等原因形成自己特有的词汇,但词汇中的绝大多数单位对于同一民族的使用者而言具有高度的一致性。词汇的全民性不应被理解成整个民族的所有成员一无例外地使用该种语言的词汇，也不应被理解成一部规范型语文词典的全部词条都一无遗漏地为全民族所有的成员所理解和使用。那样理解的全民性，实际上是不切实际的、不可能有的。词汇的全民性应该理解成一种词汇为社会上占居多数的人的群落稳定地使用的状况，也应该理解成一部规范型语文词典的绝大多数词条能够为全民族的绝大多数成员所理解和使用。语言是活的，是动态的，词汇的变动性更强。像汉语这样的语言，为十几亿的人使用，词汇发生变异是很自然的事，不变才不可思议。其中有因地域的阻隔、时代的悬隔而发生的异地词语、异代词语的变异，有因文化、职业、性别、年龄等的不同而发生的社会性的变异。异地词语（即所谓方言词语或区域词语）、异代词语，还有因各种各样的原因而形成的社会方言词语（包括在虚拟世界流传的网络词语），都不是一种语言词汇的主流状貌。词汇的主流状貌，是其现实性地、稳定地使用于一定的人群中的状貌。

　　词汇是民族的。每种语言的词语都会有自己的特点。汉语词语的特点主要有二：一是对称，二是比喻。对称，较易理解。现代汉语的词语，词长以双字、四字为主。双字格的词自不必说，四字格的语多二二相承，呈完美的对称。三字格的词之所以数量远比不上双字格的词，也没有四字格词汇单位的典雅，很大程度上就是因为它不具结构上的对称性。比喻，是词语的外表起打比方的作用，内里说的才是实情。有的词语，词的一部分起比喻的作用，另一部分是被比喻所烘托的，例如"眉宇、墙裙、黄金搭档、魔鬼身材"；有的词语干脆全部是比喻，例如"肝胆、露馅儿、陆沉、马趴"。词语的直接组成成分全部是比喻的，往往是其形式为对称，其内容为比喻，例如"袍泽、锁钥、火树银花、吉光片羽"。既然是比喻，就免不了有夸张的成分，例如"秒杀、墨海、失魂落魄、满目疮痍"。

　　民族性在词汇上存在着两个形式上的层面：语音形式和书

写形式。前者表明它可能会有"五里不同音,十里不同调"的复杂情况存在;后者表明它在全民族(甚至会超越民族的界限)间存在着高度的一致性。无论是语音形式的歧异还是书写形式的一致,都只是形式,内容才最为关键。词汇的内容在同一民族的成员间存在着较大的一致性,为全民族绝大多数的成员所共同理解和使用。词汇的这种共性,还表现在它不像语法那样可能在若干种语言间存有相似的框架,而只在同一民族的使用者间存在着使用上的最大共性。

词汇是时代的。词汇一般不会在总体上出现时代的断层,彼此衔接的不同时代的词汇单位总是大量相同,少量相异。词汇之大量相异、少量相同的情况,常会出现在并不衔接的各异的时代。不相衔接的时代,词汇可能会令人感觉面貌丕变,焕然一新。在经受外来文化强烈冲击的情况下,隔代的词汇更易令后人难以索解。词汇是最易对时代作出及时反映的语言要素。当代人总是会用词汇来反映自己对所处时代的认识和看法,异代人总会从创制于某一时代或曾使用于某一时代的词汇中发现那个时代的残迹。正因此故,人们总是喜欢称词汇为"时代的镜子"。

词汇是相对开放的。尽管一个社会、一个时代所有的词语事实上是有限的,但比起语法的数十条规则和语音的数十个音位,拥有数万乃至数十万单位的词汇,其数量无疑是巨大的。词汇的开放性不仅表现在它成员众多,更重要的是它成员的更新率高,一个正常社会的词汇系统几乎处于每日每时不间断的词语更替过程中。正因为词汇具有相对的开放性,它迄今为止的发展史告诉我们,它的部分成员虽也在不断地被汰出,但新增的成员总是超过被淘汰的旧成员,因而,词汇的总量一直在增加,而且我们今天仍无法预测词汇的这种增量运动何时才会终止。

第二节　词汇的范围

语言中的字是有限的，语文词典所收常用字一般就是八千左右；但是用这八千字构成的词语，可达至数万甚乃至于数十万。现代汉语中由复字构成的词汇单位最多，也有不少由单字充任的词汇单位。单字，无论古今，一般都属词汇单位。复字单位有词有语，但首先要提到的是词，而且是合成词。

合成词，它们或者是由在语法上被称作黏着语素的字相互组合而成，或者是由被称为自由语素的字与被称为黏着语素的字组合而成，或者是由被称作自由语素的字相互组合而成。黏着也好，自由也好，都是从其与另一字的结合关系的角度着眼的。如果从其自身的性质上着眼，黏着字也好，自由字也罢，绝大多数是有义字，少数是无义字或弃义字。黏着字其实未必就是无义字或弃义字，有的也是有义字；自由字其实不一定就是有义字，有的也是无义字或弃义字。从字与字结构而成的单位看，为数不少的由有义字与无义字或弃义字组成的单位（如"狼狈、瘫痪、沙皇、网吧"），它们同样得称作合成词，不能/无法称作单纯词，因为它们都是由若干独立个体结构成的一个结构体，独立个体间存在着一定的关系。合成词数量最大的是双字格的，其次是三字格的，如"安全岛、墨斗鱼、翘辫子、小爬虫"，个别的也有超过三字的，如"自来水笔、十二指肠、纪事本末体、无后坐力炮"。合成词分两类，一类是复合词，它们所有的直接组成成分都主要是词汇性的，例如"电话、伏击、漂亮、格外、出租车、短平快、里外里、真格的"；另一类是派生词，它们的直接组成成分既有词汇性的，又有语法性的，例如"老雕、斧子、乐于、忽然、闺女家、乡巴佬"。

复字词中还有为数相当可观的由若干个无义字或弃义字组成的单位，即单纯词。其中由无义字与无义字组成的复字词，现代一般只表现为双字的，这就是所谓的联绵词，如"颠顶、饕餮、恍惚、觊觎";由弃义字与弃义字组成的复字词,字数多少没有硬性的规定,这就是所谓的外来词,如"卡通、马拉松、歇斯底里、布尔什维克、英特纳雄耐尔"。汉语中少有由无义字与弃义字组成的单纯词。

复字词汇单位中另一个常被人提起的大类就是语,它包括典雅的成语(例如"得陇望蜀""指鹿为马")、俗白的惯用语(例如"哪说哪了""空手套白狼")、歇后语(例如"十五个吊桶打水——七上八下""武大郎放风筝——出手不高")、谚语(例如"腊七腊八,冻死俩仨""人误地一时,地误人一年")以及被一些人视为谚语下位概念、介乎雅俗之间的格言(例如"生命在于运动""一分耕耘,一分收获")、名言(例如"发展才是硬道理""人人为我,我为人人")和警句(例如"宁停三分,不抢一秒""安全进厂,平安回家")。以上所述的语,可统称为"熟语"。

复字词汇单位中还有一类语,它们是由词与词构成的固定组合体。这种固定组合体不像熟语那样表示一个较为完整的思想,而是表示一个特定的概念;也不像熟语那样传承久远,而是近代以来创造的。这种词汇的固定组合体,借用一个现成的说法,可称之为"仿语",如"麻醉疗法、苔藓植物、全息摄影、政治协商会议"。

汉语的词汇单位主要是由字、词、语所构成的一个系统。词汇单位有典型的和非典型的之分。典型的词汇单位,是有意义且独立使用的字(例如"打、好、很、天")、词(例如"安全、委员会")、仿语(例如"八三四一部队、六一儿童节")、熟语(例如"醍醐灌顶""死猪不怕开水烫""老鼠进风箱——两头受气"),它们都是词汇的现实性的使用单位;非典型的词汇单位,是无意义的或虽有意义却不能独立使用的字(例如"骆、蝌、睫、皿")、无意义的字串(例如"布达拉宫"的"布达拉","鄂伦春族"的"鄂伦春")①、可称之为"待嵌格式"的词汇性的结构(例如"连……带……""左……右……")②,它们都是词汇的非现实性的单位,是词汇的备用性单位。

第三节 词语的内容和形式

任何一个词汇单位都有内容和形式两个方面,仿佛纸之正反两面,任何一面不可或缺,也很难遽定孰重孰轻。词汇单位的内容,就是字、词、语的意义;形式,即是将内容固定下来,宣之于口或书之于纸的物质性的方面。词汇单位的意义十分复杂,无论字、词、语哪一级单位的意义都可再行分别为词汇意义、语法意义和语用意义。词汇意义从功用的角度甚至还可进一步分别为理性的内容和感性的内容(又名"色彩");语法意义也可从功用的角度进一步分别为理性的意义(如成分间组合的意义、搭配的意义)和感性的意义(如语气的意义)。词汇的语用意义是从使用的角度分出的意义类别。

一个形式可承载多个内容,形成所谓的多义词(一个词的单位所涵盖的内容现实性地密切相关时)和同音词(予人听感相同的符号所负载的多个内容本不存在联系或已失去密切联系时);一个内容可由多个形式来负载,形成所谓的异音词(因文白造成的读音相异但书写形式仍同的词,如"血"文读 xuè,白读 xiě)和异形词(因历史或其他原因造成的书写形式歧异而读音仍旧一致的词,如"耿直""梗直""鲠直")。

---

① 按照 Bloomfield 在 *Language* 中所说,"布达拉""鄂伦春"之类也是语素,不过不是普通的语素,而叫"剩余语素"。

② 结构,除了词汇性的以外,还有句法性的,例如"不但……而且……""既然……那么……""如果……就……""因为……所以……"等用于复句的关联词语。

第四节 词语化——由非词语到词语的过程

词语化,指的是由松散结合在一起的若干个字逐渐衍化成结合紧密的一个结构体——词或固定语的过程。这个造词造语的过程有的简单,有的并不简单。例如"皇帝"这个词的造出就不是一个简单的过程。秦统一六国后,嬴政觉得自己"德迈三皇,功过五帝","王"已不足以显示其尊贵,不足以表现他巨大的历史功绩,便令臣下议帝号。《史记·秦始皇本纪》记载,诸大臣博士商议的结果认为:"古有天皇,有地皇,有泰皇,泰皇最贵。"因此尊号为"泰皇"。然嬴政不满意,单取一"皇"字,同时又采上古"帝"位号,将两者合在一起,号曰"皇帝"。自此"皇帝"就代替"王"而成为最高统治者的称谓,而嬴政也就成了中国历史上第一位皇帝。"皇帝"这个词的造就,反映了词语化的复杂过程。

既然语言发展史上存在着非词非语衍化成词成语的例子,当然也就存在着非词非语而终竟未能成词成语的情况。例如《史记·平原君虞卿列传》:"毛遂谓楚王之左右曰:'取鸡狗马之血来。'毛遂奉铜槃(盘)而跪进之楚王曰:'王当歃血而定从,次者吾君,次者遂。'""从",纵也;"定从",定合纵之约。"定从"这一单位没有作为词流传下来。再如《庄子·齐物论》:"女闻人籁而未闻地籁,女闻地籁而未闻天籁夫?"只"天籁"词化,"人籁""地籁"均未词化。还如颜师古在《汉书·高帝纪下》"女子公主"条下解释道:"天子不亲主婚,故谓之公主;诸王即自主婚,故其女曰翁主。翁者,父也,言父主其婚也。亦曰王主,言王自主其婚也。""公主"是已词化的单位,而"翁主""王主"却都未词化。一个单位,未必在各个世代皆可作为词而存在,它很可能在某个/些世代被人们频繁地使用,为当世的人们目为词,而在某个/些世代不被人们频繁地使用,不为当世的人们视为词。这是语言史上常可见到的事实。

思考题:

一、词内字和字的结构关系与语句的句法结构关系有何异同?

二、将词汇单位分为现实性的使用单位和非现实性的备用单位,这样的分类有何益处?有什么科学依据?

三、文化的因素对词汇的影响究竟有多大?请以你熟悉的外语为例,再结合汉语,谈谈此问题。

四、有人早就断言说语言学将在 21 世纪成为显学。现在情况如何?词汇学在语言学中的地位如何?

第二章 词汇单位

第一节 字

一 字的词汇性质

在中国现代语言文字学产生之前至少两千年的历史中,人们习惯于说"字",并让它指称20世纪初才产生出来的"词""语素"之类的名词术语所指的对象。字从来不仅指文字学意义上的那个符号形体,而且也充作语言学意义的单位,不然它在两千多年历史中的意义所指就成了问题。即使在今天看来,字也未必仅指文字学上的形体符号,常有人说"我的话,他一个字也没听懂""你说的这一番话,对方一个字也没落下,全听进去了",句子里的"字"都非文字形体之意,而是语言词汇单位之意。就连《现代汉语词典》(下略作《现汉》)第5版也为"字"设立了一个"字眼;词"的义项,承认它并不仅指文字形体符号。

字的语言符号性质类似于词,却不完全等同于词。在具有意义这一点上,字近于语素,但两者并不时时处处都能划上等号。语素的定义是语言中最小的音义结合体。举凡语言中存在的音和义的结合体,只要这个结合体是最小的、不可再行分割的,便是语素。这就出现了两大问题:第一,"语素"的定义并未说明它一定是词汇层面上的音义结合体。换言之,其他层面上的音义结合体,只要它是最小的,也未必不可称作"语素"。第二,按照现有的"语素"的定义,它只是对结合而成的那个音义结合体提出要求,要求其必须是最小的音义结合体,不可再行分割,却并未将构成它的音、义分开来说明是否都必须是最小的。事实上,音是否最小,人们并不看重;义是否最小,才是人们最看重的。

在汉语中,字元数与音节数在绝大多数情况下是一一对应的,即一个汉字,其发之于口的音节形式是一个;一个音节形式,其著之于书面上的字元是一个。但是不相一致的情形也还是存在的,例如曾经在汉语中使用的一字元二音节的非国际单位词"瓩、呎、吋、唡、浬、哷"、一音节二字元的"花儿"。当一音节二字元的"花儿"这样的形体出现在人们面前的时候,多数人对"花儿"的一个语素的资格不持怀疑态度,因为人们一般认为"花儿"的"儿"只表示一个卷舌动作,不自成音节,不能就算具有了一个独立语素的资格;而当一字元二音节的"瓩"这样的形体出现在人们面前时,也没有人会因"瓩"在读音上分为两个音节而将其视为两个语素,因为"瓩"的文字形体又起到了约束其无法拆分为两个语素的功用。由此可见,在语素的认定上,人们的态度是宜合不宜分,即只要有可能不把字元、音节大于一个的形式算作不同的语素,人们还是尽量视其为一个语素。字元可以在空间上延伸为占两个或更多个方块的面积,音节也可以在时长上拉长到两个或更多个音节的长度,只要这字元之多、音节之长还不足以使人们认定其已在表示两个或更多个语素,人们就还会固执地将其认定为一个语素。正因为这样,中国传统上的联绵词,虽然一般是由两个字构成的,但在古人嘴里仍称作"字"——"联绵字",在现代人心目中把它们看作是两个字表示的一个语素、一个词。[①] 用汉字拟写其他语言的音而成的外来词,尽管可能需

[①] 我们曾经做过一个有趣的实验:将"铿锵"两字分开来读给一些人听,请他们将正确的字写下来。不料相当一部分人竟将"铿"写作"锵",将"锵"写作"铿"。这是他们习惯于将"铿锵"这样的联绵词进行整体记忆,而不习惯于进行分别记忆所造成的。

要八九个字甚至更多个字来表示,但在中国人的心目中仍为一个语素、一个词。

二 字的语符功用

字与字组合成词要受字义的制约。字可分别为有义字、无义字、弃义字三类。有义字是记录本族语言的词或语素的字,如"天、吃、好、很";无义字是专为记录舶来的外来词所造的字,如"璃、琶、葡、蚪";弃义字是已有的用于翻译外来词的字,如"克隆"中的"克、隆","福尔马林"中的"福、尔、马、林",它们在所组成的词中都丢弃了其本有的字义。要注意的是,"克、隆"这样的字似乎只是在"克隆"这样的词里才是弃义字;而另一些字,由于使用既久,或在拟写某个音时有多个选择的情况下而倾向于选择它们来拟音,致使它们俨然成为了某些译音词的专用字,变为特用的弃义字了,如"斯、纳、洛、哈"。

字与字组合成词的模式有如下几种:

1. 有义字+有义字,例如"人民、吃喝、多少、幸福"。有义字又可分别为实义字和虚义字。实义字不必多说,虚义字例如"呢、着、的、乎"。实义字+虚义字的例子如"有着、来着、在乎",虚义字+虚义字的例子如"着呢、着哩、然则、之乎者也"。

2. 无义字+有义字,例如"磅秤、玻壳、啤酒、砂糖、瘫痪、驼峰、傣文、侗族"。

3. 有义字+弃义字,例如"酒吧、沙皇、摩的、礼服呢"。

4. 无义字+无义字,例如"琉璃、琵琶、峥嵘、蝾螈"。

5. 无义字+弃义字,例如"扎啤("扎"英语 draft,"啤"英语 beer)、氧吧"。

6. 弃义字+弃义字,例如"坦克、马达、杯葛、哈达、热瓦甫、冬不拉、盘尼西林、英特纳雄耐尔"。

汉语中甚至有"IC 卡"这类用西文字母+弃义字构成的词。这类词在专属词语中亦可见到。例如葡萄牙足球运动员 Cristiano Ronaldo Dos Santos Aveiro,该名字译成中文为"克里斯蒂亚诺·罗纳尔多·多斯·桑托斯·阿维罗"。可能是嫌这样长的名字难以称呼,也是为了区别于西班牙足球运动员Ronaldo Luiz Nazario De Lima(中文译名为"罗纳尔多·路易斯·纳扎里奥·达·利马"),于是将其称作"C罗"。

字的构词能力的大小,与该字是否能够独用有关:一般地说,能独用的字,构词能力会强一些,不能独用的,构词能力相对来说就会弱一些。例如,"翱"只能与"翔"组合成"翱翔";"鏖"只能与"战"组合成"鏖战";"徕"只能与"招"组合成"招徕";"睐"只能与"青"组合成"青睐"。而"翔、战、招、青"的构词能力远胜"翱、鏖、徕、睐"。当然,今天看来组合功能弱的字,历史上未必也一样弱,有的甚至完全可以独立使用,如"徕(来)"在《论语·季氏》中就出现在"故远人不服,则修文德以来之"的句子里。甚至无义字亦可在一定条件下构成复合词,例如"叮咛""嘱咐"都是联绵词,但是由上述两词的构词要素构成的"叮嘱"却是复合词。有的字今虽不独用,但其构词能力并不低下,如动词性的"就"可构成"就餐、就读、就戮、就刑、就学、就义、就浴、就诊、就职"等;相反,今日经常独用的一些字,却不一定有多大的构词能力,例如"的、也、吗、呢"。当然,也有在历史上独用而没有多大构词能力而在后来发展为构词能力超强的情况,例如"零",近年来发展到可构成"零和、零距离、零接触、零付出、零支付"等。不少学者在谈到语素的性质和功用时,用"自由"作为词根的特性,用"黏着"作为词缀的特性。这或许并不允当。黏着的字不一定就可充任词缀,词根也有黏着的;自由的字也未必就是词根,词缀也有自由度大小之别。词缀、词根(以及词干之类)是从构词的角度来谈的,而自由、黏着是从字(语素)的结合度、使用度的角度来谈的,两者不可混而为一。自由的字多为结合面宽的语素,黏着的字多为结合面窄的语素。构成一个词的两个字,可能一者是自由的,结合面宽,一者是黏着的,结合面窄,例如"睫毛、楼宇、复岗、过境";可能两者都是自由的,例如"吃紧、后爹、急忙、讲课";或两者都是黏着的,例如"疆场、晋谒、颈项、愚陋"。

绝大多数词的构造成分——字,其所表示的都已不是实际的事物对象,而需意义中转。但是也有一些词中的字所表示的就是实际的事物对象,未经中转,如"勾乙"中的"乙","画押"中的"押","叫停"中的"停","叫好"中的"好","合十、十字"中的"十","画到、报到、签到"中的"到","画可、画行"(《新编国语日报辞典》所收的词。下文凡提到该辞典时均略作《新编》)中的"可、行","点卯、应卯"中的"卯","略识之无"中的"之、无","目不识丁"中的"丁"。这些词可称为摹形词。

第二节　语素

英语 morpheme 进入汉语,初译"词素",后译"语素"。"词素""语素"最初都是汉语语法研究者所造,在很长一段时间里也主要用于语法教学和研究,只是当汉语词汇学诞生后,它才又在词汇教学和研究中使用开来。一个有意思的现象是,当"词素"这个术语被造出后,"字"似乎就不大被用于语法分析中;当"语素"这个术语被造出后,"词素"这个术语也不大再被用于语法分析中;而当"词素""语素"的术语出现后,不少人又提出"字"是文字学术语,属于语文学的概念,于是"字"便被这些学者从语言学的术语中摒除出去,不再用于词汇学的研究,语法分析中更鲜见其踪影。在对词语进行分析时,有意义的单字成分被称作"语素",其中能独立自由地使用的单字成分又被单独称作"词";没有意义的单字成分被称作"音节"。

语素在很多情况下是从可否运用的角度来论的。其实语素也是可以从能否理解的角度来论的。例如"企鹅"的"企",说普通话的人理解起来会感吃力。"企"在古汉语中是"尽力前望而跷脚站立"意。《唐韵》《集韵》《韵会》:"去智切";《洪武正韵》:"去冀切,音器。举踵望也"。现代粤方言里,"企"仍是一个非常自由的语素,公交车上有"座"位,有"企"位。汉民族共同语中

"企鹅"的"企",就是"(为尽力前望而)踮脚站立",就是"举踵望"的意思。类似的例子如"事无巨细""细心"的"细",就是"小"的意思,而非普通话"粗细"的"细"意。

其实,一些语素若给予它一定的语境,也是可以独用甚至单说的。例如有人将"骚扰"一词拆解成两个语素"骚"和"扰",再以之组成"我可以骚,你不能扰"。这就是凭借语境才出现的。作"骚扰"讲的那个"扰"的义项,《现汉》是处理为语素的;而作"风骚"讲的"骚",《现汉》是处理作词的。最近的一个例子,2015年9月9日李克强总理出席在大连举行的夏季达沃斯年会,会见出席论坛的企业家代表回答提问时指出:"中国的经济形势可以说是'形有波动,势仍看好',或者'势仍向好'。"汉语有个成语"形格势禁"。该成语成形之时,"形""势"二字是否仍是词或已是语素,只能在作历史的考察后方可知晓。而今,在《现汉》里"形"字有五个义项,只有作姓讲的"形"被视为词,其余都被看作语素;"势"字有六个义项,都处理作语素义。然而,"形""势"两字,语素也好,词也罢,它们被从复合词"形势"中拆解出来,重归句子中,凭靠的是语境。

作为能够独立自由使用的那个"语素"(此时的这个"语素"其实就是词),其意义当然是确定的。而作为不能独立自由使用的那个"语素"(此时的这个"语素"其实才是名副其实的"语素"——"语"之"素"),其意义往往存在着较大的不确定性。例如上边所举的"我可以骚,你不能扰",倘无"骚扰"作为背景性的语境条件预先存在,恐怕那个"骚"是否就是"骚扰"的"骚",那个"扰"是否就是"骚扰"的"扰",也还需要研究。

现代语言学认为,词是最小的能够自由运用的语言单位。准此,所有被称作自由语素而能单独出现的字(如"人、吃、大、很")都是词,所有由被称作黏着语素的字相互组合而成的单位(如"民生、浪迹、旅次、令阃"),所有由被称作自由语素的字与被称作黏着语素的字组合成的单位(如"开赴、流逝、敢于、阿飞"),甚至由部分被称作自由语素的字相互组合起来的单位(如"忙乱、家产、高大、心肠"），只要它们彼此间的结合是紧密的，或者说它们结合后产生了新的意义，只要它们具有自由运用的资格，就都能为一般学者和普通人认定为词。上边列出的词，实际上可大别为两类，一类是单字词，一类是复字词中的合成词。绝大多数的单字词都是由有义字充当的，只有少数无义字或弃义字在一定条件下才具有充任单字词的资格。现代语言学又认为，语素是语言中最小的音义结合体；词汇范围内所谈的语素分为自由语素和黏着语素，成词的是自由语素，不成词的是黏着语素。然而，成词的虽然一般是自由语素，但自由语素却未必一定成词。不少自由语素既可直接充当词，亦可作为词语的构件用于构词造语，例如"人民性"的"人民"，"公路段"的"公路"，"飞行器"的"飞行"，"笔记本"的"笔记"。不成词的尽管一般是黏着语素，但黏着语素却不见得不能成词，相当数量的黏着语素也具有词一样的功能，如"分道而行"的"行"，"殷实之家"的"之"，"眼耳鼻舌身"的"耳、鼻、舌、身"，"听我慢慢道来"的"道"，很难有独立地自由运用的资格，但却可以出现在上述未必是熟语性的组合中。可见，将语素分别为自由和黏着，仍旧无法彻底解决何者是词何者不是词的问题；更何况当被视作语素的字成词时称其为"词"，当被视作语素的字不成词时又称其为"素"，有违逻辑，容易造成混乱。

　　现代语言学树立"语素"概念的同时，把中国传统观念上的"字"摒除掉了。"字"不再被提起，被认为是文字学的术语，而代之以"语素"和"音节"：有义字遂被改称为"语素"，无义字以及因使用而变成的弃义字遂被改称作"音节"。"音节"是语音学的术语，拿来作为词汇的分析单位，有失妥当。实际上"音节"的术语也代替不了"字"。姑且不说"音节"是由音素组成的语音单位而不是词汇单位，词汇里还有由若干个字构成的字串（如"摩托车"中的"摩托"，"芭蕾舞"中的"芭蕾"，"登革热"中的"登革"，"卡宾枪"中的"卡宾"），亦非用"音节"代替得了的；一些非单音节的字（如"浬、甅、旪、呎"）更难用"音节"来称说。"字"不宜从汉语语言学中摒弃掉,它仍是汉语词汇学中有用的术语。它是词汇最低的一个层级,也是为数众多的他类词汇单位构成的基础。字就是字,有的字并无与他字组合成词的可能,而只是独立自由地使用,例如"擤鼻涕"的"擤","面和好后要饧一个钟头再烙饼"的"饧",都很少有机会与他字结构成词,而只是独立自由地用于语句中。

第三节 词

一 词位

词是语言中能够独立运用、能够单说独用的单位。但是,成语这样的单位也能独立运用,也能单说独用。因此,词的定义还要加上一句:它从一个更大的组合中拆下,而仍可独立运用,仍能单说独用的单位。词,一般在语句中独立或与其他成分一起充当某个直接组成成分。独立充当语句的直接组成成分的,自然就是词;与其他成分一起充当某个直接组成成分的,则还需再加分解成单纯而可独立的成分,方为词。

词位,是一定历史平面上介乎字(语素)和短语(包括固定短语、自由短语),有别于结构的一类词的单位。这里所用的是排除法,即把非词的单位排除掉,所剩下的就是词的单位。排除法说起来轻松,真正要用它在实际语言中来确定词就不那么容易了。首先,用以确定词的那个短语等参照物,其本身就需要被确定。其次,被确定下来的词,其本身也并不是纯净的,而仍需进一步甄辨、分析。以异形词为例:何谓异形词?实际语言中哪几个形体可归为一个词位?哪些形体必须分为不同的词位?这都是需要逐一研究的问题。

谈词位,就涉及词位变体的问题。词位变体可从四个方面考虑。一是从词汇的角度考虑的变体,可称词汇变体。例如"仿佛""彷彿""髣髴",就是同一词位从词汇角度滋生的三个变体。

当然，如果再进一步，还可将词汇变体再细分为词形变体和语义变体两类，"仿佛""彷彿""髣髴"可视为词形变体，语义变体例如"管道"，在大陆长期以来是"用金属或其他材料制成的管子，用来输送或排除流体"的意思，在台湾地区则主要是"途径"的意思。① 二是从语音的角度考虑的变体，可称语音变体。例如"赵家庄"和"赵各庄"，两个形体中的"家""各"其实是中古音的变化所导致的不同写法。由"家""各"的不同产生的"赵家庄"和"赵各庄"两个变体，属于语音变体。需要注意的是，历史上的一些语音变体，后来独立出去成为另外的词，就不再是变体了，例如"角落"和"旮旯"、"孔"和"窟窿"。三是从语法的角度考虑的变体，可称为语法变体。例如"红"和"红红"、"漂亮"和"漂漂亮亮"，就都属于语法变体。四是从语用的角度考虑的变体，可称为语用变体。例如车"拉"的对象在大陆可以是无生命的物体，也可以是人；但是在台湾地区，则只能是无生命的物体，指人时，则只能是已失去生命的尸体。"拉"的用法即属于语用变体。

二 词品和词感

词品是语言使用者对一个词的单位品相的优劣程度的判定。词品是语言使用者根据词感确定的：词感好的，词品高；词感差的，词品低。词感是说一种语言（尤其是母语）的人对该语言的某个单位是否成词的接受度。比如"通电话"无词感，"通话"则有词感（"通话"收入了《现汉》）；blue book 译成"蓝皮书"而未译成"蓝色的书"，"蓝皮书"有词感，"蓝色的书"无词感；"有毒的草"无词感，"毒草"有词感；"蓝鸟"指日产汽车时，有词感，而若用"蓝色的鸟"指同样的事物对象，则无词感。一般而言，偏正结构的单位、指物性的词，易予人词感，即使它们是长度较长的单位；而述宾结构的单位、表动作行为的词，即使长度很

---

① 《现汉》直到1996年修订本，"管道"一词仍只"用金属或其他材料制成的管子，用来输送或排除流体"一义，到2005年的第5版才变为多义词，增列"途径"义，但却注有"〈方〉"符，认为增列的义项是方言义。

短,也不大容易予人词感。

实际生活中所存在的词有耳治、目治之别,存在着口词和目词的区别。口词是听觉上即可接受的词,因为为广大的语言使用者所使用,予人较强的词感;目词是视觉上乃可接受的词,只在有较高文化水平的人阅读的书面上使用,在写成文字的情况下才容易理解,因此对大众来说词感稍弱。例如"状态不佳""心情不佳"的"不佳"并非一个词,而是一个短语,《现汉》未收它为条可以为证。"佳"才是一个词。《现汉》为所收"佳"条列出形、名两义项,说明它们具词义的性质。但是"佳"一般不在人们口头出现和使用,不是个口词,基本在书面上出现和使用,是个目词。

无论一个单位是否为词典所收,无论所造出的单位是口词还是目词,都反映了人们心智中的类推造词过程。如"动物名+肉"这类词的造就,显然是先由与人关系最为密切的禽畜的名与"肉"相组合,造出"猪肉、牛肉、羊肉、狗肉、鸡肉"等,而后类推造出"兔肉、鸭肉、鹅肉、马肉、驴肉"等,甚至还会造出更多其他的词,如"蛇肉、虎肉、驼肉、鸟肉"等。"猪肉、牛肉、羊肉、狗肉、鸡肉"易为人们视作词,"兔肉、鸭肉、鹅肉、马肉、驴肉"也不好不承认它们是词,推而广之,"蛇肉、虎肉、驼肉、鸟肉"以及"火鸡肉、猴子肉、鲸鱼肉、松鼠肉、骡子肉"等似乎也无过硬理由不承认它们词的资格。人们可以以心理的接受度为由决定是否将它们中的一部分或全部收入自己所编的词典,或者为它们应否被收入词典找到理由或根据,即承认它们的词位;但是却没有确凿的理由将其一分为二,即将其中的一部分叫作词,承认其词位,将其中的另一部分视为非词,不承认其词位。或许我们可以得出一个直感,从"猪肉"等到"火鸡肉"等,口词的概率愈来愈低,目词的概率愈来愈高。

三 词长

汉语的字,就是书写时占用一个正方体空间位置的单位,说话时由声、韵、调组合而成的一个组合体。汉语语言学的术语中倘只有"字"而没有"词",那就根本不存在所谓"字长"的问题。自从语言学中出现了"词"这个术语,便有了"词长"的纠葛。许多字,由于它们本就是独立自由运用的单位,跟学者为"词"所下的定义完全吻合,因而也就无法不承认它们是词,如"吃、肉、好、一"。但"词"之所以成其为"词",而且有了深入研究的必要,是因为有了更大量的非单字词的存在。理想的词究竟是由几个字组成的?词是否可以长度无限,即无论由多少个字构成的单位都是词?词的长度应该有个限制,因为若不加限制,成语、惯用语、谚语、歇后语,甚至歌谣、诗句等,似乎都会与词相混淆了,而这显然是不适当的。

词有典型格式与非典型格式之别。词的典型格式是双字格,非典型格式是三字格以及四字格甚至五字格。词有典型格式、非典型格式之分这一说法是以下列事实为根据的:清·翟灏《通俗编》可看作清代及清代之前汉语工具书的代表。该书收条5,558个,其中双字词汇单位2,242个,约占40.34%,例如"风色、连襟",三字词汇单位696个,约占总数的12.52%,例如"打头风、挂龙雨"。《近现代汉语新词词源词典》(汉语大词典出版社,2001)所收条目可看作19世纪末至20世纪初汉语词语的代表。该词典收条凡5,056个,其中双字词汇单位有2,567个,约占50.77%,例如"环球、卵巢",三字词汇单位1,690个,约占33.43%,例如"动滑轮、凝聚力"。《现汉》1996年版可看作20世纪中叶至20世纪90年代初汉语词语类工具书的代表。该词典收条凡58,481个,其中双字词汇单位有39,548个,约占67.63%,例如"返潮、小卖",三字词汇单位有4,910个,约占8.40%,例如"三联单、小金库"。《新华新词语词典》(商务印书馆,2003)可看作20世纪末至21世纪初这十几年来汉语词语类工具书的代表。该词典收20世纪90年代以来的词汇单位凡2,168个,其中双字词汇单位有1,204个,约占55.54%,例如"盗印、跟进",三字词汇单位有324个,约占14.94%,例如"冷和平、蓝筹股"。由上述工具书收条情况不难看出,双字词汇单位、三字词汇单位在汉语词汇中占有相当大的比例;而且,双字词汇单位的数量远大于三字词汇单位的数量。因此,我们可以把两个字构成的词的长度视为典型的词长,把三个字和三个以上的字构成的词的长度看作是非典型的词长。

第四节 仂语

仂语是汉语中一种表意直白的多字词汇单位,多由四字充任。从词语类型上看,它区别于成语(如"黄袍加身、经天纬地"),也区别于俗语(如"金盆洗手、有子万事足")和俗词(如"结发夫妻、伶牙俐齿")。进入现当代以来,这种表意直白的多字词汇单位更大量地生成出来。例如:

  靶向治疗 法律援助 国务委员 合法权益
  和谐社会 激情犯罪 弱势群体 扫黄打黑
  视听艺术 业内人士 以德治国 针刺麻醉

这种仂语,是适应现当代社会的经济、文化、政治等新格局而产生的。20世纪对于中国社会和中华民族来说是一个大动荡、大变革的时期,社会面貌、政治格局、风俗习惯以及人们的思想意识都无一例外地受到了影响和感染。反映到语言里,汉语词汇在类型上发生了一些前所未有的变化。

仂语中比较值得关注的一类是数字仂语,即以数字构成或参与构成的仂语,如"二十四史、一百单八将"。这类数字仂语是汉语词汇史上早已产生的。有一种数字仂语却是20世纪才在汉语词汇中大量涌现出来的。它们分前后两部分,前一部分表示时间、番号、数量或数目,后一部分表示具体的事件、事实、机构、计划、决定等。

数字仂语中数量最大,也最引人瞩目的是以表示时间的成分参与构成或直接构成的仂语。例如"一二·九运动、二七大罢工、五四运动、五二〇声明、七七事变、九一一恐怖袭击事件"。类似的格式在20世纪之前也有,但它们一般是用干支纪日法与表定性的词汇成分相结合构成的,例如"辛丑条约、戊戌变法"。20世纪后半叶,再也难得见到用干支纪日法表示时间的仿语,而完全改为以月份和日子表示时间的数字仿语了。

数字仿语的第二类是以表示番号的成分参与构成或直接构成的仿语。例如"359旅、二五六医院、八三四一部队、二〇三高地、1205钻井队、107国道、346次(列车)"。这类数字仿语首先用于军队,主要是缘于保密的需要。这种用法源于外国军队,后在中国军队使用开来。在当今中国人民解放军部队里,一定建制的部队都有自己固定的番号。有的部门甚至会拥有两个番号,如野战医院在作为医院单位时有一个三位数的番号,像"三七一医院",在作为部队的建制时有一个四位数的番号,像"八三四一部队"。以表示番号的成分构成的这种数字仿语除有保密的特点外,还有使用快捷、称谓方便等特点,于是便由军队蔓延到地方并使用开来,如各大油田的钻井队都以番号命名。再之后,随着中国境内公路建设的飞速发展,高等级公路也都以番号命名,如"107国道、341省道"。上述以表示番号的成分参与构成的数字仿语都没有次第义或没有明显的次第义。而另外一些由表示番号的成分参与构成的数字仿语却具有明显的次第义,如"346次(列车)、337条款"。无论是否具有次第义,以表示番号的成分参与构成的这种数字仿语的前面都可以出现表示序数的"第"。这说明表示番号的成分本身是具有明显的次第义的。

数字仿语的第三类是以表示数量、数目的成分参与构成或直接构成的仿语,例如"十五计划、211工程"。"十五计划"是"第十个五年计划"的简略说法,"十"是序数性的成分,"五"是基数性的成分;"211工程"是国家在21世纪重点建设100所大学的意思,前边的"21"是"21世纪"的意思,是序数性的成分,后边的"1"是"100"的略写,是基数性的成分。表示数量、数目的成分由序数性成分或基数性成分充当,这样构成的数字仿语在古汉语中也有，但那些数字仿语中表示数量、数目的成分一般是单纯的序数性成分（例如"一元"）或单纯的基数性成分（例如"一枝、三神山、八大山人、二十四史"），而少有序数性成分与基数性成分糅合、序数性成分与序数性成分糅合、基数性成分与基数性成分糅合的情况。

上述三类数字仿语都是表示数字的成分前置，表示定性的成分后置。此外，还有一类表示数字的成分后置的情况，如"流星-3中程弹道导弹"中的"流星-3"、"CZ6257航班"中的"CZ6257"。这类数字仿语中的数字成分所表示的多是型号、航班号、卷帙的序列等。正因为这种数字仿语表示数字的成分后置，而且该数字成分所表示的多是型号等，所以该数字有时亦可由罗马数字代替阿拉伯数字，如美国电影片名《终结者Ⅲ》。

第五节　熟语

一　熟语的基本性质

一般认为，词和语都属词汇。因为举凡在语句中独立充当一个语句的直接组成成分的单位便属词汇，而词和语一般都可独立充当一个语句的直接组成成分。这样的说法，看到了词和语的同——词和语一般都可独立充当语句的直接组成成分，却掩盖了词和语的异——词在语句中可独立充当一个最简单的句法成分，语在语句中，或常独自成句，或虽可在一个语句中充当其句法成分，却不是最简单的句法成分。因此，熟语虽因其与词存在相似性而可置于词汇中一并研究，但其特殊性不可忽略。也正因此，熟语被一些学者称作特殊词汇。

一个词汇单位，短可是一个字，长可是一个熟语。形制近者性质类似，形制远者性质相异。双字词与三字词形制接近，它们的某些性质自然也接近，而单字与熟语形制相去遥远，它们的某些性质自然也就很难有接近的可能了。虽然三字词汇单位、四字词汇单位存在是词还是熟语这样定性上的麻烦,但从总体上看,词和熟语不完全相同,彼此间是存在着不小的区别的。一般地说,词汇单位的形制愈长,就愈可以完整地表意,愈能从句法上对其内部结构作出解释,这是因为那形制较长的词汇单位往往是由原先的句子直接凝固而成的,其结构就愈接近自然语句的结构;词汇单位的形制愈短,就愈不易完整地表意,愈不能从句法上对其内部结构作出解释,而需以释义的方式注出,这是因为那形制短小的词汇单位往往不是由原先的句子直接凝固而成的,其结构就愈远离自然语句的结构。例如"泥土、洄游"这样的词,解释起来就不像熟语那样容易,即使像"日全食、抛物线"这样的词汇单位,也不好说是由古人的言语的句子直接凝固而成的;而熟语所表示的意义似乎就无需过多地解释,即使它们采用的是非字面的表意法,如"杯酒释兵权""良辰美景奈何天""人人为我,我为人人""长江后浪推前浪,一代更比一代强"。

有学者认为熟语应根据是表示概念还是表示思想而分别为语言的熟语和言语的熟语,语言的熟语可与词一起划归语言的词汇,而言语的熟语则不能与词一起划归语言的词汇。这一观点从 20 世纪 50 年代至 80 年代不断有人提出。[①] 这一观点在实践上会遇到麻烦。如"掌上明珠"和"掌珠"都表达概念,但"掌上明珠"是语,"掌珠"是词;而"欲投鼠而忌器"和"投鼠忌器"不同,前者表达思想,后者表达概念,但两者都是语。如果按照以上学者的理论,"掌上明珠"和"掌珠"的差别应该比"欲投鼠而忌器"和"投鼠忌器"的差别小一些才是,而事实上,前两者的差别比后两者的差别却还大很多。问题还不在个别例子表达的是概念还是思想,而在于熟语中是否真有如那些学者所述的截然的鸿沟。从一个方块形状的字到若干个方块形状结构成的熟语,随着词长的不断加长,确实会出现不相一致的情况,尤其是将词长最短

---

① 20 世纪 50 年代有代表性的学者如王德春先生,80 年代有代表性的学者如刘叔新先生。

的字和词长最长的熟语拿来比较着看的时候。但是用以比较的字这样最短的单位和熟语这样最长的单位,是极端的例子,并不能说明词长对照不太明显的例子是否也如极端的例子那样对照鲜明,判若泾渭,从而可供论者拿来作为它们一者表达概念一者表达思想的根据。语言中出现的一个单位,当它具有了使用上的复呈性、意义上的凝固性、词形上的完整性,它就自然而然被使用者视为一个词汇性单位,而与不具使用上的复呈性、意义上的凝固性、词形上的完整性的非词汇性单位区别开来。这一点不仅是词汇单位与非词汇单位的区别点,也是判定一切词汇单位内部成员的同一性的根据。词汇单位内部存在着许多次类,一些次类的区别也并非不显著,但是它们内部成员间的这种差异远远比不上它们与非词汇单位之间的那种差异,后者是更显著的、原则性的。

在熟语归属问题上还有一种意见,就是有学者主张"语词分立",把"语"从词汇中剥离出来,将"语汇"与"词汇"、"语汇学"与"词汇学"这些异名同实的单位作为全然不同的学科名称来使用,认为"语汇"是熟语的总汇,"语汇学"是对熟语的研究,"词汇学"只研究词。这一认识,易引起认识上的混乱,不能得到学界的普遍认可。[①]

二 熟语的长度

熟语中的各类单位,都或多或少有自己的一些特点。其中,各单位的长度是其形式特征之一。

成语的典型长度是四字。《中国成语大辞典》(上海辞书出版社,1987)收条 17,934 个,其中四字格的有 17,140 个(包括一些双四字格的形式,如"道高一尺,魔高一丈""智者千虑,必有一失"),约占 95.57%。当然,说成语的典型形式是四字格,就意味着成语也还有一些非典型的形式,即非四字格的。《中国成语大

---

① "语汇"问题,请参看周荐《语词分合问题引发的若干思考》(《世界汉语教学》2014 年第 4 期)和刘静静《"语词分立"和"语典学"的立异》(《辞书研究》2016 年第 1 期)。

辞典》收非四字格成语794个,仅约占总数的4.43%,例如"莫须有""物不平则鸣""顾左右而言他""起死人,肉白骨""行百里者半九十""是可忍,孰不可忍""燕雀安知鸿鹄之志""差之毫厘,失之千里"。由此可以看出,成语的长度,短可三字,长可八字以上。但是,八字的成语一般都是双四字格对称结构的,①非对称结构的成语一般都少于八个字。对称结构的偶字数成语,有四字、六字、八字等类别。四字成语没有中间断开的情况;六字成语,如"满招损,谦受益""先小人,后君子",不可只说其中三字;而八字或八字以上的却可只说一半,例如"百足之虫,死而不僵""饱食终日,无所事事""路遥知马力,日久见人心""留得青山在,不怕没柴烧""近水楼台先得月,向阳花木易为春",都可只说前一半(有的后一半也可单说)。在超过四字的非典型成语的问题上,还存在着续写成语的现象。例如有成语"望子成龙",便有人在其后续写上"望女成凤",以形成对称式的"望子成龙,望女成凤"。

"惯用语"这一术语,不是指那类由三字构成的表非字面义的单位,如"穿小鞋、碰钉子",而是指四字或四字以上的表意俗白的单位。"穿小鞋"等单位与"自来水、斑马线"等同属词的单位,是三字词中的一个离合性的次类。这样处理的理由,容后详述。

惯用语中由四字构成的单位略多,因此可把惯用语的典型长度定为四字,例如"仨瓜俩枣、仨饱俩倒、有一得一、喝西北风"。惯用语当然有超过四字的,如五字的"脚踩两只船"、六字的"官盐当私盐卖"、七字的"敬酒不吃吃罚酒"、八字的"癞蛤蟆想吃天鹅肉"、九字的"老天爷饿不死瞎家雀"、十字的"能挑千斤担,不挑九百九",甚至有超过十字的,如"以其人之道,还治其人之身""拳头上立得人,胳膊上跑得马""只能骗过猪八戒,骗不了如来佛""你走你的阳关道,我走我的独木桥"。惯用语有单小句型和多小句型两类。单小句型的长度一般会以十字为限;多小

---

① 双四字格成语,也称"骈体成语"(参看吴越《骈体成语——成语中的一支异军》,《语文学习》1982年第11期)和"双句成语"(参看舒雁《双句成语》,香港:明天出版社,1991年)。

句型一般是由双小句构成的,个别的也有由三个小句或三个以上小句构成的。

歇后语是由一引一注的双小句构成的单位。无论是引子部分还是注释部分,字数多寡不拘,短可一字,长可数字,一字的如"妙(庙):老道的房子""鞋底儿抹油——溜",多字的如"大水冲了龙王庙——一家人不认识一家人""武大郎卖豆腐——人软货不硬"。多数情况下长于一个字。无论引子还是注释,多数是由单小句独立构成,少数是由双小句构成(例如"捉鳖的下了塘——不但吓坏了王八,也急坏了黄鳝""猪向前拱,鸡往后扒——各有各的路")。由单小句构成的引子部分或注释部分,其长度一般以一个惯用语的长度为限,很少有超过十个字的。

谚语是人们对生产、生活经验的总结;也有的是劝诫讽喻性的。谚语在古代学者眼里是承袭自古代的,所以《说文》说:"谚,传言也。"段玉裁注:"传言者,古语也。"对生产、生活经验进行总结的谚语多是先人创造而后流传下来的,例如"葱怕雨淋蒜怕晒,大堆里头烂白菜""饭后一支烟,赛过活神仙"。劝诫讽喻性的谚语,有一些是对现实现象的及时反映,很难看作是"传言"和"古语"。或许段氏所说的"古语",不能理解作"古代"的"古",而应理解为与"今"相对的"古"。距今遥远(比如千万年)自然是古,距今不远(比如百十年甚至更近)也同样是古。现代亦可产生谚语,而且现代的谚语一如古代,也是先在大众口头造就,而后才被一些书面文献引用,甚至被收入谚语类工具书的。这是从谚语的流传方式的先后上说的。从谚语的采集过程上看,古今亦无大的区别:古代是采风以知民情,现代的一些谚语(尤其是劝诫讽喻性的谚语)的采集也反映出政府对民意的重视态度。

谚语的长度不像字、词、成语、仂语那样规整,也不像惯用语、歇后语那样为一定的形式所限制。日常所见所用的谚语多是长度较短的单句形式的,如"朝里有人好做官""久病床前无孝子",但也有相当数量的谚语是由两个或两个以上小句构成的,如"官不打送礼的,狗不咬拉屎的""马看牙板,树看年轮,人看言行""牛耕田,马吃谷,自己养崽,别人享福"。《通俗编》所收最长的谚语是由八小句三十二字构成的"春雨甲子,赤地千里;夏雨甲子,乘船入市;秋雨甲子,禾头生耳;冬雨甲子,牛羊冻死"。如此看来,谚语的长度似乎是没有限制的。所以会如此,怕它们与谣这类单位关系密切有关。在古代,谚语和歌谣本不是一种事物,后世合成的"谣谚",或许正反映出两种事物相近而最终变得你中有我、我中有你的事实。谣可长可短,谚语的长度也难有硬性的规定,它们都只为如下两个因素所制约:对称和叶韵。对称和叶韵能使人的记忆得以强化。当然,记忆的限度又不容许谚语的长度无限膨胀和扩张。

名言、格言和警句很难作为独立的熟语类存在,它们从某种意义上可以看作是谚语的小类,是谚语的下位单位。谚语中表劝诫和祝颂的,倘若出自名人之口,即成为名言;倘若惊警性较强,即成为格言或警句。既然如此,名言、格言和警句的长度也就与一般的谚语的长度有着相类之处。

语文性或语文兼百科性的词典是要把多种词汇单位搜集在一起的。作为各类词汇单位的衷辑者,它对所收条目的长度是要有一个限定的。任何一部语文性或语文兼百科性的词典都不可能不对条目长度有所限定,都会尽量使所收条目在有限的长度内负载尽可能大的含量,也会尽量使所收的各类条目的长度不要相去太远。正由于此,《现汉》所收的条目长度最长的是双小句十二字的"只许州官放火,不许百姓点灯",而没有把"七十三,八十四,阎王不叫自己去""前不栽桑,后不栽柳,门前不栽鬼拍手""三个秀才说书,三个屠夫说猪,三个女人说夫,三个老板说苦""一个皮鞋匠,难出好鞋样;两个皮鞋匠,有事好商量;三个皮鞋匠,胜过诸葛亮"这些长于十二个字、超过两个分句的熟语也一并收列。这道理其实很简单:《现汉》这样的词典必须为所收条目的长度作出一个规定,超过十二字长度、多于两个分句的单位即使再有价值也只好舍弃,因为它是语文性词典或语文兼百科性的词典,而不是以收某类专门的熟语为己任的工具书。

一般来说，词的长度要比熟语的长度短小一些，普通词的长度要比专属词语的长度短小一些。尽管如此，熟语的长度也好，专属词语的长度也好，都还是有一定限制的。

思考题：
一、在词汇研究中，语素真的能完全替代字吗？
二、词感，有无可能给予其形式化的标准，为其分出等第，并使这种标准、等第量化？
三、典型的词长、非典型的词长的结论，有无科学依据？
四、词汇单位除字、词、仂语、熟语外，还有无其他？

第三章　造词法——词语创制之法

第一节　造词方法种种

构词法和造词法,所指非同一现象。有人认为"国语的构词法,简单地说,就是国语造词法……",①将两者混而为一。构词法所讲的是词的结构模式,造词法所讲的是词的创制方法。构词法问题留待下一章再谈,这里谈造词法问题。

一个词汇单位被语言社会创造出来,总是因为有需要;需要,是一切新生词语被创制出来的原动力。一个词汇单位从被造出到为社会大众普遍接受是需要一个过程的,这个过程可能会很长,也可能在较短的时间内完成。一个词汇单位,它一旦为社会所需,尽管在它被承认的问题上可能存在障碍,尽管它被承认的路途可能会很久远、很漫长,尽管它因构造上或其他方面存在的种种缺陷可能遭人诟病,它最终也会冲破阻碍脱颖而出,并得到全社会的认可。例如,"国脚"在20世纪80年代刚刚出现时曾引起一些人的质疑,认为语言中已有"国手",大可不必再造这么一个"国脚"。然而经过了一段时间的使用,"国脚"已成为大众耳熟能详的一个常用词。

汉语复合词多由两个词根构成,而且多由两个单字词根构成。这就是简单复合词。简单复合词在结构而成时选择什么字

---

①　陈宝条《国语构词法举例》,高雄:复文图书出版社,1992年。

作词根,即具备什么条件的字才有资格充任词根?明乎此,对深入认识复合词造就的规律深有裨益。复合词创制而成的条件,有语法的,有语义的,有语音的,有风格的;此外,一些非语言要素对复合词的构成也有影响和制约。一个复合词在被造就的时候,哪两个词根会被造词者放到一起考虑,或者说,A词根为什么选择B词根与之组合而不选择C、D等词根,B词根为什么选择A词根与其组合而不选择E、F等词根,正是需要我们进行研究的问题。

　　复合词所由构成的字绝大多数是作为实语素的字,实语素和实语素相结合形成了复合词的典型形式。复合词所由构成的语素也可以是作为虚语素的字。合成词中的虚语素传统上只被认定是词缀,但是有些虚词性的成分在词中作为虚语素用以构词时,却不好看作是词缀。如"着呢"中的"着""呢"、"来着"中的"来""着",就都是虚语素,而非词缀。如此看来,说复合词是由实字与实字构成的,就不如说它是由词根与词根构成的更为妥帖,因为一者,充当词根的并不一定就是实字;再者,词根才是构成一个词的结构性成分,实字、虚字只是对这个词根的性质所作的说明而已。但是,这样一个表述又可能会带来新问题:不少学者认为,词根是充当构词成分的一个字,而且是一个实字,即:一个实字和一个词根相当。① 一个复合词,内有两个字,说它是由词根与词根结构成的,无人会持异议;内有三个或三个以上的字,再说它是由词根与词根结构成的,似乎就很难为所有的人所接受。其实,一个合成词,其所由构成的直接成分多为两个,少数合成词,其所由构成的直接成分不止两个,例如"短平快、高大上、刀枪剑戟、士农工商",这直接成分只要不被判定是词缀,就都是词根,无论它是由一个字还是由多个字构成。如"钢铁"中的"钢""铁","豆腐皮"中的"豆腐""皮","高血压"中的"高""血

---

　　① 持这种观点的著作有很多,如林祥楣《现代汉语》(北京:语文出版社,1991年)、张静《新编现代汉语》(上册)(上海:上海教育出版社,1980年)。

压"、"自来水笔"中的"自来水""笔"、"北回归线"中的"北""回归线"、"蓝青官话"中的"蓝青""官话"、"老鼠"中的"鼠"、"石头"中的"石"、"非常设"中的"常设"、"现代化"中的"现代",就都是词根。① 由单字构成的词根称单词根,由多字构成的词根称复词根。只有在由两个有义字构成的合成词中,词根才有可能与字相重合。

人们用字和字结构成复合词的时候,首先考虑的是所选择的两字有无搭配在一起的可能。如果所选择的两字有组合在一起的可能,那就具备了构成复合词的最基础的条件;如果所选择的两字没有组合在一起的可能,那就较难结构成复合词。复合词的字和字能不能搭配,是深受句法结构规律的模式影响的。

根据对《现汉》1978 年版的研究,汉语中有 32,346 个由单词根与单词根结合而成的双字格复合词,其中可以用句法的结构模式加以解释的有 31,237 个,约占 96.57%。这为数众多的词,有些本就是由短语凝固成的,在词化的过程中,短语的句法格式随之被凝固在复合词的词根和词根之间,如"草创、泛滥、润色、天下";② 更多的词,则是人们在造词时受到句法模式潜移默化的影响,不自觉地把句法结构规律用到构词上,从而对词根与词根的关系作出句法式的解释,即:句法上某种性质的成分可以或不可以与某种性质的成分结构在一起,在构成复合词时也仿照来做。句法上讲得通的关系大都在词根和词根的关系上复现出来。在统计出的 32,346 个复合词中,能解释作定中偏正式的词有 13,915 个,约占总数的 43%,不算"逆释"类(如"韭黄、氛围"),尚有"n+x"(如"人心、书眉")、"adj+x"(如"黄蜂、谬种")、"v+x"(如"猎人、赛车")三小类;能解释作状中偏正式的词有 2,496 个,约占总数的 7.7%,不算"逆释"类(如"冲喜、洗

---

① 胡裕树《现代汉语(增订本)》(上海:上海教育出版社,1962 年)即把"非正式化""军事化"等词看作是由词根和词缀(前缀或后缀)构成的。见该书第 243—245 页。
② 例见王力《汉语史稿》(中册)(北京:中华书局,1980 年)第 344 页。

三"),尚有"n+x"(如"阵亡、械斗")、"adj+x"(如"长眠、酷爱")、"adv+x"(如"休想、不轨")、"v_1+v_2"(如"点射、哂纳")四小类;能解释作支配式的词有 5,030 个,约占总数的 15.6%,不算"逆释"类(如"何在、庖代"),尚有"v+x"(如"下海、保健")、"adj+x"(如"寒心、短路")、"n+x"(如"醋心、文身")三小类;能解释作补充式的词有 300 个,约占总数的 0.9%,内有"v+结果"(如"冲决、处死")、"v+趋向"(如"纳入、撤回")、"v+状态"(如"放松、抓紧")三小类;[①]能解释作陈述式的词有 380 个,约占总数的 1.2%,内有"x+v"(如"人为、官司")、"x+adj"(如"气短、两便")两小类;能解释作联合式的词有 8310 个,约占总数的 25.7%,内有"n_1+n_2"(如"牙齿、夫妻")、"v_1+v_2"(如"替代、婚嫁")、"adj_1+adj_2"(如"肥胖、修长")、"adv_1+adv_2"(如"全都、刚才")、"方位$_1$+方位$_2$"(如"中央、左右")、"数量$_1$+数量$_2$"(如"千万、一二")六小类;能解释作重叠式的词有 259 个,约占总数的 0.8%,内有"n+n"(如"伯伯、兜兜")、"v+v"(如"谢谢、痒痒")、"adj+adj"(如"平平、寥寥")、"adv+adv"(如"统统、刚刚")四小类;此外,还有可称为"递续"式的词 547 个,约占总数的 1.7%,内有"v_1(而后)v_2"(如"割据、拆洗")、"$(n_1)v_1(n_2)v_2(n_1)$"(如"请教、求助")、"$(n_1)v_1(n_2)v_2$"(如"教练、听说")、"$(n_1)v_1(n_2$ 使 $n_2)v_2$"(如"催产、指正")四小类。

32,346 个由单词根与单词根结合而成的双字复合词,其中不能或难以用句法的结构模式加以解释的有 1,109 个,约占 3.4%。这些词,或者截取自古代文献上的语句,或纯属意合,单凭字面难以稽考,或用以构词的字是虚字,意义不很明确,它们都无法归入到以上所列的几类中,例如"木耳、皮傅、弱冠、线春"。如果按照字本身呈现的意义为词作结构形式的归类,不仅牵强,而且会与词的真意风马牛不相及。至于"着呢、来着、罢

---

① 补充式复合词的分类,主要参考朱德熙《语法讲义》第九章"述补结构"(北京:商务印书馆,1982 年)。

了、所以"①这些由虚字构成或内含虚字的复合词,就更难归入人们为实字与实字相结合所设计的关系类型中。以上这些词中字与字的结合说明了汉语复合词结构类型的复杂性,也表明了完全用句子中词与词(或词与词组、词组与词组)的结构模式来解释复合词中词根与词根之间的结构关系的困难。

人们用字与字结构成复合词的时候,还要考虑所选择的两个字是否能在语义上搭配得拢。字跟字能否在语义上相搭配,也是复合词能不能构成的一个重要条件。复合词中的字跟字能否搭配在一起,可从下面三种情况看出。

两字搭配在一起,在语义上须合乎情理,不能是荒谬的。所谓合乎情理,就是两字组合在一起后指称的或表示的事物现象能为人所理解,符合逻辑。如有"狐臭"无"狐香":由腋窝等部位皮肤内汗腺分泌异常而产生的刺鼻气味就是臭的,像狐骚一样,而不是香的。有"烈日",无"烈月""烈星":太阳光线照射强烈而炎热,月光、星光只是对日光的折射,不强烈,也不炎热。有"天体",无"地体":地球也是天体。有"罗致",无"罗去",有"捏合",无"捏离":"罗""捏"动作的焦点是由外趋内,不允许动作的焦点是由内趋外的字"去""离"与之配合。有"失去",无"失来",有"剖解",无"剖合":"失""剖"动作的焦点是由内趋外,不能由动作的焦点是由外趋内的字"来""合"与其组合。有"提前",无"提后":"提"就是"把预定的期限往前挪"的意思,要求与其组合的字在方位上一致。

两字搭配在一起,表义须确切,不能不准确或含糊不清。如有"望风、望楼、望断、望子",无"看风、看楼、看断、看子":"望"是从远处看,"看"只是一般地看,"看"与"风、楼、断、子"组合,表义不确。有"喷薄、喷发、喷饭、喷壶、喷溅、喷漆、喷泉、喷洒、喷嚏、喷桶、喷头、喷吐、喷子、喷嘴",无"射薄、射发、射饭、射壶、射溅、

---

① 王力先生认为"所"是代词(见所著《汉语史稿》中册第259页,北京:中华书局,1980年)。但是作为语素,"所"已极度虚化,很难再看作是代词性的了。

射漆、射泉、射洒、射嚏、射桶、射头、射吐、射子、射嘴":"喷"是"(液体、气体、粉末等)受压力而射出"义,"射"非此义。反过来看,有"射程、射干、射击、射箭、射界、射猎、射流、射门、射手、射线、射影",无"喷程、喷干、喷击、喷箭、喷界、喷猎、喷流、喷门、喷手、喷线、喷影":"射"有"用推力或弹力送出(箭、子弹、足球等)""液体受到压力通过小孔迅速挤出"和"放出(光、热、电波等)"三个义项,与"喷"的意义无一相同。因此,"薄、发、饭、壶"等可与"喷"组合而不可与"射"组合,"程、干、击、箭"等可与"射"组合而不可与"喷"组合。

两字搭配在一起,语义色彩要和谐,不能不相一致。如有"丑类",无"美类":"类"在指人时常常带有贬义,很少可能与褒义字正常搭配。① 有"认输",无"认赢":"认"有消极义,表无可奈何,不能与表积极义的字"赢"搭配在一起。有"奸徒",无"忠徒":"徒"在此为非褒义字,不能与褒义字"忠"组合。有"拌嘴、吵嘴、打嘴、顶嘴、斗嘴、堵嘴、多嘴、犯嘴、赶嘴、回嘴、快嘴、笼嘴、卖嘴、磨嘴、撇嘴、贫嘴、抢嘴、说嘴、贪嘴、偷嘴、油嘴、掌嘴、争嘴、支嘴、走嘴、嘴笨、嘴尖、嘴脸、嘴损、嘴碎、嘴硬",无"拌口、吵口、打口、顶口、斗口、堵口、多口、犯口、赶口、回口、快口、笼口、卖口、磨口、撇口、贫口、抢口、说口、贪口、偷口、油口、掌口、争口、支口、走口、口笨、口尖、口脸、口损、口碎、口硬"。"嘴",《说文》作"觜":"鸱旧头上角觜也。"段玉裁注云:"鸟味曰觜。俗语因之凡口皆曰觜。""口",《说文》解释说:"人所以言食也。"可见"嘴""口"有别:"嘴"指鸟类的嘴,"口"是人类的嘴。近古以来,"嘴""口"虽可混用于人,但在称说不好的事物现象时一般仍用"嘴"不用"口",如说"尖嘴猴腮、油嘴滑舌、笨嘴拙舌、贫嘴薄舌",不说"尖口猴腮、油口滑舌、笨口拙舌、贫口薄舌","嘴""口"的不同语义色彩残留未泯。因此,"拌、吵、打、顶"等字就很少有

---

① "类"间或也可与褒义字相组合,但组合起来之后整个词的意义却并非褒义的。如"善类",字面意义虽是"善良的人",但实际上这个词现代一般只用于否定。

与"口"相组合的可能。

复合词的两字,其中之一的语义色彩如果是中性的,那么,另一字的语义色彩则少有限制,常常见到的情形是可褒可贬。如有"良民",也有"贱民",其中的"民",色彩中性。有"忠臣",也有"奸臣",其中的"臣",无所谓褒贬。有"凄切",也有"热切",其中的"切",不具褒或贬的色彩。有"超人、贵人、好人、红人、佳人、举人、良人、美人、名人、明人、能人、亲人、情人、骚人、圣人、完人、伟人、闻人、贤人、新人、雅人、要人、友人、哲人、真人",也有"仇人、蠢人、歹人、敌人、恶人、犯人、废人、黑人、坏人、贱人、狂人、浪人、土人、妄人、小人、罪人",还有"报人、保人、便人、病人、常人、传人、法人、凡人、国人、匠人、今人、近人、军人、来人、老人、猎人、路人、媒人、门人、牧人、行人、古人",其中的"人",无任何特殊的语义色彩,与之搭配的字也就很少有语义色彩上的限制。

汉语复合词在由字和字构成时,也还要受到语音条件的制约和影响。语音的因素常会制约复合词在构成的时候使用某个字而不用另外的字。语音条件对复合词构成中字的选择的作用和影响,可从下面两种情况看出。

两个字搭配成词时,常会因声调的不同而在次序上作出选择。通常见到的情形是:两个字的声调若一为平声一为仄声,以前平后仄为常;两个字的声调若同为平声或仄声而有阴平和阳平、上声和去声之分时,则以前阴、上,后阳、去为多见;入声字常常出现在复合词后一词根的位置。① 这一现象明显地表现在联合式复合词的构成上。② 我们从《现汉》中随手摘出打头的字的声调分别为阴平、阳平、上声、去声的四组词加以统计,即可看出大概:③

---

① 参见周荐《并列结构内词语的顺序问题》,《天津师范大学学报》1986年第5期。
② 参考陈爱文、于平《并列式双音词的字序》(《中国语文》1979年第1期)和蒋文钦、陈爱文《关于并列结构固定词语的内部次序》(《中国语文》1982年第4期)两篇文章中所作的分析。
③ 对调类的确定,主要参考郭锡良《汉字古音手册》,北京:北京大学出版社,1986年。

清——清白 清澈 清醇 清脆 清淡 清高 清寒
清洁 清净 清苦 清朗 清冷 清廉 清凉 清亮
清冽 清明 清贫 清平 清爽 清晰 清闲 清新
清秀 清雅 清幽 清越 清湛

28个词中,只"清高""清新""清幽"3个词后一字的声调与"清"一致,是阴平,约占10.7%;另25个词后一字的声调都非阴平,它们或为阳平,或为上声,或为去声,或为入声,约占89.3%。

神——神采 神怪 神魂 神秘 神祇 神妙 神奇
神气 神色 神圣 神态 神仙 神异 神志 神智

15个词中,只"神仙"一词后一字的声调为阴平,约占6.7%;"神魂""神祇""神奇"三个词后一字的声调与"神"同为阳平,占20%;另11个词后一字的声调或为上声,或为去声,或为入声,约占73.3%。

浅——浅薄 浅近 浅陋 浅露 浅显 浅鲜 浅易

7个词中,后一字的声调是阴平、阳平的无一例,是上声的有"浅显""浅鲜"两个词,约占28.6%;另5个词后一字的声调为去声或入声,约占71.4%。

盗——盗匪 盗劫 盗卖 盗骗 盗窃 盗贼

6个词中,只"盗匪"后一字的声调为上声,约占16.7%;"盗卖""盗骗"两个词后一字的声调与"盗"同为去声,约占33.3%;另3个词后一字的声调都为入声,占50%。

两字搭配成词时,要尽量避免所选择的字与已有的词所选用的字在语音形式上雷同。如有"体检""查体",无"检体""体查":"检体"与"简体"音同,"体查"与"体察"音同。有"晨练",无"早练":"早练"与"早恋"音同易混。有"水选",无"水择":"水择"与"水泽"同音。有"寒潮",无"冷潮":"冷潮"易混同于"冷嘲"。

汉语复合词在由字与字构成时,风格上的制约和影响也是一个重要因素。能搭配在一起的两个字,风格上常是协调一致的。风格上不相协调的两个字,很难搭配成词。如有"食品""用品",无"吃品""玩品":"吃""玩"有口语风格,与"品"不协调。有"官员",无"民员":"员"有庄重的风格。有"累卵",无"累蛋""摞卵":"累""卵"风格一致。有"疾驶",无"快驶""疾开":"疾""驶"风格协调。有"诠释",无"诠解":"诠""解"风格不相一致。有"疆场""边疆",无"边场":"边""场"风格差异过大。

汉语复合词在构成时选择什么样的字,要受到语法、语义、语音和风格的制约和影响。有些复合词,在构成时尽管符合上述的一个或几个要求,但是所造出的词的意义未必与字义相合,或者说,在造词时选择此字而不选择彼字,却又使此字指彼物不指此物;有些复合词可有字与字相结合的某种形式,而同类型的词,有的可有同类的形式,有的不可有同类的形式。这些都与人们的言语习惯有关。习惯的因素在构成复合词的字的选择上也起着一定的作用。

新的词汇单位常会在不经意间出现,给人的感觉仿佛是一夜之间如雨后春笋般滋生出来。其实,一个词汇单位尽可予人"闪现"的感觉,但其被创造出来,却如一个婴儿从孕育到诞生,是一个非常复杂的工程。每个词都有其历史,每个词的创制都是需要一定的方法的。这方法因时、地、人等因素的不同而会有所不同,对其进行分析,予以归类,可使人在新造词时有所遵循。汉语创制新词的方法自会与其他语言的创制方法有相同相近之处,也会有所不同。现代汉语创制新词时也会与汉语其他历史时期的方法有异有同。现代汉语普通话创制新词的方法也未必与现代各汉语方言创制新词的方法在在皆同或全然不同。新词创制方法主要表现在音、义、形三个方面。

一 语音孳生法

一个词语的产生,往往会受到本系统中其他一些词语的激发、触发、影响。这种激发、触发和影响,从语音的角度归纳起来看,大致有如下几类。

1. 音近衍生。一个新词语的产生总与此前已有的某个/些词语有着相似的样貌,其中语音上的近似更是较为普遍的现象。如"极力—竭力""信号—讯号""烟幕弹—烟雾弹""胡萝卜—红萝卜""养家活口—养家糊口""升堂入室—登堂入室",大概都是音近衍生。

2. 音变孳生。音变往往是语音的历史变化,后世的人们常会依据变化后的语音形式重造新词语。例如"角落"的"角"的声母中古时应为舌根音,后世因为语音演变为舌面音,遂造出"旮旯"一词,并且用新造字使之固定下来。再如北方农村常见村名为"赵各庄""李各庄",其实应该写作"赵家庄""李家庄"。这也是由于"家"在中古时声母是舌根音而不是现代的舌面音,这样的语音变化孳生了"赵各庄""李各庄"。

3. 歧音造词语。歧音指的是一字多音的现象。造词语者不明就里或将错就错,都可能借另一音造出另一词语。例如"角色"本读 juésè,但由于"角"字两读,还有一个 jiǎo 的读音,而这个读音又恰恰是百姓常见的读音,于是乎因百姓常把"角色"俗读为 jiǎosè,便造出一个书写形式上的词"脚色"。

4. 分合造词语。分合造词语的"分",或指分单音字为复音词(此类还是语音的问题,如"孔"分化为"窟窿"),或指分单字词为复字词(此类已不再是语音的问题了,如"兵"拆分为"丘八"),或指分单字词为复字词语(如"叵"分为"不可");分合造词的"合",则指的是将复字词合为单字词,例如"之乎"合成"诸","两个"合为"俩","三个"合为"仨"。

5. 谐音造词语。所谓谐音,有的是直接谐某个已有的词语的音,例如"诈弹"是由"炸弹"通过谐音的方法造成的;有的是词语的构件分别谐音,合成新词语后再与某词语的音相谐,例如20世纪90年代中国国家跳水队有一对出色的男女运动员,男的名叫田亮,女的名叫郭晶晶。因为他们是俊男靓女,又都极为出色,因此大家用现成的词"亮晶晶"合称他们。

二 仿拟类推法

仿拟类推造词法是根据已有词语所具有的一些因素,仿效、比照造出新词语的方法。大致可分三类。

第一类,利用相同、相近的字仿拟类推造出。如由"导演"造出"导播",由"红颜知己"造出"蓝颜知己"。此类还有以颠倒已有词语的次序而类推出的新词语。例如"三八妇女节"是早已造出的词语,最近有人在互联网上造出"八三男人节",后者无疑是从前者类推出来的。

第二类,利用相近或有关联的语意仿拟类推造出。例如有"西施",又造出一个"东施(效颦)","东施"就是据"西施"的语意仿拟类推出来的。语言中早有"第一夫人"的说法,指国家元首的夫人,但是当地时间2012年5月6日当选新一任法国总统的奥朗德,他未婚而有女友,人们便仿拟"第一夫人"的称谓,称其女友为"第一女友"。由"水门事件"的"水门",造出"伊朗门、兵役门、炸药门、赫尔伯顿门、拉丹门、勋章门、情人门、失窃门、特工门、鞋弹门、诈捐门"等等数不胜数的"××门",最近的一个"门"就是美国前国务卿希拉里的"电邮门",今后还会不会出现什么"门",实难逆料。需要说明的是,类推造词语并非必得是先有表示切近事物的词语再类推创造出表示非切近事物的词语,而可以相反。例如语言中先出现"外星人",再反向类推创造出"地球人"。在"地球人"一词出现之前,我们一直就用"人"来表示地球上居住着的这种高级动物;而当虚拟的"外星人"出现后,就又造出"地球人"来确指地球上的这种高级动物。

第三类,利用相同、相近的音仿拟类推造出。例如根据"幸福"造出"性福"。

仿拟造词还有可能与外语成分有关,例如根据日本的"宅急便",中国出现了"宅急送"。造词还有谐谑的一类,例如台湾地区有一词"月光族",乍一听以为是与月亮有关的一群人,其实却是收入菲薄月月没有存项全部花光用光的一类人。再如"白骨精"本是《西游记》中的一个人物形象,是狡诈的、欺骗性很强的妖精,但是如今的一些成功女士也被人戏称为"白骨精"。这个"白骨精"是由"白领""骨干""精英"三个词中各抽出一个代表字构成的。"一塔湖图"是一座宝塔、一泓湖水和一座图书馆的简略说法。"一塔湖图"是中国有百年历史的著名学府北京大学校园内的景观或标志性建筑,与"一塌糊涂"谐音,倒也有趣。

三 内在衍生法

一个词的产生除外界因素外,还有其内在的方式方法。这方式方法非常复杂,这里只择要谈几类:

1. 拟音

用拟音创制的新词,最常见到的是拟声词。用拟声法造拟声词,古代常见,例如《诗经》里就有"嘒嘒、橐橐、叟叟、交交"这样的拟声词。现代沿用下来带古雅色彩的拟声词也很常见,例如"汤汤、飕飗"。现代口语里的拟声词就更为普遍,例如"喧啷、稀里哗啦、踢拉嗒啦、劈里啪啦"。现代汉语中有些用拟声方法造出的词是口语中存在而没有文字加以表现的,例如北方人描摹打枪的声音[tiaŋ],描摹打炮的声音[tuaŋ]。不惟如此,用拟声的方法还可造出一些普通名词(如"知了")、普通动词(如"吱声")等。将古今拟声词试加比较即可看出,上古汉语拟声词常用叠音的方式创制,而现代的拟声词则不受此限,花样繁多。

2. 喻借

语言中的不少词语是直接反映所指的客观对象的,如"肥效"是肥料的效力,"集训"是集中到一个地方进行训练。另有一些词语,不是直接反映所指的客观对象,而是借彼喻此,以他物状此物,用比喻的方式曲折地反映所指的客观对象,如"吃香"不是吃香甜的东西或其他,而是说受欢迎,像香甜的食物之于食用者那样;"蛇行"不是蛇在行走,而是人或蛇之外的其他动物像蛇似的全身伏在地上爬着前进;"葡萄胎"不是葡萄的胎儿,而是一种妇科病症——妇女受孕后胚胎发育异常,在子宫内形成许多成串的葡萄状小囊;"穿小鞋"不是穿尺码小于脚的尺寸的鞋子,而是刁难别人,使受约束、限制,好像给尺寸大的脚穿上尺码小的鞋子那样使人难受。这种借彼喻此、以他物状此物、用比喻的方式曲折地反映所指客观对象的词语早已有之,例如"剜肉补疮"出自唐·聂夷中《咏田家》诗:"二月卖新丝,五月粜新谷。医得眼前疮,剜却心头肉。"这说的不是真的剜心头肉医眼前疮,而是只顾眼前,用有害的方法去救急,仿佛从自己身上挖掉一块好肉去补疮口。这种不是以直接的方式而是以比喻的方式曲折地反映所指客观对象的词语,可称之为比喻词语。

比喻词语而外,还有以借代的方式构成的词语——借代词语。如"丝竹"一词,《现汉》的解释是:"琴、瑟、箫、笛等乐器的总称('丝'指弦乐器,'竹'指管乐器),也借指音乐。"因为琴、瑟等弦乐器的弦是用丝制作的,箫、笛等管乐器的管是用竹子制作的,遂用原料"丝""竹"代本体弦乐器、管乐器。"丝竹"是借代词,指音乐。再如"红袖添香"这个成语是"美人伴读"意。"红袖"是物,无法"添香"。这里是用"红袖"代美人,该成语是以特征代本体的方式构成的借代成语。再如"巾帼、须眉、唇齿、眉目、(捉)舌头、阮咸、泰斗、樽俎",都是借代词语。

3. 简缩

简缩造词古已有之,如下两法即是:

(1) 合词造词。合词造词是从已有的不同的词中各选取一个字重新组合成一个词,例如"配军"由"发配、充军"合成,"凿枘"由"圆凿、方枘"合成,"封建"由"封土、建国"合成,"骄矜"由"骄傲、矜夸"合成。合词造词在古代是一种较为常用的造词方法,在现代更是一种非常能产的造词法。例如:

突审(突击审讯)　团购(团体购买)　维和(维护和平)
维权(维护权益)　武警(武装警察)　刑拘(刑事拘留)
行署(行政公署)　医保(医疗保险)　运力(运输能力)

掌控（掌握控制）　政委（政治委员）　足彩（足球彩票）

但是需要注意，用这种简缩造词法造出来的单位，有时可能会与用同样方法造出来的其他单位同形。例如"科考"在中国古代是"科举考试"的缩略，而在现代又成了"科学考察"等的缩略。简缩后的单位成词与否，也是一个重要的问题。可以"语言""文学"两词合并后的情况为例看一看："语言""文学"组合成"语言文学"不是词汇单位，简缩后的"语文"成词；组合成"文学语言"是词汇单位，简缩成"文语"不成词。

（2）截字造词。截字造词是将短语中并不相邻的字截取出来搭配组合成词，例如"衰竭"截取自《左传》"再而衰，三而竭"。截字造词，常见的是截取自并不相邻的语段而成，例如，"弱冠"截取自《礼记·曲礼上》"二十曰弱，冠"，"乔迁"截取自《诗经·小雅·伐木》"出自幽谷，迁于乔木"。也有的是截取自相邻的二字而成的，例如，"殷鉴"截取自《诗经·大雅·荡》"殷鉴不远，在夏后之世"，"作俑"截取自《孟子·梁惠王上》"仲尼曰：'始作俑者，其无后乎？'为其象人而用之也"。

上述利用简缩法造成的单位已然是语言的词语单位，一般人也很难意识到在它们身上还有简缩的痕迹。我们说的简缩法，只是就其来源，就其造就之法来说的。

4. 反序

作为造词方法之一种的反序法，所指的不是一个词在历史上曾经偶然出现过另一种字序，而是指不同字序的词出现的时间虽然先后不一，但在现时却都同时存在，只不过有的异序同义，有的异序异义而已，如"感情、情感""代替、替代""天空、空天""邮电、电邮"。历史上曾偶然出现过另一种字序却未流传下来，虽是反序，却未起到造词的作用，不能称作"法"。例如"儿童"在上古、中古时都曾经有过写作"童儿"的历史：

尧喜，问曰："谁教尔为此言？"童儿曰："我闻之大夫。"
（《列子·仲尼》）

> 荧惑降为童儿,歌谣嬉戏。(《晋书·天文志》)

再如"排挤",至少在宋代还未定序,亦可写作"挤排":

> 所喜则阴为引援,擢置清显;所恶则密行訾毁,公肆挤排。(《宋史·朱熹传》)

"童儿""挤排"在现代都不作为词存在。

反序在古代似更为多见,原因很大程度上是出现于古代汉语中的反序,不是词的问题,而是短语、句子的问题。赵元任曾说过:"造句法里头的并列结构是可以颠倒的。"[1]曹先擢更一针见血地指明:"我们说古汉语里这种字序可以倒换的复音词(片语)较现代汉语为多,主要的原因,是因为在古代它们基本上属于造句法的范畴,在现代汉语则基本上属于构词法的范畴。"[2]这也就是说,反序词之间意义、用法的关系也是存在着一个发展变化的渐进进程的。

5. 数字概括

所谓数字概括,即用数字与他字组合成词或仂语。这样的词语古已有之,如"四书、六合、岁寒三友、九五之尊"。由自由短语甚至若干零散的词语省并组合成一个新的词语,常能见到的是"数字+代表字"构成的新的词语。例如:"三国"这样的词语单位,是先从几个词语中选取一个有代表性的字,再用数字加以称说而构成的一个新的词语。"魏国、吴国、蜀国"对"三国"这个单位的最终构成固然是有影响的,但是"魏国、吴国、蜀国"只是零散的词语,或至多是词语的自由组合,不是语言词汇凝为一体的固定单位,因此它们并非"三国"所由形成的基式。有的词语组合如"工业现代化、农业现代化、国防现代化、科学技术现代化",即使可以认为其具有一定的固定短语的性质,也难把"四个现代化"这类单位看成缩略词语,因为即使可以承认这类词语的

---

[1] 见《北京口语语法》第27页,北京:中国青年出版社,1952年。
[2] 曹先擢《并列式同素异序同义词》,《中国语文》1979年第6期。

后一部分是缩略,也不能否认前面用以称说的数字是另加的,对于其所在的那个词语单位的构造来说有着新添的性质。"三国"这样的词以看作普通复合词为好,"四个现代化"这样的固定短语也还是视为普通固定短语为宜。吕叔湘(1979)曾把"三反""五好"等称作"带数字的简称"。

实际上,数字概括语有词,有固定语,也有自由短语。词如"三国""三反",固定语如"六丁六甲""四个现代化",它们因形式固化,内容也易为人们理解和知晓。而自由短语所概括的内容,则常常是人们所不熟悉的。例如徐宗文2004年由江苏人民出版社出版的《三馀论草》一书,书名中的"三馀"就不易为人明晓:

> 这是一本以探讨汉代文学为主的学术论文集,作者徐宗文先生命之以《三馀论草》,变古人"冬者岁之馀,夜者日之馀,阴雨者时之馀"(《三国志·魏志·王肃传》注引《魏略》)之说,取"审稿编稿之馀,开会出差之馀,吃饭饮茶之馀"之意,颇有意味。(《学贯两汉,思成三馀》,《读书》2005年第10期)

如果不是看了上述解说,常人是很难明白《三馀论草》中"三馀"的意思的。

普通的数字概括词语,都是前边的成分为数词性的字,表示所概括的单位的数量,后边的成分为所概括的现象中共有的字。但是也有不用共有的字的数字概括语,例如"三公"指的是"太尉、御史大夫、丞相","公"与所概括的"太尉、御史大夫、丞相"并没有相同的字,而只是一种语义上的概括。

数字概括语也不见得就是对数字的概括,它也可以是对词语的浓缩。例如"四千四万":

> 这种打拼精神可以用"四千四万"来形容,也就是"走过千山万水、吃尽千辛万苦、历尽千难万险、说尽千言万语",最后才致富!(《温州人致富靠"四千四万"》,2006年5月23日《参考消息》第15版)

数字概括语在专属词语上表现得尤其普遍。例如"五台山"的"五台"就是"东台"(望海峰)、"南台"(锦绣峰)、"中台"(翠岩峰)、"西台"(挂月峰)、"北台"(叶斗峰)的合称。天津有所谓"七十二沽",包括"葛沽、大直沽、咸水沽、丁字沽、塘沽、汉沽、贾家沽"等。济南向有"百泉争涌"之说,人们概称之为"七十二泉",包括"趵突泉、黑虎泉、珍珠泉、五龙潭"等著名的泉眼。

数字概括语常常用于政治性的表述。例如1979年3月提出的"四项基本原则"(即"坚持社会主义道路,坚持人民民主专政,坚持中国共产党的领导,坚持马列主义、毛泽东思想"基本原则)、21世纪初提出的"两个务必"(1949年3月,在党的七届二中全会上,毛泽东要求全党在伟大的胜利面前保持清醒头脑,在夺取全国政权后要经受住执政的考验,务必继续保持谦虚、谨慎、不骄、不躁的作风,务必继续保持艰苦奋斗的作风。这段话在2003年为胡锦涛概括为"两个务必")。最近的例子如2015年6月26日,中共中央政治局召开会议,提出了"三管三严",内容是要求全党"做到真管真严、敢管敢严、长管长严"。

数字概括语还可以由汉字和西文字母一起构成。例如"三S政策"是Smile(微笑)、Sight(眼神)、Skinship(接触)政策;"3S技术"是Remote Sensing(Rs,遥感技术)、Geographic Information System(GIS,地理信息系统)、Global Positioning System(GPS,全球定位系统)的统称;"三S研究会"即SMEDLEY(史沫特莱)、STRONG(斯特朗)、SNOW(斯诺)研究会;"三Z女人"中的"Z"是汉语"姿色、知识、资本"三个词中第一个字汉语拼音的第一个字母。

汉字"三"或阿拉伯数字"3"再加上"S"构成的"三/3S"还能看到不少,例如:

> 字母"S"真是有女人缘呐……如今,又有了3S——性(Sex)、精神(Spirit)和成功(Success),它是女性生活的幸福指数。(《女人3S的幸福指数》,2005年11月16日《每日新

报》第 41 版)

  津城旅行社今冬首次打出冬季旅游"3S"概念——Spring(温泉)、Sport(运动)、Shopping(购物),意在为游客带来冬日出游的新奇和诱惑。(《今冬出游主打"3S"》,2005年11月18日《每日新报》第 5 版)

  数词除与字母 S 组合外,还可与其他字母组合,例如"3A""3C""3G"。当然,除数词"三"之外,也还会有其他数词构成的这种字母词,例如"一大四小 A"。

  此外还有用拟人法造出来的词——拟人词语。例如"吐穗"是指小麦等农作物抽穗,"吐"字将非动物动物化了。"孕穗"是指水稻、小麦、玉米等农作物的穗在叶鞘内形成而尚未抽出来。再如,"歇枝"指果树在大量结果的次年或以后几年内,结果很少,甚至不结果。《说文》:"歇,息也。"段注:"息者,鼻息也。息之义,引申为休息,故歇之义引申为止歇。"可见,"歇"是指人的动作,或至少是指动物的动作行为,不指植物。"歇枝"的"歇"将非动物动物化了。

第二节　词的内部形式

一　有理性和无理性

  词的内部形式,说的是词被造当初的样貌。例如"鸭舌帽",说的是一种帽子,因其帽沿类似鸭舌,故名。该词的内部形式即是该词貌似鸭舌的样貌。不同的词,可能所指一致,但内部形式却有不同。例如某个语言区域特有的词语,可能会与共同语的词语在内部形式的表现上有所区别,如粤方言的"茄瓜",内部形式异常生动别致,强调该种蔬菜的瓜状样貌,而普通话的词"茄子"却没有这样的强调,也不彰显这样的样貌。

  造词,尤其是以词语来为客观对象命名,其内部形式是存在着有理性和无理性之别的。所谓有理性,说的是从词面上看,字的选用以及字与字的组合所显示出来的意义符合人们一般认识的常理;所谓无理性,说的是从词面上看,字的选用以及字与字的组合所显示出来的意义不符合人们一般认识的常理。有理性的词语很多,例如"手枪"是手掌持用并发射子弹的枪械,"电脑"是用电子元器件及其他设备构成的自动计算装置,功能类似于人脑。无理性的词语也有不少,例如"酒店"不是专门喝酒的地方,来华的日本人若想喝酒,要明白中国的"酒店"不是日本的"居酒屋";"饭店"不是专门吃饭的地方,来华的西方人士若想吃饭,要明白中国的"饭店"不是英语所说的 restaurant。"酒店"和"饭店"其实分别是日语说的"ホテル"、英语说的 hotel。

词在创造之初,其内部形式一般都具有理性,因为不具有理性则在时人的语言心理上难得通过。一些内部形式具有理性的词可能会在日后变得不为人所理解并因此而易名,一些内部形式具无理性的词也可能会在日后不能在语言中存身而易名。

无理性的词,未必会因不讨一些人喜欢而不存在。例如冯友兰在《三松堂自序·北京大学》里写到作者1915年初到北京大学参加开学典礼,英文教授辜鸿铭发言认为"改良"一词不通。但"改良"一词并未因辜鸿铭的不满而消失,而且一百年来愈来愈为人所常用。一些无理性的词,与后世的词汇演变关系密切。例如"孀"就是指寡妇。后世因为双音化运动产生"孀妇""遗孀",添附上去的"妇""遗",对于"孀"而言似乎都有蛇足之嫌,都显示着某种无理性。

有理性也并不就意味着合理。例如鲸鱼是大海中生存的动物,但它不是鱼,而是哺乳类动物;熊猫不是猫,更像熊;犀牛根本不属于牛所在的偶蹄目,其实是一种奇蹄目动物,与马的血缘更近;角马并不是马,而是一种大羚羊。随着时光的流逝,一些词的构成理据在后世人的心目中模糊了,后世的人们不认为一些词的构造具有理性。例如"伏法"一词,在1930年由商务印书馆出版的《王云五大辞典》中释义为"有罪受刑"。"刑",可以是死刑,也可以是无期徒刑、有期徒刑;"有罪受刑",当然不一定就是受死刑。"伏法"与"伏诛"是不同的,后者一定是受死刑。但到1960年出版的《现汉》试印本,"伏法"就被释义为"(罪犯)被执行死刑",1974年出版的《国语日报辞典》也释义为"犯大罪,受到法律制裁,处了死刑"。而"服刑",《王云五大辞典》和1960年版的《现汉》试印本以及1974年版的《国语日报辞典》均未收立,1965年出版的《现汉》试用本才收立,释义为"服徒刑",2000年出版的《新编国语日报辞典》也将此词收立,释义为"进监狱接受法律的刑罚"。其实"伏"和"服"、"法"和"刑",字面上并未昭示它们一者必死、一者不死的理据。它们意义的分野是由语言社会在这两词后来的使用中逐渐分别开来的。

二 平衡性和不平衡性

造词有平衡与否的问题。所谓造词平衡,是说同类型的词的造词方法一致,例如有"大睡",也有"小睡",有"大便",又有"小便";所谓造词不平衡,是说同类型的词的造词方法不相一致,例如没有"大坐",只有"小坐",没有"短虫",只有"长虫"。语言中有"寡妇""孀妇",有"鳏夫",有"寡居""孀居",也有"鳏居",这似乎都反映出平衡性;但是语言中有"寡嫂"这个词,似乎很少见到"孀嫂"的说法,更罕见"鳏兄"的用例,这又反映出某种不平衡性。有的词在人们的口中是有平衡性的,但是在有些词典的收条上却不存在平衡性。例如《现汉》收了"国父",却未收"国母",而"国父""国母"都是存在于人们口中的。

词构也有平衡与否的问题。所谓词构平衡,是说同类型的词的结构方式一致,例如"跳高""跳远",就是结构一致的词;所谓词构不平衡,是说同类型的词的结构方式不相一致,例如"射箭"是一项运动的名称,"射击"也是一项运动的名称,但两词的结构方式不相一致;若要一致,"射击"改为"射弹",才与"射箭"一致。同类的例子,如"拳击""击剑",结构也不一致;若要一致,或将"拳击"改为"击拳",或将"击剑"改为"剑击"。

造词、词构的平衡,未必会带来意义上的一致,例如"小便"

有生殖器义,"大便"无生殖器义。"小便"《现汉》立三个义项:"❶动(人)排泄尿。❷名人尿。❸名指男子的外生殖器,也指女子的阴门。"但是"大便"立两个义项:"❶名屎。❷动拉屎。"这就是不平衡。

三 可类推性和不可类推性

词汇具有可类推性和不可类推性。可类推的例子,如有"海军"也有"空军、陆军",有"法警"也有"狱警、刑警、户籍警、交通警";不可类推的例子,如有"水兵",无"空兵、陆兵"。不可类推性提醒人们,在造词、用词时需格外谨慎,如有"澳币、韩币、日币、人民币",也有"法币",但这个"法币"却不是法国货币的意思,而指1935年国民政府发行的纸币,指称法国本位货币的词叫"法郎";有"中国、美国、法国、德国",还有"联合国",但是"联合国"不是一个"国",而是若干个"国"的集合体;有"工业局、林业局、公安局、教育局",还有一个"政治局",但"政治局"没有"局长";有"办事处、审计处、督察处、新闻处",还有一个"书记处",但"书记处"没有"处长"。

人们心智中类推造词的情况,最明显地反映为前字不同、后字相同的双字组配上。也就是说后字确定,前字更易,组成新词。从结构上看,定中偏正式的词即属此类。从词的重心的角度看,这类词也可称之为后心结构的词。例子可举出很多,如:"植物名+农"构成的"菜农、棉农、茶农、花农、蔗农、蕉农";"地名+门"构成的"澳门、虎门、金门、津门、石门、潭门、天门、厦门、玉门"。当然,这种类推造词也会有更复杂的情况。例如"具"因义项不同而分别为两类结构:"具$_1$"是"工具"义,结构成的词如"钓具、磨具、刀具、文具、赌具"等;"具$_2$"是"器具"义,结构成的词如"家具、炊具、道具、酒具、茶具、餐具、烟具、卧具"等。在这种类推造词的过程,一些字的意义得以具体化。例如"民"是与"人"在意义上具有同一性的字,后来逐渐生出某种职业、某一兴趣领域的意义,类推造出"线民、股民、彩民、烟民"等。类推不仅可造出大量普通词,亦可在专属词语上大显身手。例如"机构的性质/职责名+办"构成的"招办、中办、经贸办、绿化办、纠风办、特首办、打假办、扫黄办"。当然,这样造出的专属词语存在着能否为词典收入和是否具有词的资格的问题,用同类结构造就的单位,未必就在词语使用者心目中有同样的词感。例如"物品+主"构成的"车主、船主、房主、机主、尸主"甚至"博主",都有词感,但是"衣主、鞋主、袜主、表主、笔主",很难说有词感。

四 词语的标记

一些合成性单位,其结构中的某个成分专起某种标注性质、提示语义等作用,该结构成分即可称为词语标记,具有该标记的词语即可称为标记词语。有标记词语与无标记词语两相对待。典型的二元对立是一个词语为有标记词语,另一个词语为无标记词语;非典型的二元对立是一方为有标记词语,另一方为无标记词语,各方未必以一个词语为限。在二元对立中,受有标记词语的影响,无标记词语的词干上虽未缀有标记性成分,但却以无标记来标示标记,无标记本身就是一种标记。无标记词语可视为零标记词语。

标记词语并不具有分布上的普遍性,有标记词语和无标记词语所形成的二元对立的词语仅占很小的比例。词语标记也不具有分布上的普遍性,它只是在该词语必须标记时才会存在,才会添附上,无需标记时则不会存在,不必添附上。被标记的单位,其本身可以是合成词性的单位,亦可是单纯性的根词。同一论域内二元对立的词语,其地位并不对等,标记常被添附在被视作"异类"的词语上,无标记词语才被看作是正常的词语。有标记是违背一般倾向的特征,即例外特征,无标记则是与一般倾向相一致的特征。这就如同绝大多数的人习惯于用右手做事,只有少数人习惯于用左手做事,这习惯于用左手做事的人被视作异于常人,宜乎加标记指称叫"左撇子"。而习惯于用右手做事的人是多数,被认为是常人,不称"右撇子",语言中也没有"右撇子"这个词,无需加标记,或者说是以不加标记的方式(零标记)来表示一种标记。

汉语的词语标记有多种,从是否典型的二元对立的角度看,多表现在性别标记和其他标记的分野上。性别标记词语一般是两个词语相互对照的,而其他类别的标记词语则一般是多个词语彼此对照的,词语数量多寡不拘,可多可少,不以两个词语为常。

性别标记词语一般都是二元对立的,这是由于包括人类在内的动物的性别一般都是雌雄两分的;而且这二元对立是由两个词语来实现的,此种二元对立即可视为典型的二元对立。性别标记是语言运用中常见的现象,也是人们运用语言对事物进行分类的常见手段。例如中国各级政府机构、社会团体公布其委员会名单时,凡女性委员一般会在其姓名后以括弧加注"女"字,男性委员则无需这样做。所以会如此,原因在于女性参政者寡,需凸显出来以引起重视。当然也有相反的情形,如当学校招收的女生比例远高于男生时,校方在给学生造册时会在男生姓名后以括弧加注"男"字,女生则无需如此标注。再如男人中"才能出众的人"可称为"豪杰",[①]女人则只能称为"女中豪杰"或"女豪杰""女杰";有"女王""女皇"而无"男王""男皇",原因就在于"王""皇"由男性充任理所应当,一旦由女性充任似乎就有"牝鸡司晨"之嫌;"间谍"多由男性充当,不必称"男间谍",由女性充任时却必须加性别标记,要称"女间谍"或"女谍";"土匪"中男性居多,因此男性土匪不必再加性别标记称"男土匪",而由女性充任的土匪却须加性别标记称"女土匪"或"女匪"。[②]

[①] "豪杰"为"才能出众的人",是《现汉》的释义。此一释义是否过宽,似可再酌。
[②] 当然,当"间谍""土匪"仅余基于字"谍""匪",再与区别性的字组合成一个复合词时,则无论男女均须加上性别标记组成"男谍""女谍""男匪""女匪"。这遵从着复合词的结构规律。

性别标记所附丽的词干未必就没有性别标记成分。例如男人中本领高强、勇武过人者或不畏困难、不顾自身安危而甘为大众利益献身者可称为"英雄",这"英雄"中的"雄"就已标示着性别,就已是性别标记。女人中具上述品质、行为或气概者,一般不径称作"英雄",也不称作"女英",却被称为"女英雄"。男性英雄若称作"男英雄",这性别标记"男"无疑会被视为蛇足,因为它与"雄"重复;而女性英雄被称作"女英雄",这性别标记"女"与词干上已有的性别标记"雄"不但不被视为矛盾,反而被视为当然。之所以会如此,大概是由于之前的构词成分所示语义已然弱化,由其所显示的性别特征已不彰显,再在其基础上添加新的成分并不使人对新旧成分产生矛盾之感。这样的词例并不鲜见,如男人称"公子",不必称"男公子",因为"公"也好,"子"也好,都在标示着男性的性别;而女人则只能诙谐地称为"女公子","女"和"公子"所标示的性别是矛盾的,但却并不影响"女公子"的成立。最近的一个例子,新华网2016年1月4日发布消息说,贵州省罗甸县沫阳镇董架社区麻怀村,村民世代生活在几乎与世隔绝的深山之中。为修建一条"出山之路",村民邓迎香与众乡亲先后两次用钢钎、锤子开凿出两百多米的"人工隧道",终于将麻怀村与山外世界连通。而邓迎香,也被人们誉为"女愚公"。历史传说中的愚公是男性,"公"已将其性别昭示清楚。邓迎香是女性,在"愚公"前加"女"也并不显不伦不类。"勇士"一词也是如此。历史上勇士似乎只由男人充当("士"其实已是性别标记),因此男性勇士不必再画蛇添足地加上性别标记"男";而一旦有女性担当勇士,则"勇士"前就一定要加上性别标记,成为"女勇士"。"护士"一词更有趣。"士"在历史上本指男性,在"护士"一词中本应是男性的性别标记。但由于医疗机构中担当护理、照料病人工作的人员多由女性充任,因此当称说女性护理人员时径称"护士",而不必再加性别标记称"女护士"。而一旦男性担任此工作,则一般要另加性别标记"男",称作"男护士"。①

不难看出,在男性充当主要社会角色的社会里,词语在标注性别标记时常见的是为女性加注性别标记,男性则以零标记的方式来表示。相反的情形,比较少见,如"保姆"专指女人("保姆"的另一写法是"保母",显见其性别特征;写作"姆"字,其偏旁"女"也同样是女性标记),男人任此职者则只好称为"男保姆"。更有意思的是,一些汉字本身明明是带有性别标记的,但在使用中该标记所标示的意义也会逐渐淡化,甚至消失得无影无踪。例如"妖"字是由义符"女"加声符"夭"构成的,"女"符无疑是"妖"字的性别标记。然而"妖"字却不常指女性,指女性时还要另加标记才行,如"女妖"。这大概也是因为妖魔鬼怪这样出乖露丑的事情多由男性担当之故。再如无论是男人还是女人,当他(她)在任何形式的竞赛竞争中胜出时都被称作"称雄"。"称雄"并不专为男性所用,语言中也并未再为女性另造出一个"称雌"。无论是男人还是女人,当其与他人一决胜负时都称"一决雌雄",而负者(不论女男)都为"雌"(如"雌伏"),胜者(不论男女)皆为"雄"(如"雄起"),而不能相反。

本无性别标记的词语,有时会因该词语常用于某种性别的人而被染上性别的色彩。例如诗词作家无所谓男女,但中国历史上诗人、词人绝大多数都是男性,女性诗人、词人较为少见,因此当称说女性诗人、词人时通常会加上性别的标记,像薛涛是唐代的"女诗人",李清照是宋代的"女词人"。反过来看,零标记词语的语义指向也会因标记词语的存在而使自身得以强化。还看上例,诗人、词人因多由男性充当,女性诗人、词人便加上"女"标记。而当"女诗人""女词人"稳定地使用起来之后,又反转来对"诗人""词人"的性别指向起到一种强化的作用——零标记的男

---

① 莱昂斯在 *Introduction to Theoretical Linguistics* 一书中曾就英语的事实表示,英语可说 female dog(母狗)和 male dog(公狗),因为 dog 就是不分性别的"狗",但不能说 female bitch,也不能说 male bitch,否则不是重复就是矛盾,因为 bitch 本身就是"母狗"的意思。从上述汉语的情况不难看出,英语的情况是与汉语的情况存在差异的。

性性别指向。再如"青年"本无所谓性别,但由于历史上出头露面的青年常是男性,因此现代社会指女性青年时常常加上"女"的标记称"女青年"。有标记词语"女青年"的出现,使得零标记词语"青年"的性别指向得以强化。临时拘押未决犯的机关称"看守所"。有某市第一看守所、第二看守所,略作"一看""二看",也有某市第一女看守所、第二女看守所,略作"第一女看""第二女看"(倘无序数词,便径称"女看"),却见不到标记为"男"的看守所,即没有"男看"的缩简形式。不加性别标记的看守所,就是关押男性未决犯的看守所。"女看守所"或"女看"这样的标记词语的出现,自然使得"看守所"的性别指向得到了强化。新浪网转载 2009 年 4 月 22 日金羊网－新快报上一则消息的标题为《女海归为救情夫行贿 126 万》,说明海归多为男性,"海归"加性别标记"女"正说明女性海归之稀少。"女海归"的出现,又反转来对"海归"的性别指向起到了强化的作用。相似的例子再如"流氓""混混"专指男性,女性则必得加上"女"字构成"女流氓""女混混"。而"女流氓""女混混"的使用,无疑又强化了"流氓""混混"对男性的所指。再如,客机上的乘务员因多由女性担任,因此"空乘"一词多指女性,而一旦男性担任客机乘务员,就需要在"空乘"上加上性别标记为"男空乘"。同样,"男空乘"的出现,使"空乘"的女性所指得到进一步地强化。

思考题:

一、新词的创制方法有很多,你能根据自己熟悉的方言尝试着总结出一些吗?

二、如何理解造词的有理性和无理性?

三、平衡性和不平衡性对于词语的创制和词汇的发展有何重要意义?

四、词的词汇标记和语法标记有何不同?

第四章 构词法——词语构造之法

第一节 词根、词干、词缀、词嵌和字串

词根是充作合成词一个结构项的表示概念性意义的成分。词根分单纯性词根和合成性词根,彼此性质特点不一。单纯性词根即是合成词中充作一个结构项的单字或其他单纯性的成分,如"刀子"中的"刀","蝴蝶结"中的"蝴蝶"和"结","克里姆林宫"中的"克里姆林"和"宫"。从使用的角度看,单纯性词根有的可独立为词,如"刀""蝴蝶";有的不可独立为词,如"克里姆林""宫"。合成性的词根即是合成词中充作一个结构项的字组,如"自来水"中的"自来","扶手椅"中的"扶手","拉帮结派"中的"拉帮"和"结派","埃菲尔铁塔"中的"铁塔"。从使用的角度看,合成性词根有的可独立为词,如"扶手""铁塔";有的不能独立为词而仅仅是字与字的结构体——字串,如"自来""拉帮""结派"。

词根有黏着性词根和自由性词根之别。黏着性词根如"之内""以远",必须结合以其他双字词根才可出现,如"三日之内""广州以远"。自由性词根如"学校""人民",它们可以结合以其他词根(如"高等学校""革命人民")或词缀(如"人民性"),亦可无需结合以其他词根、词缀而独立存在。

与词根相对的,是主要表示整个词的语法类属等性质的成分——词缀。一个词根,当它与词缀相对待时,称作词干(也称词基)。词缀既然是相对于词干而言的,无词干则无所谓词缀。

语言中存在着无词缀附丽的词干（当然，此时它已不须再称为"词干"），却不存在无词干可附丽的词缀。无词缀附丽的词干即是所谓单纯词中的单字词、多字词以及合成词中的复合词。词干一旦为词缀附丽上，即成为所谓合成词中的派生词。词缀没有单独存在的可能。

不是任何字(语素)或字与字的组合体——字组都可缀以一个兼表语法意义和词汇意义的成分构成一个派生词。可被缀以一个兼表语法意义和词汇意义的成分的成分，首先须是实字或实字性的成分。虚字(如"了、呢、啊、哈")或虚字性的成分，没有被缀以一个兼表语法意义和词汇意义的成分的资格。并非所有的实字或实字性的成分都有资格缀以一个兼表语法意义和词汇意义的成分构成一个派生词。常常见到的是，名词性、动词性、形容词性和副词性的成分更具被缀以一个兼表语法意义和词汇意义的成分构成一个派生词的资格。名词性的字或字组构成的派生词如"老师、阿飞、镯子、今儿"；动词性的字或字组构成的派生词如"看头、擅于"；形容词性、副词性的字或字组构成的派生词如"漠然、忽如"。如果可以将一些叠音成分也视为词缀，那么"黑黝黝、冷飕飕、热乎乎、脏兮兮"等，也可看作是由形容词性的字或字组构成的派生词。

"词缀"这一术语译自英文 affix，本来就未确定它只是"词"的缀，而不能用以构成其他词汇单位。缀不仅可以用于构词，同样可以用于构成大于词的单位，如"热"既可构成"留学热"，亦可构成"中国女排热"。用以构成大于词的单位的缀，显然就不好再称之为"词缀"，而宜称之为"语缀"。但是为求术语的简化，我们这里仍笼而统之地将词缀、语缀一概称作"词缀"。

词缀虽然古今都存在，却不是与汉语相伴而生的，大概到上古末期与中古初期之交才迸发出活力，现代仍有活力的词缀多为此一时代产生出来的。南朝宋·刘义庆《世说新语》中就出现了一些新的构词词缀，如附在词干前构成"阿堵"的"阿"、缀在词干后构成"瞳子"的"子"。

词缀从历史纵向的角度看可分为三种情形:第一种情形是古代产生的词缀现代仍旧袭用,但不大再为今人用来构造新的词语,如构成"耕者、记者、老者、尊者"的语体呈古雅色调的"者",构成"老雕、老虎、老鼠、老鹰"的未必古雅的"老";第二种情形是古代、现代都用该词缀构词造语,如"桌子、刀子"的"子";第三种情形是近现代以来产生出来用以构词造语,这样的词缀具有较强的能产性,如"热",就可构成"基金热、申遗热、世博会热、武侠小说热",再如词缀"超",可构成"超好、超快、超靓、超冷酷"。有些方言性、口语性较强的词缀,例如"弄"(在口语中声母读边音)"巴",应该归入上述第二类,但是它却可以构成数量众多的词,如"摆弄、拨弄、划弄、糊弄""干巴、锅巴、结巴、下巴、哑巴、盐巴、嘴巴、皱巴、眨巴、窄巴",如果把这些词一并计入的话,数量就会更为可观。

词缀大都是由词根演化来的。词缀既然从历史纵向的角度看存在着演化的过程,那么整个词缀现象就处于演化的过程之中,其中的一些成分或是演化终结的成分,或是演化过程中的成分,需要分析判定,不能一概而论。演化终了的词缀可称为典型词缀,演化过程中的词缀可称为非典型词缀或准词缀、类词缀,如"编者、记者、论者、作者"的"者","画家、诗家、玩家、作家"中的"家"。

一个成分之被判定为典型词缀,需满足三个条件。第一,它必须具有定位性。也就是说,不可既出现于词首的位置又出现于词末的位置。第二,它必须具有充足的复呈性。也就是说,仅由它构成较少的词,还不足以视之为词缀;而只有相当一批的词都以它为构词要素,它才算具备词缀的条件。第三,它的作用应该主要是标示整个词的语法类属,而不主要是表示概念性的意义。

准词缀是人们在用词缀的尺度对一些构词成分严格衡量之后落选下来的那些既非严格意义上的词缀又非普通词根的成分。它们或者不大具有严格的定位性,词首词末位置游移不定,或者有一定的复呈性却又比典型词缀的复呈性差,或者在对整个词的语法类属具有一定的标示作用的同时也还有着较强的概念性意义。例如名词准词缀"初"(所构成的词如"初一、初九")、动词准词缀"有"(所构成的词如"保有、持有、带有、犯有、领有、享有、拥有")。不过,话虽如此说,真正用这些标准将典型词缀与准词缀严格区分开来却也并非易事。原因在于,由词根向词缀的演化是一个渐进的过程,这个过程是由无数个点构成的,很难遽然在此处或彼处划出一条截然的界限来。拿第二条标准来说,何谓充足的复呈性?可与多少字组合便可称作充足,只与几个字组合便不可称作充足?这些都还是有待认真研究并解决的问题。

词缀作为一种构词成分,不见得只能是本语言出产的,它也可能受其他语言的影响,可以是舶来的。例如近代以来,中国为了吸收西方的科技成果,汉语在翻译西方用派生法构成的术语时,词汇中陆续增加了一些因仿照西方语言而造出的构词词缀,如"化""性"等,还有一些是直接照搬文字体系与汉语近似的语言的构词词缀,如从日语借入的"手"。

词缀中还有一个中缀的问题。中缀是缀于两个词根间主要表示语法意义的成分。吕叔湘先生认为"荒乎其唐"中的"乎其"是中缀。[①] 这很有道理,因为抽去"乎其","荒唐"本就是一个自足的单位。"中不溜"中的"不"、"乡巴佬"中的"巴",也可看作是中缀。参照以上为典型词缀所定的三个条件,严格一点的话,中缀可以不谈;稍稍放宽一点的话,"乡巴佬"的"巴"、"中不溜"的"不"可以认为具有中缀的资格,"荒乎其唐"的"乎其"更有被认定为中缀的资格。中缀如果存在于汉语中的话,它最低的标准应有如下三条:不附丽于前后任何一个字;具有一定的复呈性;主要标示语法意义。

谈中缀,要注意将其与词嵌区别开来。词嵌是有别于词缀

[①] 参考吕叔湘《汉语语法分析问题》,北京:商务印书馆,1979年。

的,它是嵌入词身的一个成分,它没有具体的语法意义,更无词汇意义,作用往往在于延展词长,凑足音节,目的通常是使词长达致所要求的四字格。例如"匪里匪气"中的"里","糊里巴涂"中的"里巴","脏了吧唧"的"了吧唧",就是词嵌。

字串,亦可称作词串,它有成词、不成词两种情形。成词的字串又包括成词、成语(构成固定短语)两种字串,成词的如"笔记、水龙头、被选举权",成语的如"阴错阳差、山高皇帝远、水至清则无鱼、百无一用是书生"。不成词的字串又包括两类:一类是在更大的结构内充作构成成分,一旦离开这个更大的结构体便可独立成词,如"火力点"的"火力","合成洗衣粉"的"合成""洗衣粉";另一类是只在一个更大结构体内充当构成成分,永远没有独立出来成词的可能,如"火烈鸟"的"火烈"(或"烈鸟"),"扫堂腿"的"扫堂"(或"堂腿")。字串,可以是由有义字构成的,如"铆钉枪"的"铆钉","极乐鸟"的"极乐";可以是由有义字与无义字一起构成的,如"反坦克炮"的"反坦克","闷葫芦罐"的"闷葫芦";亦可是由无义字或弃义字构成的,如"背旮旯"的"旮旯","阿耳法粒子"的"阿耳法"。

第二节 单纯和合成

一 单纯词

单纯词的"单纯"是相对于合成词的"复杂"提出来的。单纯也好,合成也罢,都是就词内部是否可以再分出结构而言的:词内部从意义的角度能再析出两个或更多个构件的,谓之合成词;否则,就是单纯词。准此,最单纯的单纯词,莫过于单字词,因为汉语的一个字元一般只独立承担一个独立的意义。只要是在现代仍可独立自由地运用于语句之中的单字,就也被称作词——单纯词。当然,单纯词不仅止单字一类,还包括虽由多字构成,但其中的任何一字都无独立意义的一类,如汉语本有的联绵词以及舶来的外来词。

1. 联绵词

联绵词实际上是"化石词",它们是单字词汇单位向复字词汇单位转化过程中的产物,是单字词汇单位向复字词汇单位过渡的桥梁和中介,其生存的时代主要是在六朝末期前,有的可追溯到先秦,现代已不具备"批量生产"联绵词的条件。

联绵词从语音上看,可分为双声、叠韵、非双声叠韵这样三类。从字形上看,联绵词有字形相同的、字形不同的这样两类。字形相同的称为叠字,或称重言,如王国维的《联绵字谱》。无论哪一类,联绵词都是两字连缀成义、不可分开的。字形相同的联绵词并不太多,例如:

皑皑	嗷嗷	侉侉	潺潺	嗤嗤	楚楚	喋喋	霏霏
狒狒	汩汩	唧唧	侃侃	夸夸	累累	靡靡	翩翩
便便	蛐蛐	冉冉	飒飒	姗姗	汤汤	哑哑	呦呦

字形不同的联绵词则是大量的,例如:

蓓蕾	缤纷	仓促	仓庚	参差	蟾蜍	徜徉	魑魅
彳亍	踟蹰	憧憬	鹈鴂	孑孓	伉俪	蝌蚪	倥偬
傀儡	褴褛	缧绁	凛冽	伶俐	玲珑	缱绻	逍遥

其中相当一部分所表示的是动物、昆虫、植物和自然景观。联绵词中有一些或来自方言或来自其他语言,但绝大多数还是属于共同语的。哪些是古人对事物的命名,哪些本就不是汉语的成分,值得研究。

联绵词虽然都是两字连缀成义、不可分开的,但有一些是可将其中的一字作为其代表字来用的,例如以"螃蟹"中的"蟹"为代表字构成"蟹肉、蟹黄、河蟹、海蟹、巨蟹"等。这种发生在联绵词身上的代表字现象,还可举出不少例子:"蜘蛛"的"蛛"可用于构成"喜蛛","蝴蝶"的"蝶"可用于构成"蝶泳","螳螂"的"螳"可用于构成"螳臂","蜻蜓"的"蜓"可用于构成"玉蜓桥"(北京桥名），"琵琶"的"琶"可用于构成"琶洲"（广州地名），"喜获麟儿"中的"麟儿"就是"麒麟儿"的简略说法，而"麟"正是"麒麟"的代表字。也有个别的联绵词，两字均可用作代表字分别构词，如"蘑菇"，既可以"蘑"为代表字构成"口蘑"，又可以"菇"为代表字构成"香菇"，"凤凰"可拆分开说成"凤求凰"，"凤"还可用于构成"百鸟朝凤"。

有的联绵词，被后人作非联绵词理解，例如有人将"凤凰""梧桐"分别为雌雄，这只能视为一种俗词源的解释。

联绵词有的在历史上曾有正反序两种形式，如"跷蹊、蹊跷""喏嚅、嚅喏""踩蹬、蹬踩""蚰蜒、蜒蚰"。但绝大多数联绵词发展到今天都已定型，不再有两序。

在我们先人的心目中，凡连缀成义的词即可称作联绵词。所谓"连缀成义"，也并非我们今天所讲的两字绝对不可分开来。有些今人眼中绝对不可分开来解释的联绵词，在古人心里却未必。例如"伉俪"，《左传·成公十一年》："己不能庇其伉俪而亡之，又不能字人之孤而杀之，将何以终？"孔颖达解释道："伉俪者，言是相敌之匹耦。""伉"本义是匹敌、相当，"俪"本义是配偶。可见"伉俪"最初也不具备连缀成义而不能分开解释的条件。朱起凤《辞通》、符定一《联绵字典》都将许许多多在今人看来绝对属于合成词的单位搜罗其中。只是当现代语言学进入中国后，学者们认为不可将合成词与两字（或两字以上）构成的单纯词混为一谈，遂将联绵词严格限定为两字单纯词。

联绵词会造成整体记忆。联绵词因整体记忆，其词长从理论上看不限于双字。古代的联绵词，其实并不限定为两字，三字甚至四字的联绵词，也并不罕见。

2. 外来词

外来词，是一个民族用本语言的材料将他语言的词语拟写出来的词。外来词被一些学者称作"借词"，反映的正是这种词并非本族所有而是借自他语言的事实。外来词，虽称作"词"，实际上它既包括词，也包括词之外的单位。外来词主要是单纯性的,但也并不全是单纯性的。外来词有全外来词、半外来词之分。全外来词是整个词所用的材料全部是对外语词的音节的拟写;半外来词,是词的一半所用的材料是对外语词的音节的拟写,另一半所用的材料是属于本族语言的。单纯性的外来词,自然只能是全外来词。单纯性的全外来词,不见得是或全部是用汉字拟写外语词的音节的,也可能是全部用非汉字或一半是用汉字拟写外语词的语音、另一半是用西语字母的,例如"ABC""卡拉OK"。这就是字母词、半字母词。当然,字母词未必就一定是外来的,如"HSK"("汉语水平考试"的拼音缩写)、"GB"("国标"的拼音缩写)就是汉语的。

　　有学者将外来词的范围定得十分宽泛,"外来概念词"也被纳入其中。所谓"外来概念词",是一个概念先在他民族的人的头脑中生成,并由该民族的语言以词语的形式表达出来,而后本族人才理解,并用本族语言的词语形式将其转述出来。比如轮船这一事物最初是西人制造出来的,概念先为洋人所有,表达此一概念的词语也先为西语所有。中国人被送到西洋当劳工才认识到轮船这一事物,汉语才逐渐创造出"火船""轮船""火轮船""蒸汽船"等词。正因为"轮船"等词所反映的是西方的概念,虽然它是用地地道道的汉语材料造就的,却被一些学者认定为"外来概念词"。

二　合成词

　　合成是与单纯相对的概念。合成词由两个或两个以上直接组成成分构成,其中至少有一个直接组成成分是由有义字充当的。由两个直接组成成分构成的合成词如:"茶""水"构成的"茶水","扳""子"构成的"扳子","多""媒体"构成的"多媒体","不定""方程"构成的"不定方程","无后坐力""炮"构成的"无后坐力炮";由三个甚至超过三个直接组成成分构成的合成词如:"马""大""哈"构成的"马大哈","荒""乎其""唐"构成的"荒乎其唐","之""乎""者""也"构成的"之乎者也"。词长是有限度的,构成一个词的汉字数量也总是有限的。双字合成词是合成词中的典型格式。

除由汉字与汉字构成的合成词外,汉语中还有由非汉字的字母与有义字构成的合成词,例如"B超、X光",甚至有由非汉语的字母与无义字构成的合成词,例如"IC卡"。非本民族语言固有的有意义的成分,只是因为所结合的成分是本民族固有的有意义成分,因此,这个非本民族语言的成分也被认定为是有意义的成分——字(语素)。这样的字,被一些学者视作"剩余语素",如"啤酒"的"啤"。

合成词,又根据两个直接组成成分均表词汇性的意义,还是一者表词汇性的意义一者表语法性的意义而分别为两类,前者称复合词,后者称派生词。汉语中没有两个直接组成成分均表语法性意义的合成词。

第三节 复合和派生

一 简单复合词

复合,指的是两个或两个以上词汇性的直接组成成分构成词的过程。简单复合词,指的是由若干个直接组成成分组成,结构分析时却只有一个层次的复合词。

简单复合词从字的构成上看,首先可分为同字词和异字词。所谓同字词,即是常说的叠字词。非叠字词,都属异字词。

叠字词,系由同样的字叠加在一起构成的,这样的词,《尔雅·释训》中收入甚多,如"明明、斤斤、穆穆、肃肃"。近现代以来产生的尤其不少,例如"爸爸、刚刚、条条、常常"。需要注意的是,一般学者谈到的叠字词都是双字的。但是实际语言中超过双字的也还有一些,例如北京人嘴里的"叨叨叨",天津人嘴里的"嘛嘛嘛"。

异字词,就是由不同的字组合在一起构成的复合词。从结构关系上看,异字复合词可分为联合式(并列式)、偏正式、陈述式(主谓式)、支配式(动宾式、述宾式)、补充式(动补式、述补式、中补式)、递续式、意合式等。

谈到词的结构关系(词构),顺便谈一下其与词性的关系。合成的复字词至少由两字构成,每个字一般都有自己的语法属性,合在一起又有整个复字词的词性。这复字词的词性与词构,在很多情况下是呈现着对应关系的,如支配关系的词多数是谓词,像"吃亏、赢利";定中偏正关系的词多数是体词,像"门口、远方";联合关系的词,其词性呈现着多姿多彩的样貌:由两个名词性的字构成的名词如"泥水、天空",由两个动词性的字构成的动词如"打击、问询",由两个形容词性的字构成的形容词如"松软、酸楚"。但词性和词构的关系远非如此简单,复字词的词性也并不总与构成它的两字的语法属性保持着一致关系。例如,两个动词性的字构成的多是动词,但也可能是名词,像"开关";两个形容词性的字构成的多是形容词,但也可能是名词,像"高矮";两个名词性的字构成的多是名词,但也可能是动词,像"号令"就是具有动词、名词两个词性的多性词。词构是支配式的,而词性却非动词的例子俯拾即是。例如"绑腿、督学、护膝、镇纸"这些词的词构都是述宾式的,但它们都是名词。支配式的名词由来已久,如古代女官名有不少就是支配式的,例"司仪、司门、司寝、司帐"。逆释的支配式词构的词"笔洗",也是名词。这种词在方言中也同样存在,如普通话中的"转笔刀"是定中偏正式的,而在粤方言中却是宾述式的"笔刨",两者都是名词;普通话的"套袖",在粤方言中是宾述式的或定中式的"袖套",两者也都是名词。很多词的词构是状中式的,词性是动词,例如"点射、夏播";但词构是状中式的,而词性是名词的也有一些,例如"盲流"。词构是陈述式的,词性多是动词,例如"位移、质变";但词构是陈述式而词性是名词性的,也有不少,例如"公主、二人转"。词构虽是联合式的,但却是两个动词性的字联合而成的,词性按理应该是动词,但却是名词,如职务名词"指导"。

二 复杂复合词

一个复合词,若由三字或超过三字构成而其间的关系属非联合性的,分析时就不止一层,自然就较两字或超过两字构成但关系却属联合性的要复杂,分析时就不止一层。分析时有不止一个层次的复合词,谓之复杂复合词。这是惯常提到的复杂复合词。复杂复合词的结构较为复杂,有时其究竟是复合词还是派生词都使人颇难遽断。例如"明摆着"和"什么的"。"明摆着"的结构应该是"明/摆着",而不是"明摆/着",因此是复合词;而"什么的"则宜看作是派生词,因为它的切分应该是"什么/的",而绝不可能是"什/么的"。

复杂复合词,还有因对构成的字(语素)的不同理解和释义而产生的类别。对复合词中字义的理解要尽可能按照其当初构成词时的意义去理解,而不能按照现代的意义去想当然地理解和解释,否则,那种解说恐怕是很难避免牵强附会的结果的。例如"死士",不是死亡了的战士,而是不怕死的勇士。"死士"无论何种理解,它的内部结构关系都可划归偏正式来解说。

现代汉语中常见的复合词,都是按照两个直接组成成分的顺序从前往后进行解释的。这类词可称正释词。现代汉语中另有一些复合词,其语素的顺序与常序不同,它们把本应前置的语素后置,要按照从后往前的顺序进行解释,从而与常序复合词形成对照,成为一种独具特色的复合词类型。这类词可称逆释词。例如"辞行",是行前去(向他人)告辞;"缝穷",是因为穷而做缝补衣裳的活儿;"死节",是为保全节操而死;"卧病",是因病而卧床。这类词现代虽也有出产,但更多的是在古代产生出来的,因此它们多呈古雅的色调。逆释的复合词也是一种复杂复合词。

逆释词在定中偏正式和状中偏正式两类之中有着比较广泛的分布。

定中偏正式复合词,通常应该是前边的语素修饰、限定后边的语素,而逆释的词却恰恰相反,它们是起修饰、限定作用的语

素后置,被修饰、被限定的语素位置在前。有鉴于此,定中偏正式的逆释词,其格式应为中定正偏式。此种格式的逆释词约有六类:

第一类 事物＋形状

"事物＋形状"类中的形状,指的是事物的某一部分之形,它从后面修饰、限定事物。常序的同类型复合词,是以事物修饰、限定形状,情形刚好相反。试比较:

逆释例:

> 钩吻:唇吻状的钩。
> 烟卷儿:卷儿状的烟。

常序例:

> 脑桥:脑中的桥状物。
> 墙裙:墙壁上的像裙子一样的装饰物。

第二类 事物＋颜色

"事物＋颜色"类中的事物是具有某种颜色的事物,颜色起修饰、限定的作用。常序的同类型复合词以事物修饰、限定颜色,语素的顺序恰与逆释词相反。试比较:

逆释例:

> 韭黄:黄色的韭菜。
> 虹彩:彩色的虹。

常序例:

> 肉红:肉一样的红色。
> 土黄:土一样的黄色。

第三类 事物＋动作

"事物＋动作"类逆释词是中定正偏式,后一语素修饰、限定前一语素。而同类型的常序词却是状中偏正式或定中偏正式,前一语素修饰、限定后一语素。试比较:

逆释例：

仆从：跟从的仆人。

氛围：包围着的气氛。

常序例：

物欲：对物质的欲望。

影迷：对电影着迷（的人）。

第四类　事物$_1$＋事物$_2$

"事物$_1$＋事物$_2$"类词，常序应该是前者修饰、限定后者，逆释词恰恰相反，是后者修饰、限定前者。试比较：

逆释例：

宅院：带有院子的住宅。

果穗：结穗的果实。

常序例：

号兵：管吹号的士兵。

旗人：隶属八旗的人。

第五类　方位＋事物

"方位＋事物"类的常序词是方位修饰、限定事物，逆释词是方位为事物所修饰、限定。试比较：

逆释例：

外行：本行业之外。

中秋：秋季的中旬。

常序例：

下肢：（人身）下部的肢体。

内政：内部的政务。

第六类　大类名＋小类名

现代汉语中由大、小类名构成的复合词通常是小类名冠于大类名之前。这与古汉语中的复合词大类名冠于小类名之前的情况恰成对照。在现代汉语中,"小类名＋大类名"的构词方式既然是这类复合词的主流,我们就可以视之为常序,而把以"大类名＋小类名"构成的词看作是逆释词。这种格式的逆释词例如"羊羔""骨骼"。试比较常序词例如"羔羊""鲫鱼"。

状中偏正式复合词,常序是前边的语素修饰、限定后边的语素,逆释的一类词是起修饰、限定作用的语素置于被修饰、被限定的语素之后。根据这种情况,状中偏正式复合词中逆释的一类,其格式应为中状正偏式。

中状正偏式中的每一小类都没有与之相对应的常序词,换言之,由两个同类语素构成的词不可能既有状中偏正式又有中状正偏式。倒是有些定中偏正式的词可以和中状正偏式的词由同类语素构成。这是中状正偏式复合词的一个特点。这种格式的逆释词约有七类:

第一类　动作＋工具

"动作＋工具"类中的工具是用以修饰、限定动作的。常序的"动作＋工具"类词是定中偏正式,动作修饰、限定工具。试比较:

逆释例:

奠酒:用酒来祭奠(亡灵)。

冲喜:用喜事来冲(晦气的事)。

常序例:

剃刀:用于剃毛发的刀。

耕畜:用以耕作的牲畜。

第二类　动作＋处所

"动作＋处所"表示在某处发生某个动作行为,处所修饰、限定动作。而常序的"动作＋处所"是定中偏正式,表示某个动作行为的发生地。试比较：

逆释例：

　　托梦：在梦中托付。
　　漏网：从网中漏掉。

常序例：

　　产地：出产的地方。
　　选区：选举的地区。

第三类　动作＋时间

"动作＋时间"表示在某时发生某个动作行为,动作为时间所修饰、限定。常序的"动作＋时间"类,动作修饰、限定时间,是定中偏正式。试比较：

逆释例：

　　点卯：在卯时查点。
　　洗三：在婴儿出生的第三天洗澡。

常序例：

　　学龄：上学的年龄。
　　任期：任职的期限。

第四类　动作＋动作发出者

"动作＋动作发出者"表示像某种动物一样发出某个动作,动作发出者修饰、限定动作。与此相似的常序的"动作＋动作发出者"却是动作修饰、限定动作发出者。试比较：

逆释例：

　　扑虎儿：像虎儿一样扑。
　　藏猫儿：像猫儿似的藏匿。

常序例：

> 跳蚤：跳动的蚤。
> 爬虫：爬动的虫子。

除上述四类以外，还有三类中状正偏式复合词，它们都少有与其有同类语素的相对应的常序词：

第五类　动作＋原因

"动作＋原因"表示由于某种原因而有某个动作行为，原因修饰、限定动作。例如，"卧病"，是因为生病而卧床；"折秤"，是由于重新过秤而折损分量；"逃反"，是因反乱等原因而逃亡。

第六类　动作＋方式

"动作＋方式"类中，动作是以某种方式进行的动作行为，方式是修饰、限定动作的。例如，"打围"，是围起来打；"转磨"，是围着磨盘转。

第七类　动作＋状态

"动作＋状态"类中，动作是被修饰、被限定的成分，状态是修饰者、限定者。例如，"瘦削"，是削过一样地瘦；"瞻仰"，是仰着身体瞻望。

逆释的复合词，除存在于偏正式的两类中以外，在支配式中也有表现，例如，"何在"是在什么（地方），"庖代"是（越俎）代庖。支配格中的逆释词是古汉语的一种残留形式，数量很小，在现代汉语中既不典型，也没有能产性。

逆释的复合词是尚未引起人们足够重视的一种特殊的构词类型，需要加以研究和阐发，否则，很容易把本该正确分析的词作俗词源的解释，从而导致人们认识上的混乱。例如，"下江"不是下边的长江，而是长江下游；"北戴河""南戴河"也不是北边的戴河、南边的戴河，而是戴河以北、戴河以南。

三　派生词

派生，指的是由词干和词缀一起结构成一类合成词的过程。因词缀所缀位置的不同，派生词分别为三种不同的结构类型：前缀后干型、前干后缀型、旁干中缀型。

前缀后干型,是指词缀在前、词缀所附丽的词干在后的派生词。此种类型的派生词在现代汉语中并不太多,例如"阿姨、老鹰"。这是由于"阿、老"这类前缀并不多见。现代汉语中能够算得上典型的前缀的,大概只有这两个。即使这两个字,也未必时时刻刻都可称得上是前缀,例如"老师、老千、老高、老李"的"老"就与"老鹰、老雕、老虎、老鼠"的"老"并不完全一样,后者是典型的前缀,前者恐怕很难称得上是典型的前缀,至多只能说是准前缀。"阿"在"阿飞、阿姨"中是典型的词缀,但一些南方方言,常将"阿"与人的姓或名连用在一起,如"阿章、阿周、阿毛、阿兰"。此时的"阿"是否典型的前缀,也还需要再作研究,因为此时的"阿"已与"老张"的"老"类似了。古汉语中的一些前缀,如构成"有苗、有清、有夏、有殷"等的"有",早已失去构词的活力,它所构成的词,如今也已成为历史词了。现代汉语中经常出现于双字词的词首处的成分倒是还有一些,如"初一、初十"的"初","第几、第八"的"第"。但是它们的作用均表序数,词汇性的意义非常明显,语法作用反倒居于次要地位,因此,"初、第"不好就看作是典型的前缀,至多只可视为准前缀。

前干后缀型,是指词缀在后、词缀所附丽的词干在前的派生词。此种类型的派生词在现代汉语中是大量的。之所以会如此,一是因为构成此类派生词的后缀很多,二是不少后缀都有着较强的构词能力。现代汉语中派生能力超强的后缀是"子",它似乎可缀于成百上千名词性、动词性的字或字组的末尾,构成为数众多的名词性的派生词,例如:

案子	馆子	管子	罐子	辊子	棍子	锅子	汉子
号子	耗子	盒子	猴子	瘊子	胡子	划子	幌子
机子	集子	剂子	夹子	架子	尖子	梳子	桌子

虽然后缀"子"可构成众多的词,但它也不是万能的,并非可以缀于任何一个名词性、动词性的字或字组之后构成新的派生词,如

汉语中就没有"笔子、灯子、书子、纸子"这样的派生词。尤其是，汉语中有"碟子"无"碗子"，有"筏子"无"船子"，有"被子""褥子"无"枕子"。其间的原委，值得研究。

谈到后缀"子"，需要注意将其与非后缀"子"区别开来。像"男子、女子、孝子、游子"中的"子"，都不是词缀，而是纯粹表示词汇意义的实实在在的实字（实语素）。也要注意，有些貌似"实字＋子"的结构，可能并非汉语本有的，而是舶来的，例如"提子"。

"子"之外，"头"也是一个比较能产的后缀。它可缀于一些动词性、形容词性单字的末尾，构成名词性的派生词，例如：

奔头　唱头　吃头　干头　逛头　画头　劲头　看头
买头　卖头　睡头　甜头　听头　想头　做头　转头

以"头"为后缀构成的派生词，常用于疑问或否定，例如"有什么看头？""什么奔头也没有"。"砖头、刊头"中的"头"是否词缀，值得推敲，因为它们比起"奔头、甜头"等派生词来意义要实在得多。也要注意像"唛头"这样的单位，并非汉语的"实字＋头"结构，而是外来的单位。

另一个常被人们提起的后缀，就是"儿"。"儿"常缀在名词性的字或字组末尾，构成名词性的派生词。例如：

本儿　肠儿　蛋儿　刀儿　肚儿　歌儿　滚儿　孩儿
后儿　画儿　今儿　明儿　牛儿　气儿　前儿　人儿

由"儿"与他字构成的词是否派生词，是值得研究的。这也就是说，"儿"是否具有词缀的资格还成问题。这是因为，其他的词缀不但在书写上占据一个字元的位置，在口头上也都自成音节；而"儿"却只在书写上占据一个字元的位置，在现代读音上一般并不自成音节，而多表示它所附着的那个字的一个卷舌动作。但这是"儿"发展到现代的情形。"儿"在历史上的的确确有自成音节的情形，也不能排除今天一些方言有"儿"单独读成一个音节的可能,因此,"儿"的词缀的资格似乎还不能因其不自成音节而一概否定。缀以"儿"的词,有的仅仅比未缀"儿"时在语义上轻化、弱化了,如"船儿"较之"船","刀儿"较之"刀",意义并无大的改变。这一类的存在以及它们的功用,常常遭到一些南方方言区的人质疑。有些词的意义比之未缀"儿"时发生了较大的改变,如青海地区的"花儿"不是花朵的意思,而是一种民歌,它的意义较之"花"发生了较大的改变。

名词后缀除"子""头"及"儿"外,还有"手"(构成"扳手、扶手、副手、抓手")这样的后缀。后缀除名词后缀,尚有动词后缀、形容词后缀、副词后缀。

现代的动词词缀都是后附的,没有前附的,因此谈动词词缀,多是单字后缀的问题。动词词缀如"于""以":

  敢于 基于 急于 鉴于 乐于 善于 擅于 勇于
  用于 在于 难以

现代的形容词、副词词缀也都是后附的,没有前附的,因此谈形容词、副词词缀,也多是单字后缀的问题。形容词、副词词缀如"然""乎":

  淡然 骇然 忽然 竟然 冷然 凌然 漠然 默然
  蓦然 突然 翛然 隐然 黏乎 热乎

以上词缀,或加诸词干的末尾,或置诸词干的前端。位置在词的末尾的后缀,旧称词尾;位置在词的前端的前缀,旧称词头。

旁干中缀型,是指词缀位于词的中间位置、前后两端为词干的派生词。位于词的中间位置的词缀,就是中缀。旁干中缀型的派生词不多,如"中不溜、眼巴前、荒乎其唐、微乎其微",中缀"不""巴""乎其"的能产性也远比不上一些前缀和后缀。

上所举派生词,尤其是前缀后干型、前干后缀型,都还只是由一个单字充当的词干与由一个单字充当的词缀构成的简单派生词。语言中不乏由不止一个单字充当的词干与由不止一个单字充当的词缀构成的派生词。这些词可能是复杂派生词,亦可能是简单派生词。派生词之复杂抑或简单,不看其字数的多寡,而主要看其结构关系是复杂还是简单。下面的派生词可看作是复杂派生词:"老家贼",是前缀"老"与词干"家贼"结构成的前缀后干型派生词,后一个直接组成成分"家贼"还需进一步析出第二个层次——两个实语素;"老鼻子",是前缀"老"与词干"鼻子"结构成的前缀后干型派生词,后一个直接组成成分"鼻子"还需进一步析出第二个层次——一个实语素、一个虚语素;"闺女家",是词干"闺女"与后缀"家"结构成的前干后缀型派生词,前一个直接组成成分"闺女"还需进一步析出第二个层次——两个实语素;"愁愁然"是词干"愁愁"与后缀"然"结构成的前干后缀型派生词,前一个直接组成成分"愁愁"还需进一步析出第二个层次——两个实语素。而下面的派生词则最好看作是简单派生词:"黑乎乎",是词干"黑"与叠音后缀"乎乎"结构成的前干后缀型派生词,后一个直接组成成分"乎乎"不好再进一步析出两个语素;"脆生生",是词干"脆"与叠音后缀"生生"结构成的前干后缀型派生词,后一个直接组成成分"生生"也不好再进一步析出两个语素。

需要注意的是,复杂合成词中的字是否词缀,主要看其是否充当词的直接组成成分。如果一字(或两字)主要表语法意义,同时又充当词的直接组成成分,那它就具有了词缀的资格;反之,如果一字(或两字)虽主要表语法意义,但它并不充当词的直接组成成分,那它就不具词缀的资格。例如在"扶手"这个词中,"扶"是词干,"手"是词缀,"扶手"是一个派生词。但是在"扶手椅"中,原派生词"扶手"只充当"扶手椅"的一个结构项,与词根"椅"一起构成一个词。"扶手椅"的两个直接组成成分,一个是"扶手",一个是"椅","手"已不是直接组成成分,不再是词缀。

第四节 双字格[①]

一 双字格的构成和结构

汉语词汇在历史上曾经历过很长一个以单字为主的阶段,这毋庸多论。大约从上古的末期开始,汉语词汇逐步开始向多音化过渡,最主要的是双音化。双字格词汇的批量产生,迄今为止至少已有一千年的历史了。

在谈双字格的时候,要注意两个倾向性的问题。第一,虽然如今的汉语词汇早已以双字格为主,但汉语中为数不少的单字词仍有相当的生命力,例如"你、我、他、谁"这些代词,"吃、喝、买、看"这些动词,"好、棒、美、靓"这些形容词等等,都还是以独立自由地使用为常态的,因此不能一谈双字格便将单字词彻底否定掉。第二,虽然汉语词汇在一千多年前即已开始了批量产生双字词汇的运动,而且如今的汉语词汇是双字格占压倒的优势,但单字词向双字词演化的运动迄未终结。例如单说"厂、村、队、街、局、矿、连、排、省、师、市、所、团、系、县、乡、院、镇"等机构名称时,总要加上一个"里"或"上"。上述机构名加不加"里"或"上",意义是一样的,没有什么改变。如果一个机构名本身就是多音的,那就无需再加"里"或"上",例如"学校、学院、中心、办公室"。如果"学校、学院、中心、办公室"再加上"里",所构成的"学校里、学院里、中心里、办公室里"与不加"里"时意义是不同的,已然发生了改变。这或可说明汉语的双音化造词运动迄未终止。

中国古代帝王的年号多由两个字构成。据统计,从汉武帝刘彻的"建元"到清逊帝溥仪的"宣统",224位帝王的500个年号中,由两个字构成的有490个,占总数的98%,由三个字构成的

[①] 此处所谈的双字格、下文将要谈到的三字格、四字格,其中的"字",均指形、音、义的统一体。

只有3个,由四个字构成的只有7个,两者加在一起仅占总数的2%。庙号也一样。上述帝王的216个庙号中,由两个字构成的有177个,约占总数的81.95%,由三个字构成的有38个,约占总数的17.59%,由四个字构成的只有1个,仅约占总数的0.46%。

现代职衔名多是双字的,如"经理、书记、校长、主任"。在职衔与单姓组合时,为使组合后的单位仍为双字,常将职衔略作单字,再与单姓组合成双字,例如李姓处长称"李处",冯姓局长称"冯局",姚姓科长称"姚科",安姓院长称"安院"。从这一现象不难看出汉语单字姓氏与其后所附的职务名称结合的黏合性,这一现象本身也隐约透露出它们渐趋词化的踪迹。各级干部职位和各类技术职称的副职在称说时习惯上多不加"副"字,如聂姓副部长称"聂部长"或"聂部"而不称"聂副部长"或"聂副部",郑姓副院长称"郑院长"或"郑院"而不称"郑副院长"或"郑副院"。这样做,除屈己尊人的心理使然外,尽量使词汇单位形制短小也是一个重要的因素。当然,地位不同,情况不一样。如果是地位崇高的职务,特别是独一无二的职位,尽管是副职,也不能省略掉"副"字,如某姓副总理也不能称作"某总理"而必须称作"某副总理"。军队和地方,内宾和外宾,情况也不一样。在军队系统,称呼外宾时一般副职前的"副"字是不能省略的。

现代汉语的词的结构关系是十分复杂的。对这种复杂的结构关系的研究可以双音节复合词作为对象来展开,因为:第一,超过双字的复合词的结构关系多是在双字复合词的基础上生成的;第二,非复合词的结构关系远不如复合词复杂。现代汉语双音节复合词的结构关系可归纳为如下几大类格式:

第一大类　定中格

复合词的A、B两字,一个是全词的中心意义,表事物现象,另一个起修饰、限定的作用。这类复合词,绝大多数是起修饰、限定作用的字在前,起被修饰、限定作用的字在后,少部分是起修饰、限定作用的字在后,起被修饰、限定作用的字在前。A、B

两字可能都是实指的,例如"熊掌、手杖",可能一者为实指一者为虚指,或两者皆为虚指的,例如"剑眉、脑桥"。虚指的成分往往透射出造词的无理性,如"鲸鱼"是鲸,属哺乳类,不是鱼。定中格复合词起修饰、限定作用的字多为名词性的字,例如"辽东、皇宫",形容词性的字也有不少,例如"黑人、少妇",还有一些是动词性的字,例如"蛀虫、猎犬"。

第二大类 状中格

复合词的 A、B 两字,一个是全词的中心意义,表动作行为或性质状态,另一个起修饰、限定的作用。这类词绝大多数是表中心意义的字位置在后,表修饰、限定的字位置在前,少部分顺序相反。状中格复合词的 B,多数由动词性的字充当,例如"阵亡、圈阅",少数可由形容词性的字充任,例如"火红、雪亮"。状中格复合词的 A,多数由名词性的字充当,少数可由形容词性的字(如"长眠、久留")、动词性的字(如"跃进、点射"),甚至副词性的字(如"不符、徒劳")充任。

第三大类 支配格

复合词的 A、B 两字,A 表支配,B 表 A 所支配的对象。支配格复合词,绝大多数 A 由动词性的字充当,B 由名词性的字充任,例如"下海、怀古"。但是也有一些词,B 不是由名词性的字充任的,例如"破五、抹黑"。由名词性的字充任的 B,多数是 A 直接支配的客体,但也有一些词的 B 却非 A 直接支配的客体,而是以摹形摹状权作 A 的客体,例如"勾乙、画到"。一般来说,B 是发出 A 动作的主体所支配的客体,是受事,但是也有一些词的 B 却是发出动作的主体,是施事,例如"摇头、倒嗓"。绝大多数 A 表示动作行为,但也有少数 A 表示的是性质状态,例如"多情、短路"。

第四大类 递续格

复合词的 A、B 两字都表动作,一种情况是 v_1 和 v_2 两个动作以发生的时间为序,v_1 在先,v_2 在后,例如"割据、拆洗";另一种情况是,v_1 和 v_2 两个动作的发出者和支配对象都不同,但 v_1

的发出者是 v_2 的支配对象，v_2 的发出者又是 v_1 的支配对象。例如"请教、托管"。

第五大类　补充格

补充格复合词的 A、B 两字，A 表动作，B 对 A 的动作进行补充说明：或者是以结果作补充说明，例如"冲决、处死"，或者以趋向作补充说明，例如"纳入、撤回"，或者以状态作补充说明，例如"放松、禁绝"。

第六大类　陈述格

陈述格复合词的 A、B 两字，A 是陈述、说明的对象，B 是陈述、说明的部分。A 多数是由名词性的字充当的，例如"官司、肠断"，少数是由非名词性的字充任的，例如"有如、强似"。

第七大类　重叠格

重叠格复合词的 A、B 两字形、义皆同。构成这些词的两个字或都是名词性的，例如"本本、兜兜"，或都是动词性的，例如"叨叨、谢谢"，或都是形容词性的，例如"寥寥、微微"，或都是副词性的，例如"每每、统统"，或都是拟声词性的，例如"呼呼、哗哗"。

第八大类　联合格

联合格复合词的 A、B 两字关系密切，它们意义相同、相近，或意义相反、相对。无论意义关系如何，它们或都是名词性的字，或都是动词性的字，或都是形容词性的字。由两个名词性的字构成的例如"湖泽、晦朔"，由两个动词性的字构成的例如"替代、婚嫁"，由两个形容词性的字构成的例如"肥胖、修长"。

第九大类　意合格

复合词的 A、B 两个字，其间没有以上八类复合词所具的意义结构关系。它们或截取自古代文献上的语句，纯属意合，单凭字面难以稽考，虽明了其意义却无法就其结构关系进行归类。例如，"獭祭"截取自《礼记·月令》"獭祭鱼"，"瓜代"截取自《左传·庄公八年》"及瓜而代"，"玩愒"截取自《汉书·五行志》"玩岁而愒日"，"献替"截取自《后汉书·胡广传》"君以兼览博照为德,臣以献可替否为忠"。

上述的词,都是古人从语句(甚至是从不同的分句)中截取出来拼合而成的。以此法结构成词,现代亦可找到类似的例子,如"死缓"是从"死刑,缓期二年执行"截取出来拼合而成的。上面的词归入哪种结构类型都觉牵强,虽然它们有的可以找到出处或者能够作出某种解释。还有些词,由于意义虚化,其结构关系更无从考辨,如"的话、所以"。

二 双字格与成语

双字格是词的典型格式。然而,从我们实际见到的语料看,至少从清代开始,一些著作把某些双字格的单位划入成语中,到20世纪八九十年代,更有一些学者干脆提出语言中存在着"二字成语",如"鸡肋、请缨、涂鸦、献芹"。这是有一定的事实根据的,那就是这类词确实与"红旗、战斗、击溃、自主"等存在着一定的差别。这差别是意义上的,而非形式上的。当人们面对"红旗、战斗、击溃、自主"这类词的时候,理解上可直来直去,无需转弯,而当面对"鸡肋、请缨、涂鸦、献芹"这类词的时候,理解上则不能直来直去,而必须转弯,因为它们常含有历史上的某个典故。更有一类情况,它们是由原来的成语浓缩而成,如"株守"源自成语"守株待兔","掌珠"(还有"掌上珠""掌中珠")源自成语"掌上明珠"。有鉴于此,有学者提出"成词"的说法,[①]就是看出了此类词与普通词在形式上和内容上的本质的异同,是有积极意义的。

但纯以意义作为词语划分的标准,这样做究竟有多大的合理性,是大可怀疑的。世界上的其他语言似乎也很少有根据意义是否字面性的而把本应视为词的单位一分为二:意义是字面性的为词,意义非字面性的为成语或其他的什么语。例如像"出轨"这样的多义词,一个义项是字面义的,一个义项是非字面义

---

① 姜昆武《诗书成词考释》,济南:齐鲁书社,1989年。

的,难道应该将其视作既是词又是成语的混合体？即在字面义项上是词,在非字面义项上是成语？这样做于情于理都难通过。

如前所述,汉语在远古、上古时代,其词汇是以单字为常的,每个词汇单位的书面表现即是一个汉字。在一个汉字即一个词汇单位的时代,今人理解的词汇单位的典型格式理所当然就是单字。由于日后的发展,汉语词汇不再以单字为主而改以复字中的双字为主,词汇单位的典型格式弃单字而取双字,乃是语言词汇发展的必然。将"鸡肋、请缨、涂鸦、献芹"等看作是词,主要是从这些单位的形式上着眼的。

第五节　三字格

一　三字格的构成和结构

三字组合也是汉语词汇中的一类重要单位,在现代汉语词汇系统中占有重要的一席之地。这一点从其数量上即可看出。据统计,《现汉》1996年修订本收条目凡 58,481 个,三字格单位有 4910 个,如"保证书、架子猪、连裆裤、死老虎"。其在《现汉》中的地位实际上仅次于双字组合,是双字组合之外最重要的一类词汇单位。

三字格单位中语素跟语素的结构关系比较复杂,从理论上说有二十四种之多。我们用 A 代表词根语素,用 B 代表附加语素(词缀或语缀),将三字格单位的结构模式胪列如次：

  1.（A+B）+A   2. A+（A+B）
  3.（A+B）+B   4. B+（A+B）
  5.（B+A）+A   6. A+（B+A）
  7.（B+A）+B   8. B+（B+A）
  9.（A+A）+A   10. A+（A+A）
  11.（A+A）+B   12. B+（A+A）
  13.（B+B）+A   14. A+（B+B）

15. （B+B）+B　　　16. B+（B+B）
17. A+A+A　　　　18. B+B+B
19. B+A+B　　　　20. A+B+A
21. A+B+B　　　　22. B+B+A
23. A+A+B　　　　24. B+A+A

现代汉语三字格单位中的绝大部分是由两个直接组成成分构成的,层次分析时要两分,只有极少数联合式的三字格单位分析时要三分。需两分的三字格单位的组合方式从理论上说有十六种,需三分的三字格单位的组合方式从理论上说有八种。由于汉语中没有只由词缀构成的词,因此,第18种类型"B+B+B"、第15种类型"（B+B）+B"和第16种类型"B+（B+B）"的组合方式事实上是不存在的。汉语中的词缀如果出现在一个单位的前边即为前缀,如果出现在一个单位的后边即为后缀,一旦它们在三字格单位中出现,就必与一个词根语素相组合一起充当该三字格单位的一个直接组成成分,因此,第19种类型"B+A+B"、第23种类型"A+A+B"和第24种类型"B+A+A"并不存在于现代汉语中。现代汉语中只有两个虚语素重叠构成一个词缀的情形,而绝无两个词缀以联合的方式一起缀在一个词根之后的情况,因此,第21种类型"A+B+B"和第22种类型"B+B+A"都是现代汉语中所没有的结构方式。

剩下的十六种类型并不都是由词根和词缀一起构成的,有一些是纯粹由词根构成的,这些三字格单位的类型是复合的组合方式,第17种类型"A+A+A"（如"马大哈、短平快"）、第9种类型"（A+A）+A"（如"八斗才、苦行僧"）和第10种类型"A+（A+A）"（如"把兄弟、血循环"）即属此种情况。余下的十三种类型尽管都是由词根、词缀一起构成的,但是在一些类型里,词缀不单纯充当三字格单位的一个结构项而只在其中一个直接组成成分内充当一个成分的构成要素,这样的三字格单位也仍旧不是派生的而是复合的,第1种类型"（A+B）+A"（如"印子钱、刀子嘴"）、第 2 种类型"A＋(A＋B)"（如"搭架子、粪箕子"）、第 5 种类型"(B＋A)＋A"（如"老虎钳、可怜虫"）和第 6 种类型"A＋(B＋A)"（如"纸老虎、包打听"）即属此种情况。最后的九种类型才真正是派生的。这九种由三个语素构成的派生式三字格单位是第 3 种类型"(A＋B)＋B"（如"刽子手、道学家"）、第 4 种类型"B＋(A＋B)"（如"老鼻子、老油子"）、第 7 种类型"(B＋A)＋B"（如"第一手、可怜见"）、第 8 种类型"B＋(B＋A)"（如"大老婆、左不过"）、第 11 种类型"(A＋A)＋B"（如"悻悻然、可可的"）、第 12 种类型"B＋(A＋A)"（如"非常设、不得了"）、第 13 种类型"(B＋B)＋A"（如"溜溜转、蒙蒙亮"）、第 14 种类型"A＋(B＋B)"（如"活生生、清凌凌"）和第 20 种类型"A＋B＋A"（如"稀巴烂、中不溜"）。

　　从结构方式上看，三字格单位有定中偏正格、状中偏正格、支配格、中补格、陈述格等多种复合式的，也有派生式的。在复合式的三字格单位中，偏正格的三字格单位数量最大，有 3,838 个，约占三字格单位总数的 78.17％，如"安乐窝、豆腐干、宽心丸、龙须面"；支配格的三字格单位有 492 个，约占三字格单位总数的 10.02％，如"抱佛脚、吃枪子、吹喇叭、丢面子"；中补格的三字格单位有 92 个，约占三字格单位总数的 1.87％，如"巴不得、差不离、搁得住、合得来"；陈述格的三字格单位只有 20 个，约占三字格单位总数的 0.41％，如"春不老、狗吃屎、驴打滚、虫吃牙"；联合格的三字格单位最少，只有"吨公里、吨海里、现如今、恶狠狠"等少数几个，不足 0.1％。此外的将近 10％的三字格单位是派生式的，有 460 个左右。其中，词根与叠字前缀构成的单位数量较小，而词根与叠字后缀构成的单位数量较大，有 167 个，约占派生式三字格单位总数的 36.3％，如"皱巴巴、直溜溜、白茫茫、臭烘烘"。这说明词根与叠字后缀结构成的派生式三字格单位是非常能产的。

　　由一个复合词根或派生词根与一个词根或词缀构成的三字格单位，其中有相当一部分的复合词根或派生词根可独立成词，如"碍面子"中的"面子","不道德"中的"道德","大拇指"中的"拇指","犯节气"中的"节气";另有一部分复合词根或派生词根虽难独立成词,但是两个语素却可经常性地相组合,并在一些复合词或派生词中充当一个独立的结构项,如构成"驴皮胶、驴皮影"等的"驴皮",构成"传声器、传声筒"等的"传声",构成"泡泡纱、泡泡糖"等的"泡泡",构成"百分比、百分点、百分号、百分率"等的"百分"。上两类单位数目的总和是 3,545 个,约占三字格单位总数的 72.2%。

余下的 1,365 个单位只占三字格单位总数的 27.8%。这其中少数是只能三分的,如"短平快、马大哈";更多的是虽为两分,但所分出来的由两个语素构成的那个直接成分只是个短语性质的单位,绝无独立成词的可能,也非经常性组合在一起使用的单位。它们大抵是按下列方式构成的:

第一种,嵌入法。即在原有的词的基础上嵌入一个成分,使原双音节双语素词成为三字格单位,如"帮倒忙"的结构分析虽是"帮""倒忙",但这个三字格单位却是在原词"帮忙"的基础上嵌入"倒"构成的;"告地状"虽也要分析作"告""地状",但"告地状"却是在原词"告状"的基础上嵌入"地"构成的。属于此类的还有"喝倒彩、打嘴仗、敲边鼓、吊脚楼"。

第二种,缩合法。即以缩合的方式将原有的两个词经重组构成一个三字格单位,如"错别字"通常被分析作"错别""字",但"错别字"这个三字格单位却是将"错字"和"别字"缩合而成;"管弦乐"也是一样,结构分析通常是"管弦""乐",但该三字格单位却是将"管乐(器)"和"弦乐(器)"缩合而成。属于此类的还有"红绿灯、黑白片、高低杠、悲喜剧"等。

第三种,简缩法。即从一个较长的固定结构中截取出三个字构成一个三字格单位,如"安理会"是从"(联合国)安全理事会"中截取出"安""理""会"三字构成的,"国统区"是从"国民党统治区"中截取出三个有代表性的语素"国""统""区"构成的。"安理会""国统区"的结构分析是"安""理会"和"国""统区"。属于此类的还有"共青团、少先队、科教片、教研室"等。

第四种,短语凝固法。即原短语已词语化,成为三字格单位。这一种又可分为两小类:一类是古代形成的,有较为浓重的古雅色调,如"清君侧、换言之、执牛耳、跳加官";另一类是晚近以来形成的,有较为强烈的俚俗色彩,如"春不老、赔不是、短不了、玩得转"。上两小类的结构分析,或者是1+2式,或者是2+1式。

第五种,逆序法。即三字格单位中的双语素组合体的结构顺序与常序相逆,以这逆序的双语素组合体与另一个单语素相组合,构成三字格单位,如"雨刮器"中的"雨刮"按常序应为"刮雨","血吸虫"中的"血吸"常序也应为"吸血"。

第六种,喻借法。即三字格单位中的双语素组合体分别以两种事物对象为喻体或借体,然后与另一个单语素相组合,构成三字格单位,如"玉兰片"既非玉也非兰,而是晒干了的白色嫩笋片,"油茶面"虽是面粉内搀牛骨髓或牛油炒熟,内里容或有油,但茶却是绝对没有的。

所谓三字格,实际上不光指由三个字构成的结构,也包括双三字格结构,如"一而再,再而三""一把屎,一把尿""雷声大,雨点小""来无影,去无踪""口问心,心问口""过一天,算一天""看不见,摸不着""功不成,名不就""风里来,雨里去""刀子嘴,豆腐心"。

二 三字格的表义机制

三字词汇单位,虽然我们也可从中古甚至上古的文献中找到一些例证,但是它们大量产生出来并被记录下来,却无疑是在清代。清代以前,词语类工具书虽已有一些,但是所收录的多为双字词汇单位和四字词汇单位,三字词汇单位还不是主要的收取对象。宋·佚名《释常谈》(见《说郛》卷第六十八)收条凡124个,其中三字词汇单位仅有8个,约占6.45%,例如"上巳日、杨朱泣、风马牛、登徒子"。到清代,众多的词语类工具书都将三字词汇单位列为它们重要的收条对象。例如翟灏的《通俗编》收条凡5,558个,其中三字词汇单位已有696个,约占12.52%。清季民初乃至整个20世纪直至21世纪之初,三字词汇单位的创造在汉语词汇中呈不衰之势。《近现代汉语新词词源词典》收条凡5,056个,其中三字词汇单位有1,690个,约占33.43%。《新华新词语词典》收20世纪90年代以来的词汇单位凡2,168个,其中三字词汇单位有324个,约占14.94%。这里所统计的是不分语型,只要是词汇性单位便悉数收入的语文性或语文兼百科性的词语工具书,已可看出三字词汇单位自中古后成批产生至当代不断涌现的概貌。如果我们把目光限定在某一类专门的语型上,更可看出三字词汇单位数量惊人。例如唐·李义山《杂纂》(见《说郛》卷第五)收异引同注的歇后语凡108组,其中注释语为三字词汇单位的有64个,约占59.26%,例如"不相称、怕人知"。《汉语惯用语大辞典》(天津教育出版社,1996)收条凡14,120个,其中仅三字词汇单位即有8,087个,约占57.27%,例如"吃错药、嘴把势"。

  清中叶以后,随着社会的发展,民智渐开,人们的活动范围愈趋广泛,生活内容愈加丰富,思想更趋活跃,认识也更加深邃。各阶层自我意识的觉醒、市井文化的日益成熟和影响的逐步扩大即是其代表。三字词汇单位正是在此历史和时代的背景下涌现的。

  三字词汇单位从中古开始大量涌现出来缘于市井文化蓬勃发展的要求,而三字词汇单位的结构本身也正反映着这种俚俗的市井文化。近古尤其是20世纪创造出来的三字词汇单位,从其成因和构成上看虽未必完全因循以往,但它仍与主要表达雅文化的双字词汇单位和四字词汇单位有所区别。三字词汇单位的表义机制是与俚俗的市井文化相适应的。

  双字词汇单位,尤其是四字词汇单位因其具有结构上对等联结的特点、语音上音步平稳的优势,易于表现典雅的文化;三字词汇单位不具结构上对等联结的特点和语音上音步平稳的优势，而易为"引车卖浆者流"所接受，更适合表现市井文化。

词语是可以分别为雅俗的。词语之分别为雅俗，一方面会反映在词语的个例上，另一方面也会在词语的类型上反映出来。词语类型上的雅俗，在词语工具书收取双字词汇单位、四字词汇单位和三字词汇单位时显现着不同的取向。不论是古人还是今人纂辑成的词语工具书，双字词汇单位与四字词汇单位在雅俗上的表现趋于一致，三字词汇单位在雅俗上则有另类的表现。

清·易本烺纂辑的《常谭搜》(同治三年[1864年]京山易氏刊本)首次将语言词汇单位分别为雅和俗。从是书中不难看出，双字词汇单位既有典雅的成分也有俚俗的单位，四字词汇单位多为典雅的成分少为俚俗的单位。宋代的《释常谈》所收的三字词汇单位数量远不及四字词汇单位尤其是双字词汇单位，而且这些三字词汇单位一般也都是较为古雅的。洎乎清代，时人记录下来的三字词汇单位，不但数量呈迅猛增长之势，而且绝大多数是俚俗的成分，典雅的成分极为罕见。《通俗编》所收的三字词汇单位多为俚俗的成分。从它们所表达的事物对象上看，有不少是当时的曲目(如"王昭君、崔莺莺")、时人的饮食和饮食习惯(如"醉如泥、劝双杯")、时人的服饰(如"东坡巾、烟毡帽")、时人特有的家具等用具(如"太师窗、礓磜子")、时人的娱乐玩耍等习俗(如"拜星斗、染须发")、时人的宗教习俗(如"城隍神、二郎神")、时人的婚丧嫁娶等习俗(如"下财礼、戏新妇")。《现汉》收取的三字词汇单位只有少数是典雅的，其他大量的是俗白的或直白的。典雅的三字词汇单位如"清君侧、绕指柔"，俗白的三字词汇单位如"灌米汤、活地狱"，直白的三字词汇单位如"粗线条、高低杠"。

三字词汇单位在表义上与双字词汇单位尤其四字词汇单位是存在着较大的差异的。双字词汇单位和四字词汇单位中多为典雅的成分和直白的成分，而三字词汇单位中却多为俗白的成分尤其是直白的成分。这也是三字词汇单位尤其是近现代以来新产生的三字词汇单位中少有成语出现的根本原因之一。三字词汇单位从其表义机制上看,更适合表现俚俗的和直白的内容。

三 三字格与词

双字格是词的典型格式,四字格是成语的典型格式。三字格究竟是词还是固定短语中的某一小类?

在三字组合究系何种类型的单位的问题上,学界最有影响的,也是最为传统的观点,是以该单位的意义的性质来为其分类,认为三字组合中那些意义属字面性的一类是词,如"文化馆、机帆船";意义非字面性的一类,如"炒鱿鱼、吃鸭蛋",多数人认为它们属于固定短语中的惯用语。也有不少学者将三字格全部划归惯用语,这样做的依据也正是说这些所谓的"惯用语"有着非字面上的意义。例如:

a. 不冻港　粗线条　吊袜带　吨公里　发酵酒
　　粉连纸　浮船坞　高低杠　共同体　勾股形
　　号志灯　火力点　基本法　纪念碑　节假日
b. 炒鱿鱼　戴绿帽　灌米汤　活地狱　活字典
　　急先锋　老掉牙　连轴转　留尾巴　驴肝肺
　　闷葫芦　迷魂阵　母老虎　泼冷水　敲门砖
c. 儿皇帝　急就章　空城计　口头禅　莫须有
　　破天荒　清君侧　绕指柔　三字经　太上皇

a类是意义属字面性的一类,b类是意义属非字面性但语体俗白的一类,c类是意义属非字面性但语体典雅的一类。a类一般的学者和几乎所有的汉语使用者都会将其视为词,b类被不少学者视为惯用语,c类被一部分学者认作惯用语,被个别学者看作是成语。所以会出现如此参差的情况,原因就是那些学者所秉持的意义决定论。单凭意义是字面性的或非字面性的而将三字格硬性地划分为词、惯用语这样不同的类别,其做法在理论上是否得当,在实际的语言生活中是否为大众所通过,值得研究。

如果把全部的三字格都看作是惯用语,简单倒是简单了,但无论从理论上还是从人们的语感上恐怕都难以通过,因为三字格中的 a 类的词的身份毋庸置疑，而且 a 类成员在三字格中所占比重最大。与其让 a 类迁就 b 类和 c 类认定作固定短语中的某一小类，毋宁使 b 类和 c 类迁就 a 类认定为词。此议倘无不妥，则双字格是词的典型格式，三字格就是词的非典型格式，是双字格词的衍生形式。这是在把三字格的单位看作是一个整体的前提下所作出的考虑。三字格亦可划分开来，一部分算作词，一部分算作惯用语，再一部分算作成语。然而，这样的划分必是纯粹根据意义所得出的，又不可必免地涉及双字格、四字格中同类现象的划分问题。而那样一来，争论将永无宁息之日，能够为大家都接受的分类结果恐怕也很难出现。

三字组合中三字呈联合结构关系的，其构成模式为 1+1+1 式，其他的构成模式或为 2+1 式或为 1+2 式。1+1+1 式，因其数量较小，也不是分歧意见集中的焦点，可暂且不论；2+1 式和 1+2 式数量较大，三字组合究竟是词还是非词的争论在很大程度上正由此而来，需要细加探讨。

定中偏正关系的三字组合，如果意义是字面性的，无论它们是 2+1 式的还是 1+2 式的，常被人们认定为词，如"长毛绒、生命线"和"双宾语、私生活"。其组合成分的意义如果有非字面性的，麻烦就随之而来了：有人认为修饰、限定性成分的意义是非字面性的，被修饰、限定性成分的意义是字面性的，仍旧是词，如"鸭舌帽、宝塔菜"，而被修饰、限定性成分的意义是非字面性的，则不论修饰、限定性成分是否非字面性的，一概不再是词，如"铁饭碗、害人虫"；也有人认为，无论是上述情况中的哪一种都应视为词。

状中偏正关系谓词性的三字组合易为人们视为非词，而状中偏正关系体词性的三字组合则易为人们看作是词。支配关系的体词性三字组合被认定为词。支配关系的谓词性三字组合，其意义是字面性的，易被人们看作是自由短语，如"送人情、套交情"；意义是非字面性的，则易被人认定为惯用语或成语，如"灌米汤、踢皮球"。补充关系的三字组合易为人们视为非词的单位。陈述关系的谓词性三字组合易为人们视作非词,体词性的三字组合易为人们视为词。联合关系体词性和谓词性的三字组合都易为人们看成是词。

其实,若真按意义作标准来为词语分类的话,词语非字面义的表现有三种情况:第一种是修饰、限定性成分为非字面义而被修饰、限定性成分为字面义的,如"龙须面、葡萄胎";第二种是修饰、限定性成分为字面义而被修饰、限定性成分为非字面义的,如"豆腐衣、报屁股";第三种是整个组合体为非字面义的,如"落水狗、狗腿子"。比较而言,不以意义是字面上的还是非字面上的作为划分词语的唯一的依据而将它们统统看作是同类单位的观点更为近是,因为这不仅免去了分析中的许多不必要的麻烦,更重要的是保持了理论上和实际操作上的一致性。

一个三字组合(双字组合和其他类别的多字组合亦然)是否已然成词,端赖一种凝固剂类的东西,这凝固剂就是意义的整体化。意义整体化的形成,在一些三字组合上所凭靠的就是意义的非字面性。把意义的非字面性看作是词或语判定的要件,正是现代语言学切词、析词的根据所在。倘不如是,就会有无数难以解决的问题接踵而来。其一,同样是非字面义的双字组合,尤其是意义、结构与三字组合相近的一些双字组合如"吹牛"(比较三字组合的"吹牛皮"),却很少有人将其视作惯用语或成语。倘若"吹牛皮"被归为惯用语或成语,那么,"吹牛"等归入词而不归入惯用语或成语就没有道理可言。其二,修饰、限定性成分和被修饰、被限定性成分究竟哪一个更为重要,迄无定说。有学者曾对中心语和补语的关系作过细致的研究,认为比较而言,补语比中心语更为重要。补语这种修饰、限定性成分从语义上看确实比中心语更显重要,定语、状语这些修饰、限定性成分,有一些从语义上看,也未必比中心语显得次要,尤其是在修饰、限定性成分为字面义而被修饰、被限定性成分为非字面义的情况和整个三字组合体为非字面义的情况下。其三,倘若一个三字组合是个多义单位,而且该多义单位的几个义项既有非字面义的又有字面义的,该单位词或语的身份将难以判定,如"翻跟头、送人情"。

判定一个三字组合是词还是非词,更关键的是要看该组合的语法属性和结构关系的性质。其中组合的语法属性对该组合词语身份的确定起着至关重要的作用。一般而言,语法属性是谓词性的,较易被人们视为非词,语法属性是体词性的,较易被人们看作是词。这其中,语法属性是谓词性的,结构是支配关系的三字组合,更易被人视为非词。坚持按意义标准把非字面义的三字组合划归惯用语或成语的学者们所认定的那部分三字组合,多是支配关系的谓词性三字组合,这不是偶然的巧合,而是殊途同归,是上述学者因组合本身所具有的相似的性质特点而产生的类似的认识。

第六节 四字格

一 四字格结构分析

四字组合无论是在现代汉语还是在古汉语中都是极为重要的一类词汇单位。现代汉语中的四字组合是在古汉语四字组合的基础上发展起来的,在继承的基础上又有所创造。对照古今汉语的四字组合的类型可知,古汉语的四字组合主要是俗词、俗语和成语,而现代汉语的四字组合则既有俗词、俗语和成语,又有仿语。典雅的、俗白的四字组合既可创造并流布于古代亦可创造并流布于近现代,而直白的四字组合则一般创造并流布于近现代,在古人纂辑的词语工具书中极为罕见。这种差异既是古今文化的不同所造成的,也是古今汉语的不同所造成的。

《现汉》所收 4,623 个四字组合单位,从层次划分上看,有四分的,有三分的,更多的是两分的。四分的四字组合单位有 19 个,约占四字组合单位总数的 0.41%,例如"伯仲叔季、鳏寡孤独"。三分的四字组合单位,是由助词"之"、连词"而"或介词

"以""于"等参与构成的单位,有143个,约占四字组合单位总数的3.09%。其中又主要分为2+1+1式和1+1+2式两类。前者如"害群之马、沐猴而冠",后者如"掉以轻心、敬而远之"。余下的4,461个四字组合单位都是二分的,约占四字组合单位总数的96.5%。二分的四字组合单位,有1+3式、3+1式、2+2式这样三种类型。二分的1+3式四字组合单位有299个,约占二分的四字组合单位总数的6.7%,例如"不怎么样、吃现成饭";二分的3+1式四字组合单位有35个,约占二分的四字组合单位总数的0.8%,例如"不随意肌、车轱辘话";二分的2+2式四字组合单位是最多的,有4,127个,约占二分的四字组合单位总数的92.5%。2+2式就是所谓的"二二相承"式,其中主要有偏正(如"面子工程")、联合(如"溜门撬锁")、陈述(如"盲人摸象")、支配(如"岂有此理")以及连谓(如"令出法随")、兼语(如"滴水成冰")等类别。

  四字组合单位及其结构模式,是汉语发展到一定的历史阶段才产生出来的,是在汉语研究的水准达到了一定高度的情况下才引起学者们关注的。今天汉语中的四字组合,有相当一部分来自古汉语;即使并不产生于古汉语中的某个四字组合单位,其构成模式也与古汉语四字组合的构成模式存在着某种渊源关系。因此,在探讨现代汉语四字组合单位的性质特点时,我们有必要回顾一下四字组合在汉语史上的情况,看一看具有哪些性质特点的四字组合在古汉语中即已产生,具有哪些性质特点的四字组合是晚近以来才产生出来的,从而对汉语的四字组合有一个更深层次的认识和把握。

  四字组合词汇单位至少自唐宋开始即已引起了学者的关注,逮至明清,在时贤所著的众多的工具书中四字组合更成为了重要的收取对象。唐宋以降大量产生的四字组合,正是现代汉语四字组合之源。它们或为现代汉语的四字组合在结构上提供了范式,或直接为现代汉语所承继。下面所列各书中就不乏四字组合单位:

唐·李义山《杂纂》收条 954 个,其中四字组合有 220 个,约占 23.06%。《杂纂》所收的虽多为歇后语,但所列出的歇后语的"引子"部分,尤其是"注释"部分,仍可使我们了解到当时存在着众多的四字组合现象。例如:

醉客逃席	把棒呼狗	贫斥使人	瘦人相扑
屠家看经	肥大新妇	新妇失礼	师姑怀孕
富人乍贫	重孝醉酒	子女豆瘢	摄官系街
犯人爱宠	匿人子女	松下喝道	背山起楼

宋·佚名《释常谈》(见《说郛》卷第六十八)收条 124 个,其中四字组合有 39 个,约占 31.45%,例如:

爱忘其丑	敝帷之叹	尺布斗粟	狐假虎威
巨卿之信	便便之腹	七步之才	王济之癖
文过饰非	握发吐餐	鲜妆帕服	小冠子夏
鹬蚌相持	跃马肉食		

清·钱大昕《恒言录》收条 749 个,其中四字组合有 54 个,约占 7.21%,例如:

矮子看戏	不痴不聋	藏头亢脑	粗枝大叶
咬姜呷醋	不学无术	对牛弹琴	多多益善
贵人多忘	金玉满堂	千变万化	劝人为善
人面兽心	数见不鲜	万万千千	养子防老

清·梁同书《直语补证》收条 428 个,其中四字组合有 46 个,约占 10.75%,例如:

阿斗太子	残日问人	服中生子	好人难做
好时好节	节节足足	解围释急	热气烘烘
肉瘠不安	算无遗策	同床各梦	无心道人
五逆不孝	相风使帆		

清·翟灏《通俗编》不仅是有清一代而且是自唐至清千余年

间收条最为完备的一部词语类工具书。该书收条 5,558 个,其中四字组合有 1,257 个,约占 22.62%,例如:

不卜可知　聪明自误　东岳乞寿　耳聋眼黑
腹心内烂　弓燥手柔　胡思乱量　及溺呼船
金牙铁齿　近火先焦　九转丹成　口尚乳臭
口燥唇干　铅刀一割　仰人鼻息　炙手可热

除上举四字组合的类型外,清代学者还把研究的视点投放在叠字型的四字组合上。例如清·高静亭《正音撮要》(道光十四年[1834 年],学华斋刊本)中收有四字组合 53 个,其中叠字型的四字组合即有 39 个,例如:

明明白白　清清楚楚　麻麻糊糊　唧唧咕咕
支支离离　颠颠倒倒　花花绿绿　絮絮叨叨
沥沥喇喇　哝哝嘟嘟　唧唧哝哝　拉拉扯扯
从从容容　忙忙碌碌

上述工具书中辑入的四字组合,可使我们对古代汉语中出现的四字组合的构成和结构有一个大概的了解。

四字组合单位在古汉语中的数量与双字组合接近,而难为三字组合望其项背。这一点从《通俗编》的收条即可看出大概:《通俗编》收双字组合单位 2,242 条,四字组合 1,257 条,而三字组合却仅收了 696 条。四字组合之所以为数众多,原因大概是汉语词汇(尤其是语意典雅的单位)更喜音步平稳的节律。四字组合中的一些单位,本来取三字组合的形式亦可将其语义表达出来,如"初生之犊、掎角之势、举手之劳、匹夫之勇"等单位中的"之",省略掉似乎无碍语义的表达;"背道而驰、不胫而走、存而不论、竭泽而渔"等单位中的"而",去掉似乎也无不可;甚至像"芒刺在背"这类多少有点语义犯复的单位,也未必不能改说成三字组合单位"芒在背"或"刺在背"。然而,汉语中的那些四字组合单位究竟没有将那些可以省略掉的成分略掉,而仍旧用上它们以成就为四字组合。再比如"妻子儿女、妻儿老小",也都是为了组成四字组合而不惜语义犯复。当然,现代以来三字组合在汉语中大量产生出来,且有胜过四字组合之势,也是事实。三字组合之所以没在古代而在现代大量产生,大概与雅文化和俗文化此消彼长有关,现代新创造出来的三字组合多为俗白性的口语单位可为佐证。

从结构上看,古汉语中的四字组合单位也存在着层次为四分、三分和两分的情况。《通俗编》中辑入的四字组合既有四分的,又有三分的、两分的。四分的例子如"弟男子侄、琴棋诗酒"。三分的又分2+1+1式、1+1+2式和1+2+1式三类。2+1+1式的如"入幕之宾、废然而反",1+1+2式的如"尤而效之、耳而目之",1+2+1式的如"言人人殊"。两分的四字组合存在着1+3式、3+1式和2+2式三类。1+3式的如"无下嘴处、骑两头马",3+1式的如"二十四气、两盘饭间",2+2式的如"手忙脚乱、眉来眼去"。古汉语中的四字组合也主要存在着偏正(如"高声大骂、背地厮说")、联合(如"鼻吹口歌、古貌古心")、陈述(如"贼被狗咬、眉头不伸")、支配(如"烧断头香、奉行故事")以及连谓、兼语(如"雪消见尸、助纣为虐、指山卖磨、风吹草动")等类别。

古汉语中的一些四字组合,有些没在现代汉语中出现,其所用结构或语素特殊的用法也不存在于现代汉语中,例如"徒自苦耳、耳而目之、名而已矣、食毕横箸"。这种情况的产生是由于古今汉语语法、词汇不同所使然。反过来看,一些在现代出现的四字组合也未必能在古代产生出来,例如《现汉》收入的"可惜了儿的"。

古人心目中的四字组合实际上可大别为两类:一类是较为典雅的。如《释常谈》《恒言录》《直语补证》《通俗编》就收录了数量不菲的较为典雅的四字组合。较为典雅的四字组合,有相当一部分被收录进这些著作单辟的"成语"类中。它们相当一部分源自经史类的著作,书证可求,易为后世视为成语,也易流传下来。上述著作将这些四字组合称为"成语",乃是理所当然。这既说明了那些作者对典雅四字组合的性质的认识,也说明了他们对成语的认识。另一类是较俗白的,《释常谈》《恒言录》《恒言广证》《直语补证》《通俗编》都有收录,如《通俗编》:

  把捉不定 百巧千穷 半生半熟 恶水泼人
  放倒即寝 肥冬瘦年 干啼湿哭 年头月尾
  七颠八倒 人老倒缩 三岁至老 四时八节

《杂纂》《正音撮要》也收录有相当数量的比较俗白的四字组合,尤其是拟声拟态性的四字组合(如"白不呲咧、嘀里嘟噜、丁零当啷、黑咕隆咚、叽里旮旯、叽里咕噜")和叠字而成的四字组合(如"大大咧咧、疯疯癫癫、缝缝连连、鼓鼓囊囊、花花搭搭、满满登登")。较俗白的四字组合,一般是在纂辑者当时所处时代市井间流行的较为固定的短语和词,书证难求,不易为后世看作是成语,也不大容易凭借正统文人的著述(如正史类的著作)流传下来。

  语意俗白的四字组合既可产生于古代亦可产生于现代。产生于现代而为《现汉》收录的语意俗白的四字组合单位非常之多,下面所列的就是其中一些例子:

  阿猫阿狗 半死不活 吃里爬外 吃哑巴亏
  打落水狗 狗急跳墙 花花肠子 鸡毛蒜皮
  家长里短 磕头碰脑 哭天抹泪 骂骂咧咧

现代人所造的四字组合,绝大部分是语意直白的,结构也较为松散。这部分四字组合,大多是为反映现代科技、文化、事物而创造出来的。例如:

  安全剃刀 白衣战士 百科全书 必要劳动
  第三产业 电脑病毒 高等学校 化学肥料
  黄金时代 机械效率 计件工资 技工学校

一些表义比较直白或俗白的四字格,有向三字格简化的趋势。例如"百分之百"近年来常被一些人（尤其是年轻人）说成"百分百"。

四字格，也可指由两个四字结构构成的双四字结构。双四字结构并不多见，考察《成语词典》（江苏人民出版社，1983）和《中国成语大辞典》，仅发现 88 例。这 88 个双四字格单位可大别为两类：一类是前一四字格充作整个双四字格单位的主语成分，后一四字格充作整个双四字格单位的谓语成分。这类有 6 个，如"盛名之下，其实难副""千里之堤，溃于蚁穴"。另一类是前后两个四字格具有联合的对称关系。这类有 82 个。这些具有联合的对称关系的双四字格单位又可分为转折、并列、目的、条件、因果、让步、假设、选择和承接 9 类关系。转折关系的双四字格单位又可分为：(1)"陈述＋陈述"式，如"江山易改，秉性难移"；(2)"支配＋支配"式，如"失之东隅，收之桑榆"；(3)"中补＋中补"式，如"比上不足，比下有余"；(4)"偏正＋偏正"式，如"靡不有初，鲜克有终"；(5)"连谓＋连谓"式，如"得道多助，失道寡助"。并列关系的双四字格单位又可分为：(1)"陈述＋陈述"式，如"言者无罪，闻者足戒"；(2)"支配＋支配"式，如"只此一家，别无分店"；(3)"中补＋中补"式，如"取之不尽，用之不竭"；(4)"偏正＋偏正"式，如"无源之水，无本之木"；(5)"连谓＋连谓"式，如"呼之即来，挥之即去"。目的关系的双四字格单位又可分为：(1)"陈述＋陈述"式，如"前人栽树，后人乘凉"；(2)"支配＋支配"式，如"避其锐气，击其惰归"。条件关系的双四字格单位是"陈述＋陈述"式，如"二人同心，其利断金"。因果关系的双四字格单位是"陈述＋陈述"式，如"一人得道，鸡犬升天"。让步关系的双四字格单位是"陈述＋陈述"式，如"智者千虑，必有一失"。假设关系的双四字格单位又可分为：(1)"陈述＋陈述"式，如"庆父不死，鲁难未已"；(2)"支配＋支配"式，如"不经一事，不长一智"。选择关系的双四字格单位是"支配＋支配"式，如"宁为玉碎，不为瓦全"。承接关系的双四字格单位又可分为：(1)"陈述＋陈述"式，如"一波未平，一波又起"；(2)"支配＋支配"式，如

"失之毫厘,差之千里";(3)"连谓+连谓"式,如"知无不言,言无不尽"。

二 四字格与三字格的比较

在成语和惯用语的划分上,学界意见不一,有人按字数多寡来分,把四字单位都称作成语,把三字单位全叫成惯用语。然而这样硬性地按照字数来做的分类,并不符合语言词汇的实际。

词汇中确有典型的四字格、三字格之分,但这从形式上分出的类别却无法在表义上得到相应的反映:用是否表示非字面理解的深层义作标准,则四字单位可表非字面义(如"定海神针、朝秦暮楚、指鹿为马、虎踞龙盘"),三字单位也主要是用以表非字面义(如"夹生饭、定心丸、二把刀、万金油");用文白作标准,则四字单位可文可白(文如"高山景行、积羽沉舟、刻舟求剑、沐猴而冠",白如"喝西北风、驴年马月、一来二去、杀鸡吓猴"),三字单位同样可文可白(文如"书卷气、文抄公、掉书袋、附骥尾",白如"明摆着、拍巴掌、吊膀子、楞头青")。由此不难看出以四字、三字作为划分成语、惯用语标准的困难。

或许宋代既已有"成语"一词指说那些非词亦非歇后语、谚语的单位,到了20世纪本无需再造出"惯用语"这么个术语来。所谓"成语",顾名思义,不过是现成话;而"惯用语",无非是习惯用语的意思。现成话,当然可能为人们所惯用;习惯用语,很自然也就是现成话。不过,绝大多数学者都主张保留"成语""惯用语"的叫名而把两者划分开,但在如何将它们划分开来的问题上却存在着不同意见。两派意见相持不下,很难有个一方为另一方所说服的结局。原因在于:第一,双方所持的划分标准不一,一方多坚持意义标准,另一方多坚持形式标准;第二,哪一方的意见似乎都不是尽善尽美的,而也还有着可商榷之处。

就拿一方所坚持的表义深层性标准来说,究竟什么样的意义才叫双层义,研究中有时颇费斟酌,很难定夺,须再加明确。其实,不少词语的意义是比喻性或借代性的,词语赖以成立的意义就只是那一个,就是靠比喻或借代形成的那个比喻义或借代义,根本就无所谓双层义。例如"两袖清风",真的是风在袖中?而且那风还是"清"风而不是"浊"风?"驴唇不对马嘴",真的是驴的嘴唇和马的嘴唇无法对接?任何人在使用"两袖清风""驴唇不对马嘴"这类固定短语时,都只会使用非字面的意义,字面的意义是根本无人用的。

　　此外,按此一标准来划分成语和惯用语也还存在着人们心理上能否接受的问题。因为"成语"的叫名从起源上看本非仅指深层义的一类,而也指非深层义的类别,现在只认深层义的类别为成语,而把非深层义的类别逐出成语的行列并易其名为"惯用语",这样做,怕与人们多年以来形成的语感不合。

　　另一方所坚持的形式标准,似也很难贯彻始终。理由不光是上文提到的形式和意义无法对应起来,还在于这些既非词也非歇后语、谚语的单位尽管典型的形式是四字和三字,非四字、三字而显得较为杂乱的情况也不罕见,如"银样镴枪头、一口吃个胖子、一块石头落了地、横挑鼻子竖挑眼"。正因上述原因,一些题称"成语"的工具书干脆把四字单位和三字单位(也包括一些非四字、三字单位)兼收并蓄而不计其是否具有深层义,如《汉语常用成语手册》(内蒙古人民出版社,1978)既收"尧天舜日、瓮中之鳖",也收"与众不同、里通外国",还收"替罪羊、灌米汤"及"卖狗皮膏药、不管三七二十一"等,《中国成语大辞典》也是"覆水难收、投鞭断流、头晕眼花、终身大事、一言堂、稻粱谋、贪多嚼不烂、狗嘴里吐不出象牙"诸类皆收。这可以说是为避开难以解决的分类矛盾而取的权宜之策。

　　然而,不将四字和三字这两类单位分别开来是不适宜的,因为这两大类单位除了人们早已留意到的一些区别点外,还存在着一些尚未引起人们广泛关注的相异之处。四字单位成词的机会不多,通常情况下它只构成大于词的单位,若非自由短语,即是固定短语。而三字单位却似乎成词成语(固定短语)的可能性都很大,例如"繁体字、鹅卵石、精密度、号志灯"是常被人们看作词的单位,"敲竹杠、炒冷饭、翘辫子、赶浪头"是常被一些学者看作语的单位。同是构成语,四字语可构成深层义的,如"得陇望蜀、虎头蛇尾、马不停蹄、磨穿铁砚",也可构成非深层义的,如"逢凶化吉、溃不成军、耐人寻味、青天白日";而三字语一般却只用于构成深层义的,很少用于构成非深层义的。这是由于"敲竹杠、炒冷饭"等赖以成"语"的前提就是它们所具的不能从字面上理解的深层义;而一旦这类三字语失去了深层义,则该单位即变得与"敲竹竿、炒米饭"等自由组合体无异。反过来看,一旦"敲竹竿、炒米饭"这类单位具有了深层义,则该单位即变得与"繁体字、鹅卵石"等固定组合体一般无二。

有学者谈到的熟语的深层义,就只是比喻义。① 三字格多具比喻义。《汉语惯用语词典》(外语教学与研究出版社,1985)收条目2,195个,其中三字单位有1,850个,约占84.28%。这1,850个三字单位中有少部分可归入词的行列,如"机关枪、座右铭",绝大多数都被一些学者归于熟语的范畴。归于熟语的三字格,有约10%是没有比喻义的,如"家天下、假道学、奠基礼、爱面子";另外的约90%都有比喻义,如"点天灯、半瓶醋、交学费"。

四字格的情况就远比三字格复杂了。《中国成语大辞典》收条目17,934个,其中四字格有17,132个,约占95.53%。这17,132个四字格,字面意义的和非字面意义的都不在少数,难分轩轾。意义非字面义的那部分四字格,不都是比喻性的,而存在着较为繁杂的情况。四字格中有一部分来源于古代的神话传说,它们的意义很难从字面上索解,但又并非比喻性的。如源自《山海经·海外北经》的"夸父追日",源自《山海经·北山经》的"精卫填海",源自《史记·越王勾践世家》的"卧薪尝胆",源自《世说新语·雅量》的"东床坦腹",都只是对故事的记录而已,本身不含比喻性。四字格中有一部分来源于古代的诗文,它们的

---

① 刘叔新《固定语及其类别》,《语言研究论丛》第二辑,天津:天津人民出版社,1982年。

意义也难为今人从字面上索解,但也不是比喻性的。如源自《周易·杂卦》的"革故鼎新",源自《乐府诗集·横吹曲辞五·木兰诗》的"磨刀霍霍"。四字格中有一部分来源于古代的口语,由于去古已远,今人较难从字面上理解其意义,但它们也不具比喻性。如源自《论语·学而》的"不亦乐乎",源自《阅微草堂笔记》的"左支右绌"。今天看来有比喻性的四字格,从来源上看也还存在着有比喻性和无比喻性的分别。如源自《世说新语·容止》的"鹤立鸡群",其意义从本源上看就是一种比喻义。相似的例子如"木已成舟、白驹过隙、鱼游釜中、临渴掘井"。而另一些今天看来有比喻义的四字格,从起源上看却无比喻性,如"图穷匕见"源自《战国策·燕策三》所记载的荆轲刺秦王的故事。"图穷匕见"这个四字格最初所记录的只是一段史实,本身没有任何比喻性;只是到了后世人们用这个四字格去喻指"事情发展到最后,终于显露出真相",才产生了比喻义。相似的例子如"水落石出、唾面自干、朝三暮四、南柯一梦"。

可以看得很清楚,四字格和三字格在表义上是存在着相当大的差异的。

四字格和三字格在结构上也有着很大的不同之处。三字格的结构方式较为简单,常见到的是支配式和定中偏正式这两种。支配式如"吃独食、当配角",定中偏正式如"白眼狼、草鸡蛋"。其他结构方式的三字格虽然也有一些,但远不如支配式和定中偏正式的常见,如陈述式的"鬼打墙",状中偏正式的"草上飞",述补式的"气死牛"。四字格的结构方式要远比三字格复杂,它至少可包括如下一些常见的类型:联合式,如"高瞻远瞩、河清海晏";陈述式,如"叶公好龙、精卫填海";支配式,如"闪烁其辞、包罗万象";述补式,如"迫不及待、俗不可耐";定中偏正式,如"世外桃源、弹丸之地";状中偏正式,如"循循善诱、惴惴不安";连谓式,如"得胜还朝、移樽就教";兼语式,如"引人入胜、放虎归山"。上述八类四字格的结构方式都是可按现代汉语的句法模式加以解释的。而另一些四字格,其结构方式是古汉语的句法模式,不能套用现代汉语的句法模式予以解释，情况更形复杂，如"人莫予毒、时不我待、唯命是从、马首是瞻"。

三字格因构成成分简单，一个单位内很难再分出不同的结构类别来。四字格的情况远比三字格复杂，它结构成分多，可分出不同的层次来。单看联合式，即可再分出如下一些不同类别：并列联合式，如"是非曲直、悲欢离合"；重叠联合式，如"卿卿我我、唯唯诺诺"；定中偏正联合式，如"崇山峻岭、狂蜂浪蝶"；状中偏正联合式，如"潜移默化、前倨后恭"；陈述联合式，如"莺歌燕舞、物换星移"；述宾联合式，如"废寝忘食、引经据典"；述补联合式，如"斩尽杀绝、出类拔萃"。

四字格不光从句法结构上看不像三字格那样简单，从语义搭配上看也远较三字格复杂。仍以联合式四字格为例，其间存在着近同搭配的情况，即四字存在着两两近义或同义的关系，如"豪情壮志、甜言蜜语"；对反搭配的情况，即四字存在着两两对义或反义的关系，如"阳奉阴违、喜新厌旧"；交叉搭配的情况，即四字存在着两两近义、同义或对义、反义的关系而交错搭配组合，如"油腔滑调、神出鬼没"；镶嵌搭配的情况，即两个表示数目的字插入有近、同或对、反关系的两字间，如"百孔千疮、千秋万代"。

第七节　简略

一　缩略词语

语言的使用以省力、不拗口为重要原则。缩略，就是应此要求而出现的。相比于缩略前的词语，缩略后的词语一定是更便于语言使用者使用，而不会是相反。例如"卫计委"缩略自"卫生和计划生育委员会"，"欧共体"缩略自"欧洲经济共同体"。人们对缩略单位的熟悉度远胜过对全称的熟悉度。

语言的使用中不乏一再省略的情况，例如"欧洲经济共同体"先略作"欧洲共同体",再略作"欧共体";"平方米"先略作"平方",再略作"平"。再如1964年召开的第三届全国人民代表大会上,周恩来总理代表中央提出了要在20世纪末将我国建设成为"工业现代化、农业现代化、国防现代化和科学技术现代化"的社会主义强国的目标。这后来被概括为"四个现代化",之后又被缩简成"四化"。

凡简缩后成词的,简缩的基式既可是自由短语亦可是结构紧凑的固定短语。简缩自自由短语的,如"高自考"由"高等教育自学考试"简缩而成,"农转非"由"农业户口转为非农业户口"简缩而成;简缩自固定短语的,如"民进"由"中国民主促进会"简缩而成,"国台办"由"国务院台湾事务办公室"简缩而成。

一些经由简缩的方式完成词化过程的单位,不大容易再还原到简缩前的形式。例如"劳改"是"劳动改造"的简缩,但是各地都有"劳改局",却未见该机构的招牌上写作"劳动改造局",这说明"劳改"已完成了词化的过程。再如"宇航",《现汉》直接用"宇宙航行"来为之释义,《新编》更干脆说它是"宇宙航行的略语",可见"宇航"与"宇宙航行"的关系。但是"宇航员""宇航服"都不可说成"宇宙航行员""宇宙航行服",可见"宇航"业已完成了词化的过程。当然,简缩造词运动进行中或刚刚完成后不久,给人词感尚不强烈的单位,在使用时常常是简缩前后的形式并存的,即全称的形式和简缩的形式并存。例如"社保局"是"社会保障局"的简缩,"社保局"和"社会保障局"两者并存,"社保"并未固定为词;"质监局"是"质量监督局"的简缩,"质监局"和"质量监督局"两者并用,"质监"未固定为词。语言使用中也有先缩略后恢复全称的例子。如进城务工的农民始称"民工",后因这个词在使用中逐渐染上了贬损的色彩,遂复称"农民工"。

简缩造词不仅会出现在用本语言的成分造词的时候,在用外来成分造词时亦可能使用此法。例如"马尔维纳斯群岛"简缩为"马岛","加利福尼亚州"简缩为"加州","意大利足球甲级联赛"简缩成"意甲","斯韦思林杯"简缩成"斯杯"。

简缩可能发生在某个方言或区域,未必发生在整个语言。例如大陆"宫外孕"的"宫",就是"子宫"的简略说法。"宫外孕",台湾地区说"子宫外孕"。当然简缩也不可一味地简缩下去,乃至于失去其区别性特征。一味求简,可能会使语义过于晦涩难懂,甚至可能与原意大相径庭,例如"非物质文化遗产"明明是物质文化遗产的一类,却被简缩作"非遗"。

简缩词语的语法属性未必就与该词语的结构类型相吻合。例如"矢志"是个动词性的字与名词性的字组合起来构成的词,在《现汉》第5版中被标为动词,很容易给人以"矢"支配"志"的印象。实际上"矢志"是"发誓(矢)立志"的缩略。

谈缩略,要将其与非缩略区别开来。举凡语言词汇的缩略单位,都是相对于语言中原有的被缩略单位而言的,但语言词汇的缩略单位是由语言中词长更长的词汇单位缩略而成还是由长度更长的非词汇单位缩略而成,却是值得讨论的。一般道理上可以说,凡由一个被缩略的单位缩略成的单位就都可称作缩略词语。然而,由语言中词长更长的词汇单位缩略而成的单位和由长度更长的非词汇单位(自由短语)缩减成的单位是存在区别的:前者是名副其实的缩略,后者则仅仅是省并而已。例如,"初中"是由"初级中学"缩略成的,"亚足联"是由"亚洲足球联合会"缩略成的。而"农转非"可以说是由"农业户口转为非农业户口"缩减来的,也可以说是由"农村户口转为非农村户口"或"农业户口转变成非农业户口"等等缩减来的。

看似缩略实为普通复合词的情况,在截取自不同的复合词的成分而后重组新词时表现得很突出,例如,"泰斗"截取自"泰山、北斗"(见《现汉》释义),"示威"截取自"显示、威力"(见《辞海》释义)。"泰山、北斗"等不是语言的词汇单位,而只是词语的自由集合。"泰斗"等之所以不是缩略词语而仅只是普通的复合词,还在于它们是选取两种或两种以上的事物对象的特点,利用一些较为自由或不太自由的现成的字来对一个新的事物对象加以反映的。人们很难说这类单位就是截取自某两个或多个词中的字拼合而成的。现代新产生的这类单位可以清楚地说明这一点。例如"构想",或许有人会以为它是在"构思设想"的基础上构成的,但我们未始不可以把"构筑/构造 假想/想象"等也看作是"构想"的基式。看似缩略词实为普通复合词的情况,还有"红绿灯、高低杠、南北朝、长短句"这样一些单位。有学者把"红绿灯"这样的单位视为缩略词语,我们也不能同意,理由是这些单位同样不是由语言词汇中的高一级的固定短语缩略成的。从"红绿灯、高低杠"等意义的组织关系上看,它们并非"绿灯"前的"红"省掉了"灯","低杠"前的"高"略去了"杠"。也就是说,它们的结构方式不是:

[红{绿灯}] [高{低杠}]

而是:

[{红绿}灯] [{高低}杠]

从这个角度看,这类单位很难说它们省略了什么成分,它们只是普通的复合词而已。类似的例子还可举出很多,例如"长短篇、大小点、冷热饮、中老年"。

缩略词语中还存在着同名异实的情况。例如,"南大"在国内是"南京大学"的缩略,在较狭小的区域内还可是"南开大学""南宁大学"等的缩略,在国际上,它还是新加坡"南洋大学"(1955—1980)的缩略。甚至字母词也存在着同名异实的情况,例如 ABC 可以是"最简单的""初步""初阶"的意思,也可以是 America Born Chinese(美国出生的中国人)的意思。

在并称两个或两个以上的国家时,常常只保留每个国名中的一个字,例如"中美"(中国、美国)、"英法"(英国、法国)、"日韩"(日本、韩国)、"越柬"(越南、柬埔寨)。但是有时为了避免重复,也可以不遵守这一规则。例如并称中国、埃塞俄比亚两个国家时常用"中埃塞"而不用"中埃",并称中国、赤道几内亚时常用"中赤几",而不用"中赤"。

姓氏被缩略使用时，以两个单字组合在一起为常。例如在中国现代史上著名的《何梅协定》，"何"指国民政府的代表何应钦，"梅"则指日本侵略军的代表梅津美治郎。但是，"何"固为何应钦的姓，"梅"却非梅津美治郎的姓，"梅津"才是他的姓。两人的姓氏并称时，不称"何梅津"或"梅津何"而称"何梅"。

　　缩略经常会发生在行业内部。例如，"局部地区"在气象界被略称作"局地"，"固定电话"在通信业被略称作"固话"，"第一招待所"被缩略为"一招"，"第二看守所"被缩略为"二看"。缩略现象也常发生在方言中或区域内。例如，"杭普"在杭州地区是"杭州普通话"的缩略；"消基会"在台湾地区是"消费者文教基金会"的缩略。在粤语中，"莲蓉月饼"被略作"莲蓉月"，"干炒牛河"被略作"干炒河"。缩略现象亦发生在部分人中，例如抗美援朝战争中，中国人民志愿军司令部被指战员缩略为"志司"。缩略现象也发生在外来词的引进上。多字的全译词可以缩略为一个字，例如"拷贝"一词的动词用法，现在经常被人说成"拷"；热力学温度单位"开尔文"（Kelvin），被略作"开"。再比如 The United Arab Emirates 全译是"阿拉伯联合酋长国"，这也是这个国家的正式称名。但为称说简便，汉语使用者常会略作"阿联酋"。

　　缩略现象一如其他词语现象一样也有着好与不好之分。例如，2012年7月27日开始在伦敦举办的夏季奥林匹克运动会被一些媒体略作"伦奥"。如果不看文字，只听播音，这"lún ào"究系何物，也令人一头雾水。还如，1900年4月15日由法国自行车协会发起，在意大利、瑞士、美国和比利时等国的支持下成立的"国际自行车联盟"，在中国被简称作"国际自联"或"国际自盟"。其中的"自"竟是"自行车"的缩略，令人瞠目。缩略还可能会出现重合现象。一种情况是缩略词与普通词的重合，例如《现汉》第5版收入两个"人流"，一个是表示"像河流似的连续不断的人群"的普通词，一个是"人工流产"的缩略词。"人工流产"缩略作"人流"，不能认为是好的缩略，不光是它与普通词"人流"重合易混,还在于它并不予人严肃的感觉。另一种情况是两个缩略词的重合,例如"人大"既可以是"人民代表大会"的缩略,也可以是"中国人民大学"的缩略。作为高等院校的"人大"在北京,作为最高立法机构的"(全国)人大"(还不算北京市及其所属各区县的"人大")也在北京,这样的重合,极易导致混淆。当然,如果使用领域不同,即使形式上重合,倒也无大碍,例如"副高"是"副高级职称"的缩略,在气象学上亦是"副热带高压"的缩略。

二 简称词语

与缩略易混的概念,就是简称。宽泛些说,缩略未尝不可以说成是"简称",因为它们的确都是从较繁冗的结构中通过缩减的方式拼合成的一个简略的形式。但是"简称"和"缩略"并非同实异名现象。"简称"这个概念与上面谈到的缩略现象(如"中共、政协、中纪委、国台办")不同,它指的是"师范、青年会"这样一类单位:

师范学校→师范
基督教青年会→青年会

把由"基督教青年会"简作的"青年会"这样的单位与由"中国共产党"缩成的"中共"这样的单位视为一样的词语形式,并不允当。第一,"中共"是从"中国共产党"这个固定短语的两个词中各提取出一个有代表性的成分重组的一个新的单位,是在"中国共产党"的形式和意义的浓缩中形成的,原本并不自成一个单位。"青年会"的形成却与此不同,虽然它有"基督教青年会"的比照作用,但从根本上看,它的形式和意义并非因浓缩而成,其自身原本就可是一个独立的单位。它是为避免词语形式过长而略掉其中的一截,用简称的形式代替全称的形式而已。第二,缩略词语所由产生的被缩略单位一般是大于词的词汇单位——固定短语。如果说简称和缩略是同类的词语形式,那么就得承认"津"是"天津"的缩略词。但"天津"也只是一个词而已。由一个词缩略出一个新的缩略词(或甚至缩略语),既无必要,也少可能。第三,凡缩略,都是把有一定代表性的成分提取出来重新组合成一个新的单位,以表达本用一个较为复杂的说法来表述的事物现象,这样一来,缩略词语相比缩略前的原式就既有词语形式上的缩减,也可能发生意义内容上的变化。例如"民革",是"中国国民党革命委员会"的缩略,从词语形式上看,前者明显比后者缩减了,从意义内容上看,它们虽理性义一致,但前者显然不如后者明白易晓,也缺乏后者庄重的色彩。再如由"中国左翼作家联盟"缩略成的"左联",只是在文化层次较高的人群中(尤其是文化界)才会被顺畅地理解和经常性地使用,普通民众和远离文化界的人们不一定马上明了该词的所指,更难经常性地使用它。即使像"经贸委"(国家经济贸易委员会)、"发改委"(发展和改革委员会),也未必能让一般的民众和不大关心此项工作的人很快地明了它们的所指。而简称就不同了,相当一部分简称的词语形式无需全称的词语形式的比照,意思也清楚无误,例如"解放军"之与"中国人民解放军"的关系。有的简称孤立地看不甚清楚,但是借助于一定的语境也能辨认明白,例如"周恩来"简称为"恩来"或"周"。

当然,缩略词语也好,简称词语也好,它们从意义方面看是短语性质,从形式方面看更像一个词,它们都是一种过渡形式。绝大多数缩略词语和简称词语发展的前景都是进一步词汇化,最终凝固成看不出缩略和简称痕迹的词和语。但是,如果将两种词回溯,可以发现它们都是由较繁复的单位缩减而成的,但方法有异。例如珠海经济特区叫"特区",这是简称;澳门特别行政区也叫"特区",这是缩略。

第八节 词汇架构

一 待嵌格式

《现汉》收有一类两字交替显现、两字(个别的为多字)交替隐含而需人们在使用中将隐含的字填补进去以成就一个新的词汇单位的准四字格式,如"半……半……""非……即……"。这类准四字格式可称之为待嵌格式。

《现汉》设立待嵌格式这种条目,或是基于如下考虑:一些常在人们口语中出现而定型性又不十分强的类固定短语,没有资格作为词汇单位被设立条目,便用待嵌格式以纲带目地使之出现。设立这种格式的目的,是引导人们用某种架构去类推创造出新的固定短语。例如"半……半……"这个待嵌格式,《现汉》为该条目所出的例子为:"~文~白|~真~假|~信~疑|~推~就。""半文半白、半真半假、半信半疑、半推半就"虽在人们口语中常见,却没再作为条目在该词典中出现。由于这种待嵌格式是只出架构,因而给人们留下了仿拟类推创造的广阔空间,可使人以此为模式造出许多同类的类固定短语。如"半……半……",除《现汉》给出的例子外,还可造出"半疯半傻、半痴半呆、半虚半实、半男半女"等;"似……非……",在《现汉》给出的例子外,还能造出"似睡非睡、似醒非醒、似梦非梦、似饱非饱"等。用待嵌格式这种架构所造出的固定短语绝大多数是四字格的,只有少数超过四字的熟语(对称结构的熟语)可用此架构造出。这说明四字格是待嵌格式最适宜选择的格式。

实际语言中的待嵌格式并不只是《现汉》所收的 33 个。这样一来,什么样的待嵌格式可为词典收入,什么样的待嵌格式不能为词典收入,就成了一个需要仔细斟酌的问题。

一些常在大众口头出现的待嵌格式,《现汉》似乎可以考虑将它们与已收待嵌格式一律看待,加以收录,如"忽……忽……""大……小……""千……百……""添……加……""如似……""有……没……""天……地……"。"忽……忽……",不但可造出《现汉》在释"忽^2"时所出"忽冷忽热、忽明忽暗",还可造出"忽高忽低、忽快忽慢、忽疾忽徐、忽阴忽晴"等;"大……小……",不但可造出《现汉》已收的"大材小用、大醇小疵、大惊小怪、大同小异",还可造出"大进小出、大赢小输、大厅小屋、大男小女"等;"千……百……",不仅可造出《现汉》已收的"千锤百炼、千方百计、千奇百怪、千姿百态",还可造出"千娇百媚、千疮百孔"等。

　　如果说词典中有必要设立待嵌格式这种条目的话,《现汉》似也不应仅仅把"一三字显、二四字隐"这种模式作为考虑的对象。实际语言中不乏"一三字隐、二四字显"的模式,如"……头……脑""……天……地""……前……后""……心……意""……三……四",它们也应该有资格被该词典作为条目收入。如"……头……脑",不但可造出该词典已收的"探头探脑、楞头楞脑、昏头昏脑、滑头滑脑、呆头呆脑、蠢头蠢脑、笨头笨脑、缩头缩脑、磕头碰脑"等,还可造出"蒙头蒙脑、晕头晕脑、晕头大脑、昏头胀脑"等;"……天……地",不仅可以造出已为该词典所收的"惊天动地、昏天黑地、欢天喜地、花天酒地、顶天立地、洞天福地、呼天抢地、翻天覆地、经天纬地、谢天谢地"等,还可造出"指天戳地、上天入地、祭天告地、骂天詈地"等。《现汉》没有把"一三字隐、二四字显"这种待嵌格式作为收条立目的对象,考虑更多的恐怕还是技术处理上的难度:第一,头一个字隐含,则无法在以音序为主要检索手段的《现汉》中立定条目;第二,把"一三字显、二四字隐"的待嵌格式与"一三字隐、二四字显"的待嵌格式同时收条立目,容易出现用例"撞车"的问题,如"说……道……"条已收"说三道四"为例,"……三……四"条若再以"说三道四"为例就发生了重复的现象。但仔细推敲起来,这些困难并非无法克服。1996年修订出版的《现汉》不是连以西文字母打头的外来词语都用附录的方式收入了吗?把"一三字隐、二四字显"的待嵌格式以类似的方式收在词典之中,应该说不是什么难事,只要我们承认它们也是语言词汇中的一类单位,而且与"一三字显、二四字隐"的待嵌格式有着同样的合法地位。至于说用例"撞车",就更不成其为问题。因为从《现汉》本身的编纂原则上看,它也未曾规定并实行过不同的条目不可共用同一个例子。再从根本上说,"说……道……"条用的"说三道四"例是由"说……道……"这个待嵌格式构造出的,而"……三……四"条用的"说三道四"例是由"……三……四"这个待嵌格式构造出的,本质上并非简单的重复。

此外,《现汉》还把"自相"这一个词也处理作类似待嵌格式的情况,在该词典中出条为"自相……",并给出了样例:"～矛盾|～惊扰|～残害。"《现汉》所以会把"自相"立条为"自相……",或许是因为"自相"只能与另外的双字词组合,而且只在组合而成的四字格式的前面出现,绝不出现在后面。但这并不能成为它可以一个词的身份单独创立一种出条模式的理由。像"自相"这样只能与另外的双字词组合,而且只可出现在组合的前面(或后面)的双字词,在现代汉语中并不鲜见,如"代为、玩忽、为数、妄为、深为、甚为、鉴于"。"代为"大概只能与"管理、负责、监督、监管"这些双字词组合,而且只能出现在前面;"玩忽"大概只能与"职守"组合,而且只能出现在前面;"为数"大概只能与"可观、寥寥、甚微、不少"组合,而且只能出现在前面;"妄为"大概只能与"胆大、恣意"组合,而且只可出现在后面。如果说"自相"这个词有资格在《现汉》中立目为"自相……"的话,"代为、玩忽、为数、妄为"等也应有立条为"代为……、玩忽……、为数……、……妄为"等的资格才是。以"自相"这一个词创立这样一种"一二字显、三四字隐"的待嵌格式,未为适切。语言成分(尤其是词汇成分)必得是成类的现象才有规律性,才可使人闻一知百、类推创造,也才有使用和研究的价值。"自相"这样的单位,还是还其词这样一种条目的本来面目为佳,是不必硬将其拉作待嵌格式而立目为"自相……"的。因为"自相"这样的单位原本就是一个完整的词汇单位,而"半……半……"和"……头……脑"这样的单位并非一个完整的词汇单位,它们必得等待镶嵌好了一些成分之后才有可能成其为词汇单位。前者不待嵌而完整,后者待嵌才完整,两者是不同类的词汇现象。

上所列出的都是四字待嵌格式。语言中不乏非四字的待嵌格式,其中有词法层面上的,如"拜……之赐/所赐""数以……

计""为……起见",也有句法层面上的,如"不但……而且……""既然……那么……""因为……所以……""不是……就是……"。句法层面的待嵌格式是造就复句的构件,它们所造成的当然断非四字的熟语性质的词汇单位;词法层面的待嵌格式所造就的也不见得就一定是四字的熟语性质的词汇单位。以"拜……之赐"的情况,举一个例子如下:

早期金门人根本没看过篮球,因为,拜当年传闻抱着篮球从金门游到对岸"投诚"的著名经济学家林毅夫之赐,"连篮球、足球都是军方管治品!"(《金门要用大桥取代大炮》,2010年3月14日《亚洲周刊》第24卷,第10期)

因此,使用中不但要将词汇性的四字待嵌格式与非词汇性的待嵌格式严格区别开,也要将其与同是词汇性的却非四字的待嵌格式严格区别开。

二 语模

"语模"是近年来大量涌现的一类临时性的语汇现象。语模多是根据曾经存在过而且造成了相当大的影响的一个短语构造的。曾经存在过而且造成了相当大的影响的那个短语,相对于语模而言可称为"语基"。语基化为语模的方式都是将语基中的某个词、语或小句撤掉,使原来的语基变成一个语模,之后再填充进一个新的词、语或小句,成为一个新的短语。近来常见的语模,不但语基可寻,而且语基多为名人创作的短语。如毛泽东《湖南农民运动考察报告》中有段名言:"革命不是请客吃饭,不是做文章,不是绘画绣花,不能那样雅致,那样从容不迫,文质彬彬,那样温良恭俭让。"其中的"革命不是请客吃饭"更成为了名言中的名言,以此语基构造出一个"N不是请客吃饭"的语模甚至"N就是请客吃饭"的语模,如"扶贫不是请客吃饭"(2007年6月15日《香港商报》)、"乡村民主不是请客吃饭"(2007年3月19日搜狐网)、"爱情就是请客吃饭"(2007年2月14日《每日新报》第43版)、《革命的目的是请客吃饭》(李敖文章名)等。

从语义上看，此种语模结构出的新短语，谐而不庄，俗而不雅，面向大众，是大众传媒逐渐泛娱乐化的结果。例如"N_1也是N_2"这个语模所从出的语基"苍蝇也是肉"就出自社会底层，由这个语模结构出的熟语性的新短语常常挂在大众嘴边："苍蝇腿也是肉"（2006年12月5日泡泡俱乐部）、"蚊子也是肉"（2007年7月12日《武汉晚报》）、"蚂蚁也是肉"（2007年5月5日火车网）、"泥鳅也是鱼"（2005年12月30日学术批评网）。再如"别拿N_1不当N_2"这个语模所从出的语基来自民间俗语，说的就是社会底层的一种价值观——差得不能再差的事物也有其不容忽视的价值。由"别拿N_1不当N_2"这个语模结构出的《别拿村长不当干部》（电影片名）、《别拿自己不当干部》（电影片名）、《别拿豆包不当干粮》（电视剧名）、《别拿工作不当回事儿》（书名）、"别拿胃炎不当病"（2006年8月31日中华康网）、《别拿大专不当大学》（网络小说名）、"别拿西瓜皮不当盘菜"（2006年6月27日发展论坛）也都是非常俚俗的短语。有些语模所从出的语基可能不是俗语，但是大众传媒的媚俗直接导致根据该语模结构出的新短语出现了弃雅趋俗的结果。例如，由"有一种V叫A"语模（该语模所从出的语基很可能是歌词"有一种勇敢叫原谅"）结构成的"有一种收藏叫贴心"（2007年2月14日《每日新报》第44版）、"有一种作秀叫耻辱"（2007年5月27日凤凰论坛）、"有一种爱叫凄美"（2006年5月30日通信公社）、"有一种观望叫冷漠"（2005年11月22日软告网）。由"都是N/V惹的祸"语模（该语模所从出的语基或是歌曲《都是月亮惹的祸》或是青春偶像剧《都是天使惹的祸》）结构成的"都是网瘾惹的祸"（2007年7月18日《人民日报》）、"都是馒头惹的祸"（2007年7月18日中国侨网）、"都是超前消费惹的祸"（2004年12月10日和讯）、"都是盲目攀比惹的祸"（2007年6月26日新浪博客）。由"N是这样V成的"语模（该语模所从出的语基为前苏联作家尼·奥斯特洛夫斯基的名著的书名《钢铁是怎样炼成的》）结构成的"导游是怎样炼成的"（2007年4月22日香港凤凰卫视）、"徐强精度是这样炼成的"(2006年6月25日新华网)、《婚姻是这样炼成的》(小说名)、《(一个男孩的蜕变:)男人是这样炼成的》(小说名)。由"拿什么 VN,NP"语模(该语模所从出的语基为苏芮的名曲《奉献》中的句子"我拿什么奉献给你,我的爱人")结构成的"拿什么保护你,传统节日"(2007年6月20日《每日新报》)、"我拿什么和你在一起,我的情人"(2007年3月4日搜狐网)。

即使一些语模所从出的短语是较为雅正的诗句,但结构出的短语也还是较为俚俗的,谈不上如何雅正。例如清·周希陶《增广贤文》中收的"有意栽花花不放,无意插柳柳成荫"句,本十分典雅,但后一句一旦成为"无心(意)V+N+N+VP"语模的语基,再以这一语模结构成"无心种艾艾满盆"(2007年6月18日《天津老年时报》第3版)、"无心插柳柳插断"(2007年6月15日豆瓣网)、"无心插柳柳成行"(2006年2月27日中彩区域)、"无心扎柳柳成汁"(2007年6月29日PC狗狗时尚先锋)、"无心插柳柳发芽"(2007年6月12日Tuesday)这样一些新短语,甚至语模更被异化为"无心(意)V+N+N+NP",如"无心插柳柳橙汁"(2006年11月19日中文博客群)、"无心插柳柳湘莲"(2007年1月2日新浪网),就很难说有多么典雅了。再如"磨刀霍霍向猪羊"是《木兰诗》中的名句,并不俚俗,但一经成为"磨刀霍霍VP"这样一个语模的语基,并以这样一个语模结构出"磨刀霍霍'宰鸡'忙"(2007年2月14日《每日新报》第17版)、"磨刀霍霍斩客忙"(2006年6月19日携程旅行网)、"磨刀霍霍抢地忙"(2006年12月26日《中国经济时报》)、"磨刀霍霍砍柴忙"(2007年3月17日淘宝网)、"磨刀霍霍向月球"(2003年1月29日东方新闻)、"磨刀霍霍向功臣"(2007年5月8日人民网)、"磨刀霍霍向游客"(2007年5月8日新京报网论坛)、"磨刀霍霍向何处"(2007年6月25日玄幻小说网)、"磨刀霍霍向春晚"(2006年2月5日《新闻午报》)等,都很难再说有多少雅趣了。

从结构上看,此种语模在构造上尽量向所从出的语基的结构靠拢,因之而造出的新短语的结构也显现出源流的一致性。

例如根据"V什么别V+N"这一语模结构出的短语"爱什么别爱富婆",本应说成"爱谁别爱富婆"似乎才更合适,但是为了适应"V什么别V+N"的结构,舍弃了表人代词"谁"而选用了表物代词"什么"。与此相反,另一些依凭某个语模造出的短语却在容许的范围内作些适当改变以出新。例如以"别拿N_1不当N_2"这一语模造出的新短语绝大多数符合该语模的造语模式,像上所举的"别拿豆包不当干粮""别拿西瓜皮不当盘菜"等,但也有突破樊篱的例子,如"别拿媒婆不当人看"的语模已发展为"别拿N_1不当N_2V","别拿自己太当人"也发展成为"别拿N_1太当N_2"。"V什么别V+N"这样一个语模是根据俗语"有什么别有病,没什么别没钱"这一语基造出的。"有什么别有病,没什么别没钱"是一个对称结构,以其构造成的语模就是"V什么别V+N",再结构出的新短语可以是单句,如"动什么别动感情""当什么别当作家""输什么别输爱情""考什么别考研",也可以是对称结构的复句,如"有什么别有病,寻什么别寻死""爱什么别爱男人,恋什么别网恋"。这种对称型的复句多由两个小句构成,只有极少数是由三个小句或更多个小句构成的,它们一般都须有两个条件:第一,句法结构是对称的;第二,对称的两个或多个小句中常含有意义相反或相对的词。

  用语模构造新的短语,并不自今日始,像"照V不误""一笔写不出两个N字"这样的语模所从出的语基都已具有了相当久远的历史。但是拿"照V不误""一笔写不出两个N字"这样的既有语模与晚近以来新生的语模比较,发现既有的语模比较规整,变动的可能性极小。例如"照V不误"中的"V"不仅不能换以其他词类的词,换上双音节动词也不行;"一笔写不出两个N字"中的"N"也是既不能换上其他词类的词,也不能换上非姓氏名词,甚至不能换上复姓名词。而新生的语模结构就不那么严整,相对来说宽松一些,变动的可能性较大。例如"磨刀霍霍向N"这样一个语模,既能结构出"磨刀霍霍向游客"这样的短语,又能结构出"磨刀霍霍砍柴忙"这样的短语;"别拿N_1不当

N_2"这一语模,既能结构出"别拿村长不当干部",也能结构出"别拿媒婆不当人看""别拿自己太当人"。或许是由于新生的语模在结构上的自由度较过去大了,晚近以来这种新生的语模如雨后春笋遍地开花,经各类媒体轰炸般地传布,对我们的语言生活产生了重要而广泛的影响,成为了语言研究者未必人人乐见却又无法漠视的一类重要的熟语现象。

思考题:
一、词嵌和词缀有何本质不同?
二、字串在词语中属何单位?
三、汉语中究竟有无中缀?
四、试归纳四字格的结构类型和模式。

第五章　词汇意义

第一节　字词语意义的单位

一　义素

义素指的是一个字词语意义构成的成素。义素不是字词语意义运用的单位,而是字词语意义分解研究的单位。例如"鞋",可将其意义的构成作出分解,得出至少如下三个成素:(1)穿在脚上;(2)用皮革、棉、布、纱、草等材料制成;(3)护足、御寒或起装饰作用。上述分解出来的三个意义成素,便是"鞋"这个词的三个义素。不难看出,将词义分解开来,有助于更全面、深入地认识和了解一个词的意义构成。需要指出的是,实词,尤其是指物名词,它们意义的分解比较容易做到;而虚词、语法性的词以及非指物名词,它们的意义有时就很难加以分解,例如"本着、来着、愈发、着呢"的义素的分解,"宏观、律动、逻辑、主义"的义素的分解,可能都不像"鞋"那样容易。

义素,有人将其进一步分为理性的和感性的两类。[1] 理性义素就是对字词语反映、指称事物对象起决定性作用的义素,如"鞋"的三个义素,都属理性义素。理性义,是客观(非客观)的事物对象直接(非直接)作用于人脑,人们将此信号经抽象、概括、

---

[1] 有学者不取"理性义""感性义"的说法,而称"基义""陪义"。见张志毅、张庆云《词汇语义学》,北京:商务印书馆,2001年。

分析、联想等步骤，使之与本民族习惯的声音形式挂钩，为声音形式所固定的内容。声音形式这个物质与理性义这个内容两者合为一体，最终形成一个个的语言符号——或字，或词，或语。语言符号的内容是对事物对象的本质的反映和指称，它是直接与声音形式这个物质相对应、挂钩的。对于一个语言符号而言，理性义这个内容和声音形式这个物质，任何一者都不可或缺，缺少了任何一者，该符号便不再成其为语言符号——没有声音形式的内容，这"内容"最多只是存在于人们心里的意识，无由外化，更无法为他人所感知；没有了理性义的物质，这"物质"就不是人们交际交流的中介性的物质。通常情况下，每个字词语的理性义都可拆解成至少两个意义成素，以便分析研究。若干义素汇聚到一起，仿佛把拆卸下来的零件重又组合在一起，就构成了一个个字词语的意义。

字词语的感性义，即是在理性义反映、指称事物对象的情况下，对字词语反映、指称事物对象不起决定性作用而只起陪衬性作用的义素。人们常常谈到的一些感性的意义，如形象色彩、感情色彩等各种各样的色彩，就是这种感性义素。将字词语的意义内容进行分解时，感性的意义成分也很自然地被列为分析的对象，是为感性的意义成素。

感性义的存在与否，会在一定程度上影响字词语理性义的表达，但通常情况下并不影响字词语理性义的存在。对于一个字词语来说，理性的意义内容是必须具有的。不能设想一个字词语没有理性的意义内容的情况存在。但是一个字词语是否随附感性的意义内容，却并不一定。常见的情形是，多数字词语并不带有感性的意义内容。

二 义项和义项的多寡——单义和多义

一个词汇单位，可称作一个词项。一个词项必具至少一个现实性的意义单位，这个现实性的意义单位即称作一个义项。在词汇单位初创时期，其所具的意义一般都是单一的，即一个词汇单位只有一个义项。只一个义项的词汇单位,称作单义项词,简作单义词。不少词汇单位在日后逐步发展为具有不止一个义项。具有两个或两个以上义项的词汇单位,称作多义项词,简作多义词。语言中多义词非常多,语文工具书中随处可见,例如"化装"被《现汉》收作多义词,具有两个义项:

❶演员为了适合所扮演的角色的形象而修饰容貌。❷改变装束、容貌;假扮:～舞会|他～成乞丐模样。

多义的词汇单位,不仅止词这个层级,字有多义的,固定短语也有多义的。多义字如"怯",《现汉》收为四个义项,如下:

❶胆小;害怕:胆～|～场。❷北京人贬称外地方音(指北方各省):他说话有点儿～。❸〈方〉不大方,不合时;俗气:这两种颜色配起来显得～。❹〈方〉缺乏知识;外行:露～。

《现汉》为"怯"的义项❷和义项❸标注了""的语法属性标记,也就是承认"怯"在用于此两个义项时是具有词的功能的;未为"怯"的义项❶和义项❹标注上语法属性标记,也就是不承认"怯"在用于此两个义项时已具有了词的功能,而仍旧认为它只是字。

再看固定短语。多义固定短语如"旁若无人",《新华成语词典》(商务印书馆,2007)收有三个义项,如下:

好像身旁没有其他人一样。❶形容自行其是,不为他人左右。《史记·刺客列传》:"高渐离击筑,荆轲和而歌于市中。相乐也,已而相泣,旁若无人者。"《东周列国志》一七回:"长万乃拾起画戟,缓步登车,旁若无人。"❷形容态度傲慢,目中无人。《北齐书·平秦王归彦传》:"归彦既地居将相,志意盈满,发言凌侮,旁若无人。"❸形容态度自然,无拘无束。《东周列国志》八一回:"恒知子贡乃孔门高弟,此来必有游说之语,乃预作色以待之。子贡坦然而入,旁若无人。"

不是语言的发展必然带来义项的增多,必然会使单义字词语变为多义字词语。不少词汇单位已有不短的历史,但仍是单义的字词语。随手翻开《现汉》,就会发现大量单义词,例如:

火灾	货场	进展	看押	客厅	盔甲	馈赠	理当
联谊	邻居	零食	领养	拢共	路检	绿肥	论争
落日	漫长	判罪	神圣	手谈	通敌	殉难	字条

也不是一个词汇单位形制愈长,义项就愈多;形制愈短,义项就愈寡。比较各种类型的词汇单位,词长愈短的词汇单位,其义项反倒愈容易是多项的;词长愈长的词汇单位,其义项反倒愈容易是单一的。例如"辟"这个多义字,《中华大字典》为其设有七十多个义项,而《现汉》收入的"第二次国内革命战争"这个九字词汇单位,就只是个单义的专属词语。

三 义位和义位的性质——理性义和感性义

义位,指一个字词语从其能够独立运用的意义中归纳出的单位。义位与义项不是一回事。义位一般是指一个字词语现实能够独立存在的意义单位,它也是字词语意义存在的基本形式,是人因应字词语意义在使用中出现的纷乱情状而归纳出来的语义基本单位。一个多义的词汇单位有若干个义项,可能只其中的部分义项是可独立运用的,是词义性质的,可视为词义的项,即义位;其他的义项都是不可独立运用的,是语素义性质的,可视为语素义的项。但是无论它们是词义的项还是语素义的项,都是该词的义项。

谈到位,就意味着正体和变体。一个义位是人们根据若干个意义变体归纳出来的。词典中所收的一个多义词,可能有十个义项,这十个义项也就代表了十个义位,但这十个义项中的每一个所代表的义位,可能都是从众多的意义变体中归纳总结出来的。

理性义，是指词语单位对客观事物对象反映的本质内容，是义位中理性的、本质的内容。对于绝大多数的词语来说，理性义是不可或缺的。一个词语可有若干个义位，若干个义位隶属于一个词位。义位也好，词位也好，它们的构成一般只能是理性的内容，而不能是其他。感性义，又被一些学者称作表达色彩，用来指字词语单位在对事物对象指称之余附丽上的非本质的内容。例如"毛骨悚然"，理性的、本质的意义内容就是害怕，但它还添附有汗毛乍起、胆战心惊这种感性的、非本质的意义内容。感性义自身不构成义位和词位。感性义只是主要附着于理性义上的一种非理性的意义成分，没有所附着的理性义，感性义将无所附丽，不具存在的可能。词语的感性义和理性义的这种依附和被依附的关系并不是必然的，而仅仅是一种可能。当语言社会需要感性义添附于某个理性义之上时，它就存在；当语言社会不需要感性义添附于某个理性义之上时，它就不存在。字词语反映、指称事物对象，主要凭借的是理性义，感性义只是随附性的意义成分。至于说这随附性的意义成分是有还是无，或者是有哪一种，则由语言社会视需要而定。感性义不是词语反映、指称事物对象的主要内容，它的存在与否一般来说并不影响语言最基本的交际和表达。

词语的感性义即表达色彩，有学者分类很细，有八九种之多，但也有学者仅分为两种——感情色彩和形象色彩。但截至目前，常见学者们提到的还是感情色彩、形象色彩、语体色彩和时代色彩四种，尤以感情色彩研究得较为透彻。以下分述之。

1. 感情色彩

（1）褒贬词语

感情色彩，一般的学者大别为两类：一类是表示褒赞的，一类是表示贬损的。因此，学者们又常将表示褒赞感情色彩的词语，称为"褒义词"或"褒词"，俗称"好字眼儿"，将表示贬抑感情色彩的词，称作"贬义词"或"贬词"，俗称"坏字眼儿"。当把褒义词语和贬义词语合在一处时，合称之为"褒贬词语"。不难看出，上述文字只是对具有感情色彩的词语的分类,而不是对感情色彩本身的定义式的说明。词语的感情色彩是一些词语附丽于理性义之上的感情评价的。下定义并不难,难的是要在研究中注意一些常为一般的研究者所忽略的问题。

人的感情是极其复杂的,词语的感情色彩自然也就会多种多样,用"褒""贬"或"好""坏"来将复杂的感情一分为二,显然有将复杂的感情简单化之嫌。如一些词语,其所表达的感情是非常复杂的,感情评价也并不一致,只是因为它们都属于消极的一类,就都被划归贬义词语之中了。如《现汉》:"纠集(含贬义)""懒虫(骂人或含诙谐意味的话)""翘辫子(含讥笑或诙谐意)""顺民(含贬义)""死党(贬义)""孔方兄(诙谐兼含鄙视意)""花不棱登(含厌恶意)""灰不溜丢(含厌恶意)"。之所以会如此,就是因为它们所带有的色彩无法被归入"褒"的一类。按照两分法的处理原则,非褒即贬,它们自然就成为了贬义词语。这样的处理是否合适,还可再研究。

进一步说,无论是褒赞的感情还是贬损的感情,可由词的感性义去评价,亦可由词的理性义去评价。事实上,一些语文工具书所收的词语,因其未以释义后加括号的方式追加注出感情的评价,就很难了解这个词语在词典编者心目中是由理性义还是由感性义作出某种感情评价。例如"阳刚",《现汉》列出两个义项:"❶(男子风度、气概、体魄)刚强(跟阴柔相对)。❷(文艺作品等的风格)强劲有力。""阳刚"无疑是褒义词,但它的褒赞意义是由感性义还是由理性义表现的,词典编者并未明言。再如"洋奴",《现汉》为其作出的释义为:"指崇洋媚外,甘心供外国人驱使的人。""洋奴"当然是贬义词,但它的贬损意义是由感性义来表现还是由理性义表现的,词典编者也未明白说明。由此不难看出,将"褒义""贬义"径视作感情色彩的分类,未必妥帖。

感情色彩与语言的其他要素一样也处于经常性的变动之中,今日看去是某种感情评价的词语,可能在之前是没有那种感情评价的,甚至可能是没有什么特别的感情评价的;反过来看,今天看来是没有某种感情评价的词语,也许在之前是有某种感情评价的。

　　语文工具书中,为读者明确标示出感情色彩为褒赞的例子不太多,例如《现汉》所收的"滑溜(含喜爱意)"是少数的几个例子之一。《现汉》所收的多是贬损的感情色彩的例子,除上文提到的以外,又如"倒爷(含贬义)""马前卒(多含贬义)""死老虎(贬义)""俯首帖耳(含贬义)""佛头着粪(含讥讽意)""看风使舵(贬义)""哭天抹泪(多含厌恶意)""如鸟兽散(含贬义)""摇唇鼓舌(含贬义)""一唱一和(多含贬义)"。这是现代语文工具书为现代使用的词语标注的感情色彩,是在一个历史横断面上对词语的这种语义成分进行静态观察的结果。

　　然而,无论是褒义词语还是贬义词语,它们所带的这种色彩都可能在日后的使用中发生变化。例如"述而不作、断章取义"在形成之初似都不具后世的贬义;而"事迹"本无褒赞色彩,如今却已不可用于贬抑的场合,《现汉》第 5 版释义时虽释为"个人或集体过去做过的比较重要的事情",但所举例子为"生平～｜模范～",也隐约透露出该词一般只可用于褒赞语境的语用特点。有些历史上的贬词被用作褒词的情形就出现在当下,可使人分明感受到词义的这一变化。例如清·曾朴《孽海花》第二十九回:"沉毅哉!老谋深算,革命军之军事家。"其中的"老谋深算"不但不具如今的贬义,而且是褒义的。

　　褒贬词语除褒词褒用、贬词贬用之外,尚有褒词必须贬用、贬词必须褒用的情形。例如,"善类"是个褒词,但随着时代的发展,它现在一般却只能用于否定,表示贬责,如"均非善类"(20世纪中叶,"善类"还可用于肯定,例如"保全善类")。当然,还能见到褒词(或非贬词)临时性地贬用或贬词(或非褒词)临时性地褒用的情形。例如"信徒"本无贬义,有"总理信徒""马列信徒"之类说法可以为证。但在"文革"期间,一说"信徒"必与坏的事物现象挂钩,因而使其变为贬词。这种改变只是临时性的,因为"文革"一结束人们又使其恢复了本来面目。褒词、贬词也可能会因语言区域的不同而有不同。如"专政"原非褒词,但在1949年后的中国大陆,却没有了贬义,可出现在"人民民主专政""无产阶级专政"等词语中。但"专政"一词在台湾地区仍非褒词。

褒贬词语是人们对词语所表现出来的感情等评价。既然如此,就存在着评价一致或评价不一这样两种情况。评价一致的情形,例如"得宠",《现汉》"受宠爱(含贬义)",《新编》"受宠爱(贬义)";"挖空心思",《现汉》"费尽心计(多含贬义)",《新编》"费尽心计(贬义)"。评价不一致的情形,例如"奥援",《现汉》第5版说它"多含贬义",而《新编》却没有说它含有贬义。当然,不特别注明褒贬义,未必就没有那个褒贬义。例如"幸臣",《现汉》释义为"帝王宠幸的臣子",另加括号注明"贬义";《新编》释义为"封建时代受帝王宠幸的臣子",虽未另加注说明它是贬义,却并不表明《新编》不认为它是贬义的,因为"封建时代"一词已些微透露出了词典编者感情评价的倾向性。

除褒词、贬词使用的问题外,中性词的使用也值得关注。中性词虽然在感性义上是没有明显的褒贬倾向的,但这并不意味着它们的使用可以随便。例如,一些著名的领袖人物虽已去世多年,但每当谈及他们躺在水晶棺中的身体时,仍不能用色彩中性的"尸体",而多用色彩倾向于褒赞的"遗体"。反之,当谈到罪犯,如在第二次世界大战中犯下反人类罪的希特勒、墨索里尼、东条英机等死后的身体时,人们当然不会使用带有景仰色彩的"遗体",可能连色彩中性的"尸体"都非常吝啬,不肯用在他们身上,而很可能只会用"死尸"这类带有贬损色彩的词。

(2) 敬谦词语和骂詈词语

敬谦词语包括敬称的、谦称的字词语。在儒家文化赖以成长的语言——汉语中,敬谦词语尤其发达。汉语史上的敬谦词语非常之多,留存至现代的虽已不多,但仍可看出当年的规模。敬称的字词语如"呈正、赐教、承让、大作、奉托、府上、高见、贵府、贵庚、贵恙、光临、惠顾、宽衣、令堂、令尊、屈驾、台端、台甫、兄台、郢正、玉照、嫂夫人",谦称的字词语如"忝、鄙人、鄙意、补壁、承乏、痴长、管见、家严、犬子、舍下、桮棬、豚儿、小可、小女、愚见、在下、拙文、刍议、茅屋草舍"。敬辞不见得只是对活人使用，对逝去的人亦可使用，例如"享年、归道山"。

跟敬辞较接近的是表客套的词语，也叫客套话，例如"劳驾、赏光、恕罪、叨光"。语言中有一种谀辞，跟敬辞相近，但两者判然有别：从目的上说，敬辞是表恭谨、尊敬的，谀辞则是用于谄媚的；从程度上看，敬辞是发自内心、适度的，谀辞是别有用心、超乎被夸赞者实际所拥有的程度的。常见到的情况是，一个词语用于正常目的时，程度适中，可能就是敬辞；而出于谄媚者口中，被夸张使用时，可能就是谀辞。例如"并世无双、不刊之论、不世之功、学富五车"这些词语，当用于由衷的赞佩时，便是敬辞；当用于阿谀奉承时，便是谀辞。跟敬辞、谀辞接近的是祝颂之辞。所谓祝颂之辞，就是祈祝性的词语。祈祝性词语是表达人们祈望某人或某事物达到某种境界或状态的祝愿之词，虽不免有夸张的成分，但属正常心理下产生的词汇现象，无可厚非。但在封建时代，有些却成了专用于对帝王的颂圣谀辞，例如"千岁、万岁、万寿无疆"。对帝王的颂圣谀辞，有的只用于古代，如"千岁"，有的也可用于现代，如"万岁、万寿无疆"。祈祝性词语非常丰富，有专用于人的，如上例；有专用于年节的，如"丰年吉兆、岁岁平安"；有专用于江山社稷的，如"金瓯永固、福祚万年"。跟谦称词语接近的是自称词语，例如"未亡人"是寡妇的自称词语，却难以说成是谦称词语。

有些敬谦词语适用的对象面很窄，只能用于极少数的人，例如"朕、哀家、陛下、寡人"，大多数的敬谦词语（例子如上）适用的对象面很宽，不局限于少数人。

骂詈词语，又叫粗话、粗口，是为泄愤而叱骂他人所用的词语。现代人常说的"混账、王八蛋"之类就属骂詈词语。骂詈词语有的历史极悠久，在汉族区域广为流通，甚至称为"国骂"；有些可能只在某个较为狭小的区域内流行。骂詈词语不一定只是用于叱骂，有时反倒是为了表示爱慕、疼爱等感情。例如《红楼梦》中贾母笑骂身边的晚辈女性为"小蹄子",一些人半娇半嗔地责骂身边人为"冤家",都不是为泄愤而说出口的骂人话。

骂詈词语可分作如下几类:a.侮辱性的,如"喷粪""鼠辈";b.叱骂性的,如"滚蛋""挺尸";c.怜爱性的,如"家伙""挨千刀的";d.保护性的,如担心孩子养不大,故意给孩子起一个不好听的名字"狗剩""狗不理"。骂詈性词语常因方言而别,如西安话的"二杆子",天津话的"棱子",北京话的"棒槌"。

骂詈性词语亦可在表面上不表骂詈而在实际上表骂詈,这就是所谓"骂人不吐骨头"。但无论怎么说,骂人都是不文明的行为,不值得提倡。因此,人们在不得不使用骂詈词语时,有时会尽量减轻骂詈词语的强刺激性。例如"浑蛋"是骂詈词语,人们有时会换以听觉上稍感和缓的"浑球儿";"扯蛋"是骂詈词语,有时人们会换以视觉上更易接受的写法"扯淡"。

(3) 婉辞

婉辞,又称委婉词语,是不能或不便直说的事改由较为委婉的表达的词语。例如中国人在表达男女之事时不喜直白,而喜欢委婉地表示(请注意,此处的"男女之事"也是委婉的表示法),这就造成在性事上普遍存在的委婉词语,如"同房、房事、行房、人事、床笫之欢"。委婉词语也只有在特定意义上才能使用。例如"行房"是婉辞,只能在表示夫妇性交时才可使用,非夫妇间性交不能称作"行房",人之外的其他动物间的性行为也不称"行房"。"人道"也是婉辞,它也指的是人性交。从字面上看,"人"之"道"夥矣,性交只是其中一项内容,而靠两性交配以繁衍后代的又绝不止人类这一种动物。为何单单将"人性交"作为"人道"的意义内容?婉辞为何字面义和非字面义会有如此大的差距,没有太多道理可讲。

婉辞习用既久则易转化为不委婉或不够委婉。例如"出恭"源自"出恭入敬",以其指如厕,是为婉辞。但现代人已不觉"出恭"有什么委婉之处。如厕意,现代人有了新的更其委婉的说法,如"更衣、方便、洗手、化妆"。"出恭"的如厕意,现在除在"出虚恭"等说法之外,已无踪迹可寻。再如"厕所",尤其是"厕",用来指人排泄粪便之场所,是个历史较久的词(《史记·项羽本纪》:"沛公起如厕,因召樊哙出。"),后改称"茅厕、茅房",再后来又有"卫生间、洗手间、盥洗室"等说法,不一而足。相信今后还会有更多的说法。一些词在创造时也会考虑委婉、避讳的问题,例如大陆普通话常常用到的"大变"(很大的变化),在台湾地区习惯说成"丕变",因为"大变"容易使人谐音联想到"大便"。这就是为避开令人难堪或难为情的字音,杜绝因音似而引起的联想而作的改变。有的却不一定非要换成语音形式完全不同的另外的字才可,而追求的是视觉的差异,例如"遗矢"的"矢"就是为替换"屎"而使用的,但"矢""屎"却同音。车辆180度转向,大陆叫"掉头",台湾人认为"diàotóu"不吉,易令人联想起"掉脑袋",遂改写作"调头",后干脆改读作"tiáotóu"。婉辞要借助文字来表现,还可再举一例,如《新编》收"季常癖"一条,释义为:"北宋人陈慥,字季常,很怕太太。因此把惧内的事叫作'季常癖'。现今用'PTT'。"这"PTT"就是"怕太太"的委婉的文字表现。

在语言生活中,常可见到婉辞、直辞并用的情形。2010年3月26日《大河报》有题为《村民疑邻居与嫂嫂有染,入室割掉男邻居下体》的消息,用的是"下体"一词,显然是婉辞。文中又说:"23日凌晨,因怀疑邻居龚某在哥哥服刑期间与嫂嫂有染,上蔡县塔桥乡小李庄村村民龚二毛(化名)破窗钻进龚某家中,将其'命根'割下。"用的"命根",也是婉辞,这好像是村民的口吻。但下文说:"'患者目前恢复状态良好,如果不出意外,患者的"命根"可以活下来。'解放军第159医院显微外科主治医生说。"可见医生也如是说。但文章在叙述手术时,还是用的术语"阴茎":"23日上午11时30分,龚某被紧急送到解放军第159医院。当日下午1时许,医生们开始对患者龚某进行阴茎再植手术。"

与婉辞较为接近的是转辞。转辞,是不直接说出某词而转用另外一个现成的词,但说者听者都明白转用的这个词的真意为何。例如台湾地区的"冻蒜",其实就是"当选"的转辞。

（4）谑辞

谑辞，又称谐谑词语、戏谑词语，就是以诙谐的口吻开玩笑，以使气氛变得轻松的词语。谐谑可以造词。例如《新编》收了一个词"尿遁"，释义为："玩笑话，说人借小便为由，不告而去。"这个词《现汉》未收。谐谑在言语活动中是很常见的，在语言的语汇中，表现得最多的是歇后语。歇后语是民间的创作，它幽默风趣，具有典型的谐谑性。例如"屎壳郎当道——愣充土坦克""十五个吊桶打水——七上八下""老妈儿抱孩子——人家的""绱鞋不使锥子——针（真）好"。歇后语而外，也有一些俗语表现出谐谑性。例如中国不少地区的人们常把"被枪毙"说成"吃黑枣"，港澳地区的人把廉政公署约去谈话（有时是请其配合交代问题）称作"请喝咖啡"。不少词也表现出戏谑性。例如人们为表恭敬，常称尊长为"钧座"（指称正副军长的"军座"或源于"钧座"），还有人称参谋长"参座"、师长"师座"、处长"处座"、校长"校座"。所以如此，都是为彰显该负责长官地位之显赫。港澳一些人士为表示夫人地位之重要，而敬称太太为"太座"。太太再重要，一般也止于家庭内部事务，援例而称"太座"，就显得谐谑性十足了。

大词小用或小词大用，是造成谐谑的一种手段。例如"行头"的意义，《现汉》释为："戏曲演员演出时用的服装，包括盔头、靠、衣服、靴子等。"这是"行头"一词的基本义。"行头"还可泛指一般人的普通服装，《现汉》释为："泛指服装（含诙谐意）。"这是"行头"一词的引申义。当它用于引申的泛指义，即称普通人的衣服为"行头"时，便是大词小用，这个词便产生了诙谐的色彩，具有了谐谑性。做饭炒菜在国人心目中是日常琐事，而政治则是了不得的大事。将炊事用语用于政治人物的正式范畴，便是小词大用。例如，"一勺烩"是指将各种本可分开烹调以做成几个菜的食材，统统放在一起烹调，做成一个菜。这是"一勺烩"这个词的基本义。但是这个词有时会被用于指将某些重要的政治人物放在一起评论或对待。这是"一勺烩"这个词的引申用法。

当它用于引申意义,即称将某些重要的政治人物放在一起评论或对待为"一勺烩"时,真是治大国若烹小鲜,便是小词大用,这个词便产生出诙谐的色彩。

　　谐谑性也是不容忽视的一项语义内容,因此,语文工具书对词语的谐谑性要予以关注。《现汉》就在释义中对一些词语的谐谑性作了特别的标注,但该词典所收的个别的词,漏设了一些义项,而这个义项正是谐谑性的。例如"光荣",该词典收了"形公认为值得尊敬和称赞的"和"名荣誉"这样两个义项,但是它还应收一个动词性的义项"动牺牲"。而这个动词性的"光荣"恰恰是谐谑性的。

　　一部语文词典对其所收词语的谐谑性是否予以特别标注,往往因人而异,见仁见智。同一个词语,在有些人看来,可能其所带有的色调比较柔和,而在另一些人看来,可能其所带有的色调就不那么柔和了。诙谐的色调作用于人的感官时比较柔和,不会对人造成强烈的刺激,不易使人产生对比强烈的感觉,因此,一个词语,甲词典可能会认为它有谐谑性,而乙词典则可能会认为它没有谐谑性。从无谐谑性到有谐谑性是一个递加的过程,其间存在着过渡带;从有谐谑性这种比较柔和的色调到有鄙夷这种不甚柔和的色调,也好似一个递加的过程,其间也存在着过渡带。虽然鄙夷的色调给人的感觉比较重,但是它是与诙谐的色调相接近的色调,自会与诙谐的色调较易混淆,导致人们的看法有异。例如"尊容",《现汉》说它"多含讥讽意",《新编》只释为"称人的容貌",并未认为它有"讥讽意";"孔方兄",《现汉》说它"诙谐兼含鄙视意",《新编》只说人们"戏称钱为孔方兄",也就是说它有"诙谐意",却未有"鄙视意";"文抄公",《新编》释义为"讥称拾人牙慧,专门抄袭剽窃别人文章的人",《现汉》释义为"指抄袭文章的人(含戏谑意)";"一命呜呼",《现汉》说它"含诙谐或讥讽意",但《新编》只以"死亡"二字为之释义,并未指出它还"含诙谐或讥讽意"。

　　"翘辫子",《现汉》说它"含讥笑或诙谐意","孔方兄",《现汉》说它"诙谐兼含鄙视意",是它们真的兼具两种语义成分?还是词典编者也拿不十分准,而感觉既像 A 又像 B?据我们看来,后者的可能性也许更大一些。

2. 形象色彩

形象色彩是附丽于词语的理性义上的一种形象描绘的语义成分。如同感情色彩一样,形象色彩也不是每个词语必有的语义成分,而是在语言社会需要时才会附丽于理性义之上的。比之感情色彩,形象色彩是作用于人的感官而引起突出的形象感的语义成分,给人的感觉似乎"触目可及",有某种"可触摸性"。有学者认为,词语的形象色彩可有八类。[①] 词语的形象色彩终究是要凭靠词语自身来表现的,主要是两个方面:一种是靠自身的语义描摹,一种是靠自身所带的形式特征来彰显。靠自身的语义描摹的如"金钱豹",就是豹的一种,但"金钱"二字就把这种豹身上旋转的金色花纹描画出来了,从而予人一种逼真的形象感。不同语言系统的词语,从构成上常可看到这种不同的形象色彩,如普通话的"茄子",粤方言说成"茄瓜","茄子"没有形象感,"茄瓜"则有形象感——将此种蔬菜的形状描画出来了;汉语的"丸子"没有什么形象感,英语说成 meat ball,很有形象感。靠自身所带的形式特征来彰显的如"傻了吧唧",其实就是傻,但是"了吧唧"就把傻的样态描写得惟妙惟肖。这种带有描摹性成分的词语,日语称之为"拟声拟态语",倒也十分贴切。由一个形容性的前字与一个叠音的后缀组合而成的状态形容词,最易带上这种形象色彩,如"娇滴滴、乱蓬蓬、黏糊糊、齐刷刷"。

词语的形象色彩如细分,似可分得很细,例如"哗啦啦、噼里啪啦"可说是声感的,"坍塌、摇摇欲坠"可视为动感的,"辣乎乎、甜丝丝"可看作口感的,"香喷喷、臭烘烘"可算作嗅觉的,"直撅撅、硬梆梆"可看成触觉的……也许正是因为如此细分将无法穷尽词语形象色彩的类别,一般就将词语大别为两类:有形象色彩

[①] 刘叔新《词语的形象色彩及其功能》,《中国语文》1980 年第 2 期。

的和无形象色彩的。

3. 语体色彩

语体色彩是附丽于词语的理性义之上的一种表示语体的语义成分。它同样不是一个词语必有的语义成分,而是在语言社会需要时才附丽于理性义之上的。词语的语体色彩分别为两大类:书面语的语体色彩和口语的语体色彩。有书面语语体色彩的词例如:

   齿及 齿冷 赤忱 赤地 丑类 初度 揣度 传檄
   垂范 春闱 唇吻 鹑衣 辞色 聪颖 从容 猝尔
   寸进 蹉跌 达旦 束装 孀居 置喙 踵武 逐鹿

不同的词典,对书面语语体色彩的标注方式有所不同,例如《现汉》是标以"〈书〉"符,《新编》是标以"囗"符。

有口语语体色彩的词例如:

   吃食 厨子 串皮 刺挠 醋心 撺掇 打的 打铁
   叨登 磨叨 拿糖 水灵 踢腾 装蒜 玩儿命
   出数儿 大伯子 大肚子 当家的 可惜了儿的

词典不同,对具有口语语体色彩的词语的标注也会有所不同,这反映出对口语语体色彩的把握存在着不同的认识。具有口语语体色彩的词语,《现汉》是标以"〈口〉"符的,而《新编》则不标任何符号。即使是同一部词典,版本不同,也可能对口语语体色彩的把握有所不同。《现汉》就曾有过将"〈口〉"符、"〈方〉"符这样两个符号合并为一个"〈方〉"符的做法。这也说明了这种语体色彩判定的难易程度和学者们认识深化的过程。

有学者将上两类语体色彩进一步加以细化,如书面语语体色彩又进一步分别为诗语语体的、散文语体的等等,口语语体色彩又进一步分别为俗谈的和一般会话的等等。

有书面语语体色彩的词语和有口语语体色彩的词语,是常常有相应的语体(语境)条件相配合的。不能认为凡出现在书面上的就都是书面语语体色彩的词语。出现在书面上的可以是文牍气息很浓、公文性很强的词语,例如"特此、专此、准此、在案",亦可是口语性较强的词语,如小说中的词语。同样道理,也不能认为凡出现在口语中的词语一概是口语色彩的词语。且不说旧式冬烘先生口中的词语与引车卖浆者流嘴里的词语有着绝大的差别,即使是当代,受过高等教育的人士所用的词语与普通市民和村民所用的词语也呈现着不小的差异。虽都是口语,但雅词常常出于雅士之口,俗词常现于百姓之口,这是不言而喻的。

　　一个词语雅俗倾向的由来,与构成它的字之雅俗倾向关系极大。常常见到的情形是,一个字是典雅的,由它构成的词语也往往不大会是俚俗的;一个字是俚俗的,由它构成的词语也往往不大会是典雅的。例如,以"弭"字打头的词,《新编》收有"弭谤、弭兵、弭患、弭乱、弭战"5个,全部标以"囚"符,是典雅的词;无独有偶,以"弭"字打头的词,《现汉》也收有"弭谤、弭兵、弭除、弭患、弭乱"5个,全部标以"〈书〉"符,也是典雅的词。反过来看,"打"字在《新编》里是个收有22个义项的多义字,这22个义项无一是雅的。《新编》收有178个以"打"构成的词语,也无一是雅词语。而"打"字在《现汉》里是个收有24个义项的多义字,这24个义项也无一是雅的。该词典收有以"打"字打头的词语209个,也无一是雅词语。这足可证明构成词语的字的语义色彩,对由它们所构成的词语的语义色彩有着重要的影响作用。当然,具体操作起来还要慎重对待,认真分析,不可见到构成某一个词语的某一个字是典雅的,就断定整个词语是典雅的,见到构成某一个词语的某一个字是俚俗的,就断定整个词语是俚俗的,因为毕竟构成该词语的,除了这个字之外,往往还有其他字。构成一个词语的不同成分的语义色彩,一般地说,是要求彼此和谐,不至严重对峙的。但是,和谐到何种程度,或者说没有对峙到什么程度仍旧算是和谐,还都是需要我们认真研究的问题。

　　4. 时代色彩

　　语言中的每一个词语都是为记录历史而生的,它们在历史中扮演着自己应该扮演的角色。几乎没有一个词语可与其所反映的事物对象相始终、共存亡。如天、地在人类出现之前早已存在亿万年,汉语到三四千年前才出现"天、地"这样的词来加以反映;一种"能进行数学运算的机器",数十年前即由西方社会制造出来,英语随即造出一个词 computer 对其加以反映,汉语随后也造出"电子计算机"予以反映。但是计算机发展的脚步远未终止,英语是否始终会用 computer 这个词对其加以反映,实难卜知。汉语用"电子计算机"来对这种"能进行数学运算的机器"加以命名不过几十年,但现已显现出"电子计算机"即将完全让位于"电脑"这个词的趋势。未来"电脑"是否会伴随这种"能进行数学运算的机器"至其使命终结,恐怕也不是现在能够回答的问题。语言的词语是有一定的生命周期的,是有时代性的。只不过有的词语生命力持久,历史也悠久一些,可能达至数千年,如"天、地、人、山";有的生命力差一些,不过十年八年,例如"文革"期间造出来的词语"讲用、文攻武卫、上管改、贫宣队";还有的词语生命力更其短暂,仿佛彗星一般稍纵即逝,被人称作"瞬息词语"。当然,词语所反映的对象消亡了,词语本身未必就一定随之消亡,例如封建帝制在中国已消失百年,但是反映封建社会的事物对象的词语并未完全绝迹,例如"万岁、主公、丹书铁券、铁帽子王"。这也反映出词语与其所反映的事物对象的生命周期的不一致性。

上文所谈属于词语的时代性问题。词语的时代性与词语的时代色彩不是一回事。词语的时代性,所指主要是词语的理性义。而词语的时代色彩,是附丽于词语的理性义之上的一种表示时代性的感性的语义成分。这种语义成分也不是每个词语必有的,而是语言社会有需要才附丽上去的。一些词语的时代特点在词语上留有痕迹,带有这种时代痕迹的词语就叫作带有时代色彩的词语。词语的时代色彩就是词语上附着的时代痕迹。词语的时代色彩,有学者提到过"古奥"的类别。"古奥",我们认为应归属于语体典雅的一类。这里主要谈两类:一类是陈旧的时代色彩;另一类是崭新的时代色彩。

(1) 陈旧的时代色彩

所谓具有陈旧的时代色彩的词语,是当今在世的一些人们依稀记得又不再使用或不再经常使用,但一经提起或用到却又引起无限沧桑感和回味的词语。例如"北平",指在华北平原北端为东北和华北等地区联系枢纽的中国历史最悠久的城市和古都之一,1928年至1949年10月前称此名,1949年10月更名为"北京"。1949年10月后,留在大陆的老一代的人们提起"北平",总忘不了这个城市在军阀时期、民国政府时期以及日伪统治时期的那种破败景象,迁台或流落海外的人士提起"北平",也会怀旧般地涌起无限的沧桑感。因此,"北平"这个词在这些人士的语感中就带有一种陈旧的时代色彩。当这些人士将"北平"与"北京"拿来对照使用时,"北平"予人的陈旧的时代感就尤其明显而强烈。"赤脚医生"这个词语创造于"文革"时期,1968年9月14日,《人民日报》一篇题为《从"赤脚医生"的成长看医学教育革命的方向》的文章,让"赤脚医生"的名称走向全国。1985年1月25日,《人民日报》发表《不再使用"赤脚医生"名称,巩固发展乡村医生队伍》一文,到此"赤脚医生"的历史也就结束了。然而,不少当年的"赤脚医生"如今仍然在世,有的甚至身份改变成为了"乡村医生"。虽然今已无人再有"赤脚医生"的身份,但是每当有人提起"赤脚医生"的话题,便会在经历过当年生活的人士心中引起无限的沧桑感。"赤脚医生"这个词语对于他们来说是有陈旧的时代色彩的词语。"投机倒把"这个词,从1949年起就成为一个高频的普通词语,甚至成为法律词语,数十年来极大地影响了中国社会的方方面面。但是1997年《刑法》修订取消"投机倒把"罪名后,"投机倒把"这个披着浓重计划经济色彩的词语就已淡出历史。2009年8月26日中央电视台"朝闻天下"栏目报道,"投机倒把、投机倒把罪"这两个词语在正在修改的法律中将予以删除,这两个词语将彻底成为历史。这些词语虽然淡出社会生活,但却并未为从那个时代生活过来的人们所遗忘，一旦提起，仍会怀旧般地涌起沧桑之感。因此"赤脚医生、投机倒把"这些词语对于那些人们来说是有着陈旧的时代色彩的词语。

（2）崭新的时代色彩

新的词语所反映的往往是新的事物对象、新的社会现象，因此它们常常能给人们带来新鲜感。一个时代，特别是一个充满朝气的时代，总会有成批的新词语出现，从而形成一道靓丽的新词语的风景线。这些崭新的词语所带给人的新鲜感，就是崭新的时代色彩。从2006年开始，每年由商务印书馆出版的《汉语新词语》所收录的新词语，都鲜明地反映着当年的词语风貌。这些词语所带给人的新鲜感，比之其他已有词语是不一样的，它们很自然地予人一种崭新的时代色彩。

色彩是伴随着社会的变迁而产生的，它同样会伴随着社会的变迁而变迁——绝大多数崭新的时代色彩会逐渐演变为陈旧的时代色彩。

将有崭新的时代色彩的词语用于旧时代，会发生词语的时代色彩错位的现象，从而产生出某种修辞效果。例如搞笑影片《熊猫大侠》描写的是发生在南宋时代的故事，却使用了"小三、管制刀具、黄牛、躲猫猫、王老吉、VIP"，令人捧腹。

第二节 字义和词义

多数的词由字与字构成，字义自然对词义存在着一定的影响。有的词，其所由构成的字与在另外的场合单用时的字，意义无甚差别，例如"记仇"的"记"就是"记住、不忘"的意思，"仇"就是"仇恨"的意思。而有的词，其所由构成的字与在另外的场合单用时的字，意义就存在着不小的差别，例如"爱小"中的"小"是"不义之财"的意思，"娶小"中的"小"是"妾"的意思，而无论是"小"的"不义之财"义还是"妾"义，都只是组合后才有的意义，"小"字本身原本并无"不义之财"义和"妾"义。《说文》："小，物之微也。"《玉篇》："小,细也。""不义之财"和"妾"的意义,是"小"与"爱""娶"组合之后才产生出来的意义。当然,这种意义的产生也非毫无根据:"不义之财"自然来路不正,如果说光明正大的进项是大的话,那么不义之财自然就是小;而"妾"一般都会比正妻年幼,即使个别的年长于正妻,但其家庭地位、社会地位都无法与正妻相比匹,因此只能是小。汉语的字义与词义存在着一定的关系,其他语言的"字"义与词义同样存在着一定的关系。例如英语的 history,据说是由 story 衍生出来的。这也不难理解,历史其实就是由一个个故事串联而成的。

　　词有形成于古代的,有形成于现代的。形成于古代的词,构成该词的某个字的意义就不能按照现代人通常理解的那样来理解,例如"听政"的"听"是"治理、判断"的意义,而非"用耳朵接受声音"的意义。再如"知宾、知府、知客、知事、知县、知州"的"知",也非"知道"的意义,而是"主管"的意义。现代所造的一些词,偶或用古代才用的一些字来构词,但理解时却不可泥古。例如如今日本的"皇太子妃",只是皇太子之妻,英国的"戴安娜王妃"(略作"戴妃"),也只曾经是英国王子之妻。"妃"字在汉语中最常用的意义是皇帝之妾。将日本的"皇太子妃"、英国的"戴安娜王妃"之"妃"理解成皇太子或王子之妾,当然是荒谬的,因为浩宫德仁亲王除雅子之外,没有其他合法的配偶;查尔斯虽已年逾六旬,他本人无论是与戴安娜为夫妻时还是离异另组家庭,始终只有一个合法妻子。可见,如今日本的"皇太子妃"、英国的"戴安娜王妃"之"妃"已非中国古代"后妃"之"妃",两者是不可划上等号的。日本的"皇太子妃",只能理解成"皇太子妻",英国的"戴安娜王妃",也只能理解成"戴安娜王妻"。还可举一个有意思的例子:女歌手在比赛中获得优胜常被人称作"歌后",女运动员在比赛中获得冠军常被称作"封后"。其实,这样的说法实在不妥。"后"在上古是"君主"义,该意义消失后,其为现代人理解的意义是"皇"的配偶。女运动员们就是女运动员,哪有什么"皇"? 无"皇"何来"后"? 因此,那些胜出的女性应该也被称作

"皇"(当然是女皇)才是。而之所以很少被称作"女皇",原因在于在中国人的传统意识中,"皇"只能由男人来做。类似的例子也还发生在人之外的其他生物上,例如雌蚁被称作"蚁后"。女性选手和雌性动物或昆虫后加"后"字,我们只能理解其意为"地位或成就最高者"。

一些现代常用词,其构词所用的字未必也是现代常用的,有时为了语体的需要,可能会用上现代不太常用的字。例如竞技比赛的一个项目的名称是"速射"(无人说成"快射")。之所以用"速"不用"快",恐怕与语体有关。一个词可以用其中的两个字分别构成两个词,而这两个词的意义却是表示同一个事物对象,构成同义关系,例如"薏苡"的"薏"和"苡"可以分别构成"薏米"和"苡米",而"薏米"和"苡米"所指是同一的。造词还有曲意造词的现象,如"仁弟"写作"仁棣"。

由两个字构成的双字组合是词中的强势组合。双字复词所由构成的字一般也都是有义字。有的双字复词,其所由构成的两字的意义在现代仍旧皆有作用;也有的双字复词,其所由构成的两字的意义在现代只部分起作用,另外的部分不再起作用,形成了所谓复词偏义的现象。这样的复词称偏义词,又称偏义复词。例如"窗户"是"窗",在现时跟用于出入的"户"没有关系;"胃口"指的是主消化的"胃",跟负责进食的"口"并无直接关系;"兄弟"在表示"弟弟"义时,"兄"不起作用;"国家"指的是"国",而不是"家";"褒贬"是"贬",不是"褒";"忘记"是"忘",不是"记"。偏义词中不起作用的字,并非无义字,它们很可能只是在此词中不起作用而已,换以他词,它们说不定又起作用了。因此,偏义词仍是复合词,不是单纯词。

谈到复词偏义,需要顺便谈一谈词语偏用的问题。所谓词语偏用,是指反映、指称某个事物对象的词本不止一个,但是一个语言社会(或语言区域)却习惯于只用其中的某一个词来反映、指称该事物对象而不用另外的词。例如"方面""部分"都是相对于其他的一个局部的意思,但是"方面"更强调它和与之相对待者是并列的关系,地位是平行的;"部分"则强调它和与之相对待者是个体与整体、局部与全部的关系,地位不是平行的。但是大陆偏用"方面",台湾地区偏用"部分"。再如"坦率""坦白"都是"直率,不隐讳"的意思,但是大陆偏用"坦率",台湾地区偏用"坦白";"渠道""管道"都有"通道,路径"的意思,但是大陆偏用"渠道",台湾地区偏用"管道"。词语偏用属于词汇使用的问题,往往与一个区域(社团)的语言心理、语言习惯有关。

第三节 词义因使用的分类

词义是动态的。这样说,不仅是因为它从无到有一直处于运动状态,更重要的是它的存在状貌也不是静态的。下面试为词义存在的样态作一下归纳,看一看它们的几种生存样貌。

定指义和非定指义。义有定指,说的是一个词语的指称范围有一定。这个一定,多数是因使用既久演化而成。例如"死缓",是"死刑,可不立即执行"的另一种通俗的说法,即"死刑,缓期执行"。既然说"缓期",那就必须有个期限的交代。在中国大陆目前的刑法中,没有缓期半年、一年、三五年的规定,而只有缓期二年的规定。因此之故,一说"死缓",必是缓期二年,是定指的,而这个定指义是在长期的使用中形成的。义无定指,说的是一个词语指称的范围很宽泛,并不一定确指某个事物对象。例如:"虞美人",既可指一年或二年生草本植物,亦可是一种词牌名;"黑寡妇",是一种剧毒蜘蛛名,亦可指美国的 P-61 战斗机,还可指车臣人弹。一个词语本身可能义无定指,但可通过词典的释义加以一定的限定。例如"巨无霸"这个词,《新编》释义为:"①新莽时代一个巨人,身高十尺,腰大十围。②泛指身材高大的人。"实际语言生活中,"巨无霸"的所指并不限于此,例如麦当劳快餐店出售的超大汉堡包就名"巨无霸"。比较而言,《现汉》的释义就高明得多,更有概括力:"指在同类中最强或最大的人或事物。"

字面义和非字面义。字面义是说组成词的那些字的意义，与其在独立使用时别无二致。例如："手表"，就是戴在手腕上的计时器；"茶杯"，就是喝茶用的杯子。非字面义是说组成词的那些字的意义，并非那些字在独立使用时的意义，而是诸字组合后融合的、需整体记忆、理解和使用的意义。例如："鼻翼"，不是指人或其他动物鼻子上的翅膀，而是指鼻子下端两侧坡状的部分，仿佛鸟类的翼展；"骨肉"，不是说骨头和肉，而是说人与人的关系非常密切，就像骨与肉一般不可剥离。非字面义有很多是不好理解的，但不好理解的意义不见得就是非字面义，它也可能就是字面义。例如《新编》收了个词"死友"。这个词一般词典都不收，因为它是汉代的一个词，早已不用，很多人可能解释为"死去的朋友"，或者"可以为之赴死的朋友"。其实都不是，《新编》为之释义为："指交情至死不变的朋友。《后汉书》有'恨不见我死友'。"这用的其实仍是字面义，只不过这个字面义不是今人惯常理解和使用的那个字面义。再如《新编》收了"死事、死节、死义"。"死事""死义"《现汉》未收，"死节"收立。这里的"死"是"为……而死"的意义，也都是不为现代人理解和使用的字面义。

合指义和分指义。合指义的词，如"江河"指河流，"大小"指尺寸，"深浅"指程度或尺寸，"高低"指程度，表无论如何和究竟等。分指义的词，在《现汉》中不占主流，很少收立，但《新编》却收立不少，例如"后妃"指皇后和妃子，"寿夭"指长寿和短命，"增减"指增加或减少。一个单位如有了概括性的合指义，则《现汉》亦可考虑收入，例如"天壤"释义为"天和地，也比喻差别极大"，"天渊"释义为"天上和深渊，比喻差别极大"，就予收立；而"后妃、寿夭、增减"等词，就是因为仍止于分指义，没有发展出合指义，《现汉》不予收立。《现汉》也有特殊情况，如"夫妻"，它释义为"丈夫和妻子"，并予收立。"夫妻"当然应收，但是它的意义不应是分指的，而应是合指的，它指的是一种家庭伦理关系，例如"他俩从今开始成了夫妻"。需要指出的是，古代的词，无论分指还是合指，予今人的词感都比较强，而现代的词，就不大容易给予人们很强的词感了。例如"妍媸",《现汉》释义为"美和丑",意义明显分指,但还是收立了,而"美丑"却不为《现汉》所收。

隐晦义和联想义。所谓隐晦义,是说该词义不是直接的、明晓的,而是故意迂回说出,显得不明晰。隐晦性的词义常表现在婉辞上。例如"百年",当它用于叙述与老年人有关的问题,尤其是当它后附"之后"等词时,就产生了"死亡"义。"百年"的"死亡"义就是一种隐晦义。所谓联想义,是说该词义并未宣之于口,透过他词所布设下的语境,读者可联想出该词实际要表明的语义。例如《羊城晚报》2012年6月1日有一篇题为《广州一男子抢包未遂当街捅杀女事主》的消息,其中有这样一个句子:"在光天化日之下,犯罪嫌疑人王某抢包未遂,竟然当街捅杀女事主。"句中"捅杀"前并未出现工具"刀"等锐器,但人们知道只有刀、剑等锐器才有可能将人捅杀,因此"捅杀"前即使不出现工具也可引发人们正常的联想——女事主是被犯罪嫌疑人用刀等锐器捅杀的。

模糊义和非模糊义。词义的模糊,有不少是出于词义自身的要求。当不同的词义所指的事物对象彼此间出现边界交叉的情状时,此词义和彼词义就呈现出模糊不清的情形。例如"春""夏""秋""冬"是汉语的四个常用词,但这四个词意义所指的时间起迄点并不十分清晰。或许有人会说,"春"起于立春,迄于谷雨;"夏"起于立夏,迄于大暑;"秋"起于立秋,迄于霜降;"冬"起于立冬,迄于大寒。但这是从中国农历的节气上分别的春夏秋冬,从公历上如何分别春夏秋冬?那边界恐怕是十分模糊的,或许我们只能粗粗地分:一、二、三月(或二、三、四月)为春,四、五、六月(或五、六、七月)为夏,七、八、九月(或八、九、十月)为秋,十、十一、十二月(或十一、十二、一月)为冬。词义的模糊性更是语言使用者的要求。不少时候,人们对所使用的词的意义不求甚解,也不要求甚解。例如,"五雷轰顶"的"五雷"是指哪五雷?有网民解释说:"五雷"指木雷、风雷、水雷、火雷、地雷。其实,绝大多数的语言使用者并不计较"五雷"都是哪五种雷,他们只要明白"五雷"是很严重的"雷"就足够了。上述情况表明,人们对一些词的意义似乎未必一定要求甚解,而更愿意模糊一点,含糊一点。

指称义和非指称义。指称符号与所指之物的关系值得研究。字义与词义未必时时等值,字义与字义之和也未必与所构成的词的意义相吻合。例如"瘾"是由于神经中枢经常接受某种外界刺激而形成的习惯性,因此喝酒可以成"瘾",吸烟能够上"瘾",甚至看电影、打麻将等也难免有"瘾",但"瘾君子"则专指因吸食或注射毒品,在精神上和身体上产生极大依赖性而无法摆脱者。"生前"不能按照字义来理解词义,否则就不能得出"死者还活着的时候"的意义。"胜朝"也不能理解成是"胜利了的王朝",而只能理解成"被战胜而灭亡了的朝代"。"善类"并非褒义词,"尊容"是表示贬义的。"胡"本无贬义,但由于历史上北方少数民族经常侵扰汉族,汉族人民逐渐用"胡"来表示所有的少数民族,甚至与少数民族有关的动作行为等,也都带上了贬义。例如"胡扯、胡吹、胡匪、胡搞、胡话、胡搅、胡来、胡乱、胡闹、胡思乱想、胡言、胡诌、胡作非为"。其实在"大有胡气"(鲁迅语)的唐代,以"胡"构成的词并不带有贬义,如"胡食、胡乐、胡舞、胡妆",更不用说战国时代即已出现而后风靡中国的"胡服骑射"。

特指义和非特指义。所谓特指义,是说一个词的意义本不特指某一点,但因使用既久,其意义发生专化,最终特指某一点而不及其他。词义因使用既久而逐渐专化的例子古今都有,古代的例子如"辒辌车"(又名温车),是上古时代的一种卧车,有帷幔,有窗,根据气温可以开闭使之温凉。《史记·李斯列传》:"李斯以为上在外崩,无真太子,故秘之。置始皇居辒辌车中……"因此之故,"辒辌车"后来即被用作丧车,成了丧葬用的车辆的代名词。现代的例子如"行刑",本来只是执行刑罚的意思,刽子手执行死刑时叫"行刑",狱卒执行徒刑时也叫"行刑"。但是这个词在日后多被用在执行死刑的时候,执行徒刑时不再叫"行刑",久而久之,"行刑"就特指执行死刑。词义的特指性有时还可通过划定范围的方式来表示。例如"子嗣"指的是儿子,但它是就传宗接代这个范围来说的。有特指义的词很少,多数的词是没有特指义的。

专化义和泛化义。词的专化义是词义由泛指变为专指,而词的泛化义则是词义的指称由专指变为泛指。先说词的泛化义问题。例如"诸葛亮"本是人名,是专指,但在后世,随着诸葛亮愈来愈被神化,他成为了智慧的符号,因而"诸葛亮"就由专化义变为泛化义了。这样的例子很多,还如"如来""李逵""西子""秦桧",历史上也都是专词,后来逐渐衍生出泛指义来。再说词的专化义的问题。词义专化的例子如"路线",它本是个平常的词,但在"文革"那些年,人人谈"路线"而色变,一沾路线斗争,死无葬身之地。因此"路线"的词义已专化为非普通义了。

肯定义和否定义。有一种词,其意义从字面上看是肯定的,可它只用于否定,不可用于肯定。也就是说它的指称性与其目的物是偏离的。例如《现汉》收入的"善类"("定非~")、"或缺"("不可~")、"容情"("法不~")、"置喙"("不容~")、"人道"("不能~");《新编》收入的"噍类"("无~")、"同日而语"("不可~")、"一般见识"("不跟他~")。还有一种词,只能用于反诘,例如"何干"只能出现在"与你何干","老几"只能出现在"你算老几"等类似的语境中。

第四节 词典释义和俗词源

词义解释的工作,古人很早就已在进行,例如"小满",明·郎瑛《七修类稿》给出了定义式的解释:"小满者,物至于此,小得盈满。"似这样对词义进行解释的内容,在中国古人的著述中俯拾皆是。

现代语文工具书继承了此一优秀传统,也非常重视词条的释义工作。这一点,《现汉》数十年如一日,做得尤其出色。例如"吞金",《现汉》第 5 版释为"吞下黄金(自杀)"。若无括号中的进一步的释义,只是"吞下黄金"四字还是无法解释"吞金"是自杀的意思,读者甚至可能会误以为"吞金"跟吞下毒品以藏毒一样是一种藏带金银的方式。"脱帽"释为"摘下帽子(大都表示恭敬)"。倘无括号中的进一步的释义,仅靠"摘下帽子"四字无法让读者明了"脱帽"的真实意义是表示一种礼节。不难看出,《现汉》释义是本着精益求精的精神的。

当然,任何一部词典都不敢说已无再斟酌的空间和可能。以《现汉》对"脱帽"一词的释义为例,该词典倘能将"脱帽"与"摘帽"比较着进行释义,似更有价值,也更能释出词义中的精要部分。"脱帽"和"摘帽"在现代汉语中是两个不同的词(《现汉》第5版不收"摘帽"是不妥的,例如"摘帽右派""摘帽坏分子"),但字面上的差异极小,以致《现汉》用"摘下帽子"来为"脱帽"释义。实际上这两个词差别很大,"摘帽"的"帽"是政治罪名,"摘帽"是除掉罪名;"脱帽"的"帽"用的就是本义,"脱帽"是对人(活人或逝者)表示尊敬,如"脱帽致敬""脱帽致哀"。但是"脱帽"的"脱"和"摘帽"的"摘",英语都是 take off,说英语者无法理解汉语的这种细微差异。汉语工具书如不细致释义,外国人使用起来就会十分不便。还可举出一些例子,如"棺材",释义为"装殓死人的东西,一般用木材制成"。"东西"过于宽泛,似可改为"器具"。再如"馆子",释义为"卖酒饭的店铺",易予人感觉只是买卖交易的场所,交易完成即刻离开。似可改为"卖酒饭供客人食用的店铺"。再如"掼纱帽",释义为"比喻因气愤或不满而辞职"。"纱帽"喻的是官帽,因此此释义可改为"比喻因气愤或不满而辞官"。

词典中归纳的字的义项(语素义项)完备与否,直接关涉到词的意义的落实。如果字的义项归纳得不够完备,常常使以此字构成的词的意义无从落实。例如"播"字,《现汉》截至1965年的试用本都只收两个义项:"①传播。②播种。"但读者遇到"播迁"一词,想了解其中"播"字的意义,就无从得到正确的解答。当然《现汉》试印本和试用本均未收"播迁"一词,也是一个客观事实。但不收某个词并不能作为不收某个字的义项的理由。事实上《现汉》从1978年版即在"播"字条上增收了"迁移;流亡"义项,但直到2012年的第6版才将"播迁"一词正式收条。

对词义如不是科学的解说,即造成所谓俗词源,也就是说词构成所用的字或字义并非正确的解说而是错误的解说。如作为姓氏讲的"章"和"张"是同音词。为在口语中分辨开来,人们习惯于将"张"称作"弓长张",将"章"叫作"立早章"。将"张"说成是"弓长张"是对的,因为"弓"是"张"字的义符,"长"是"张"字的声符;而将"章"叫作"立早章"是不正确的,因为按照《说文》的解释,"章"是从音从十的会意字,并非从立从早。

俗词源的问题在由古代向现代发展的历史过程中大量涌现,如北京的"高义伯胡同"从语源上看实为"狗尾巴胡同"。[①]再如,明武宗朱厚照从正德二年开始建造的豹房,其地后改名为"报房胡同",后人很容易据"报"字将该地理解为印刷或出售报纸的胡同。这样的俗词源现象在古代是大量存在的,如明末清初昆明百姓出于对吴三桂叛明降清的义愤,将永历帝遇难地"篦子坡"改称为"逼死坡"。"葡萄",李时珍《本草纲目》解释说:"葡萄《汉书》作蒲桃,可以造酒入酺,饮之则酶然而醉,故有是名。"

俗词源的生成原因非常复杂,除古今理解不同而生成者外,亦有因方言不同造成者,如北戴河有一处名胜名曰"鸽子窝",这个地方并无鸽子,反倒有海鸥。原来当地方言将海鸥叫作"海鸽子","鸽子窝"的叫名便由此而来。

俗词源在构词上有重要的表现,尤其是在古今不同的构词上有重要的表现。例如汉语以"心"为语素构成的合成词为数众多,像"心理、心力、心想、心愿、心怀、心目、心存、信心、无心、在心、民心、满心、心裁"。古人认为"心之官则思",心脏是主管思想的器官,因此用"心"造出了众多的合成词。不仅汉语如此,英语亦如是,以 heart 构成的合成词也有不少,例如 heartache, heartbeat, heartbreak, heartland。这是因为古代西方人也像古

[①] 参见张清常《胡同及其他》,北京:北京语言学院出版社,1990年。

代中国人一样把心脏视为主管思想的器官,所以丘比特的神箭射中的才是心脏而不是脑袋。

词义本身可能无误,但在使用上可能故意使曲。这也是值得关注的一类问题。汉语中有个成语"蕞尔小国",意为弹丸之地。"国",邦也,所以又作"蕞尔小邦"。还有"蕞尔小岛"之类的说法。陈水扁担任两届台湾地区领导人,在他第一个任期内,还不敢公然打出"台独"的旗号,但他讲话提到台湾时,常出现"蕞尔小国"的说法。表面上他是在正常使用成语,实际上却是利用不谙此成语的人,故意误导,以售其奸。也有词义本身无误,而使用者不明就里造成错误的情况。例如凤凰卫视2012年9月18日报道:"美国华盛顿国家公园2012年9月17日宣布,中国大熊猫'美香'星期日晚间顺利诞下一只小熊猫。"众所周知,小熊猫和大熊猫是不同的动物,凤凰卫视竟然犯下如此低级的错误,令人错愕。其他媒体在报道此事时,都说美香诞下"幼仔""幼崽"等。

第五节　词义的聚合

词语的意义聚合关系,着重强调的是两点:第一是词语间的词汇意义关系,第二是词语间词汇意义的聚合关系。也就是说,不是词语间的词汇意义而属他类意义关系,不能视为词语的意义聚合关系;不是词语间词汇意义的聚合关系而属他类非聚合性的关系,也不能看作是词语的意义聚合关系。有学者将这种意义聚合关系的词群与一些不是意义聚合关系的词群放到一起加以讨论,称之为"词际关系"。[1]

一　同义和近义

"同义词"的术语恰切地道出了此种词义关系的三要素:第

---

[1] 王宁、邹晓丽《词汇》,香港:海峰出版社,1998年。

一,词义的这种关系是同而不是近,更不是异;第二,词义间这种关系是建立在义位基础上,而不是建立在词位基础上的,因此同义词实际上应该称作同义位词;第三,同义词虽然是凭靠着词义的这种关系而存在,但是它必须依托着词与词的对照而使用,若抛开词而只看词内部的义项间的对照,这所谓的同义词便难以在语言生活中立足。

同义词语是必能在语言使用者心理上造成同义联想的词语,不能造成同义联想者不能构成同义。同义关系不仅可发生在名词性的词项间,亦可发生在动词性的词项之间,例如"叮咛"与"叮嘱"、"休息"和"休憩",发生在形容词性的词项之间,例如"了得"与"得了"、"不得了"与"了不得",以及其他实词性的词项之间。同义关系不仅可发生在实词性的词项间,亦可发生在虚词性的词项间,例如"为了"与"为着"、"即使"与"就算"。但是不同词性的词,难有发生同义关联的可能。大到固定短语与固定短语间,如"名垂青史"与"青史留名"、"胸有成竹"与"成算在心",小到字与字间,如"死"与"亡"、"遗"与"失",甚至架构与架构间,如"拿……来说"与"以……为例",都可能存在同义关系。在不同类型的词汇单位间,也是可以建立起同义关联的,字与词间如"因"与"由于"、"美"与"漂亮",词与固定短语间如"逝世"与"与世长辞"、"偷盗"与"偷鸡摸狗"。如果不论在实际言语活动中可以建立起同义关联的单位是否具有词汇性,那么这种同义关系就更加广泛,例如"豁出去"是未为《现汉》收录的非词汇单位,"孤注一掷"才是词汇单位,但是两者间无法否认是存在着言语活动的同义关系的。

一般的研究者都将同义词分作两类,一类是意义完全等同的,称绝对同义词,也称等义词;一类是意义不完全等同而还存在着各种各样细微差异的,称相对同义词,也称一般同义词。绝对同义词是有的,但并非同义词的主体,也没有多少分析和研究的价值,例如"嫉妒"和"妒忌","维生素"和"维他命"。必须指出的是,绝对同义词也好,等义词也罢,都只是强调此类词与一般同义词的区别,强调此词与彼词意义差别之细之微,并不意味着此词彼词之间毫无差别。如果两个词在意义上毫无差别,那么它们早就成为了语言生活中的赘疣而遭淘汰了,或者日后的词义演化使彼此拉开了距离。一般同义词是同义词的主体,我们通常所说的同义词,所指的正是这一类。①

凡同义词,它们所反映、指称的事物对象是同一的,在此前提下而有差别,例如"孀妇""寡妇"和"未亡人",都指死了丈夫的女人,它们因而成为同义词。但"未亡人"一般用于自称,"孀妇""寡妇"一般不用于自称。"孀妇"和"寡妇"也有差异:前者多见于书面,后者多用于口头。这是三个词的差异所在,也是需辨析之处。同义词的义,也可以是此词直指义,彼词借指义,两者聚合为同义。例如"钱"的意义是直指义,而"青蚨""孔方兄"也可指钱,但在指钱时所用的是借指义,这样"青蚨""孔方兄"就与"钱"构成了一个同义聚合。

语言中有大量同义词存在,但并不意味着每个词语都有与之同义的词汇单位存在,同义关系只发生在部分词汇单位之间。例如"幅度、桥牌、臭氧层、蝴蝶结"等词语似乎就没有与之同义的词汇单位存在。即使是生活中常见的事物对象,也不是每个词都存在着与其有同义关系的单位的。例如"狗"有同义词"犬","蛇"有同义词"长虫","鼠"有同义词"老鼠、耗子",但"牛、鸡、蚂蚁、鹦鹉"等都鲜有同义词。

同义词有的是凭借构词的字的同异来认同别异的,如"早饭、早餐、早点"所以能构成同义词,是它们共有的"早"字所起的作用,而"饭、餐、点",正是三词大同小异的所在。再如"零嘴儿"和"零食"、"蛀齿"和"蛀牙",也是如此。同义词,似乎可以说是向心力大于离心力的一种词义运动。在靠同一个构词的字构成的同义词中,向心力正是由该字来呈现的,而离心力正是由那个不同的字来体现的。当然也有相当一部分同义词不是或不完全

---

① 参考刘叔新、周荐《同义词语和反义词语》,北京:商务印书馆,1991年。

是依靠同字构建起来的,如"恶性肿瘤、癌症""吝啬、财迷、抠门儿""尿泡、膀胱""巴结、捧臭脚、抬轿子、溜须拍马、阿谀奉承""阿米巴、变形虫""大料、八角""怨天尤人、骂娘""阉割、净身"。来自不同系统的同义词,不大容易靠同字构建起来,例如"荸荠、马蹄""氯氨酮、K粉"。熟语间也较少靠同字构建同义关联,例如"木已成舟、生米煮成熟饭"。不靠或不完全靠同字构建起来的同义词,向心力是赖诸词对事物对象的共指而实现的。同义词在使用上的一个最大优点是可使词语交替使用,避免重复。

同义词现象很早就出现了,对同义词现象的研究,在中国由来已久。《尔雅》《论衡》等书所收的相当一部分词,都可视为具有同义关系。现代汉语中的同义词更是大量的,归纳起来看,它们在如下几个方面形成对照:

a. 现代常用词语与非常用词语的对照

　　寡妇－嫠妇－孀妇　　篱笆－篱落
　　两口子－夫妻－伉俪－鸾俦　　剥削－朘削

b. 共同语词语与方言词语的对照①

　　粉皮－拉皮(东北)　　蒜薹－蒜毫(天津)
　　吃闭门羹－撞锁(北方)－摸门钉(粤)
　　小算盘－小九九(北方)

c. 新词语与旧词语的对照

　　睑腺炎－麦粒肿　　声频－音频　　晨光－羞明
　　异腈－胩　　兵营－营盘　　权贵－赵家人

---

① 下例只是说共同语中的词和带有方言色彩的词在共同语中构成同义聚合。方言中的一些词当然也可能与共同语中的词在方言中构成同义聚合,但那不属于共同语中的同义聚合,而只是方言中的同义聚合。例如天津方言中,"哈喇子"和"口水"、"臭胳肢窝"和"狐臭"都构成天津方言的同义聚合。还有的词语是只在几个方言中存在同义聚合的关系,共同语中并无词语与之构成同义关系。例如澳门的"手信"和台湾的"伴手礼",在澳台间存在同义关系,内地并无词语与之有同样的意义聚合,《现汉》只是在2012年的第6版才将"手信"收入,"伴手礼"《现汉》第7版仍未收入。

d. 全称词语与简称词语的对照

　　计算尺—算尺　　酵母菌—酵母　　火力网—火网
　　茅台酒—茅台　　听小骨—听骨　　拍马屁—拍马
　　守株待兔—株守　　红白喜事—红白事　　家常便饭—家常饭
　　图穷匕首见—图穷匕见　　庐山真面目—庐山真面

e. 普通词语与专门用语的对照

　　电脑—电子计算机　　月经—天癸　　梦游症—睡行症
　　艾滋病—获得性免疫缺陷综合征

f. 比喻词语与比喻词语对照

　　连襟儿——担挑　　东床客—娇客　　转日莲—向日葵

g. 正反序对照

　　蚁蚕—蚕蚁　　轮渡—渡轮　　气力—力气　　感情—情感
　　觉察—察觉　　嫉妒—妒嫉　　讲演—演讲　　代替—替代
　　相互—互相　　来往—往来　　痛苦—苦痛　　整齐—齐整

h. 雅正词语与俗称词语的对照

　　拂尘—蝇甩儿　　性病—脏病　　文盲—睁眼瞎子
　　海蚌—西施舌　　乞丐—叫花子　　置喙—插嘴
　　转瞬—转眼　　蜂拥——窝蜂　　肛门—屁眼儿

一般同义词是在反映、指称同一的事物对象的前提下而存在着些微差异的。这些差异归纳起来有如下几个方面：

a. 强调重点不同

　　理发（强调将乱发理顺）—推头（强调用推子推剪）
　　行营（强调在外布上营寨办公）—行辕（强调驾辕者）
　　吵嘴（强调工具）—吵架（强调打架的性质）

b. 一义异形（音形、字形）

  孔—窟窿　退色—褪色　旮旯—角落

c. 直率词语与婉辞的不同

  投降—投诚　厕所—洗手间/卫生间/化妆室
  死亡—作古/长眠/大去

  同义词现象之所以出现，就是有若干共指一个事物对象的词语，语言使用者可选择出一个最适切的词语来使用，因此同义词从本质上说并不具有可替换性，或者说可替换性不是同义词的本质属性。只不过人们在研究同义词时发现可用甲词对乙词加以替换，遂误导出同义词具有可替换性的结论。例如"款款"在《现汉》第 5 版上标明是个多性词，第一个性项是形容词，[①]是"诚恳、忠诚"的意思，第二个性项是副词，是"慢慢"的意思。但在口语中，人们根本无法将"诚恳、忠诚"义的"款款"用于诸如"他这人非常款款"的语句中，也无法将"慢慢"义的"款款"用于诸如"你甭着急，款款排队吧"的句子中。再如"困难"和"难"在几乎所有的同义词词典中都被视为同义词，然而，在"那 72 个小时，你知道我有多难吗"中，"难"不宜换作"困难"；在"三年困难时期"中，"困难"也难换作"难"。

  同义关系只能发生在同一语言系统的词语间。例如"游水"是现代汉语普通话里的一个词，与"游泳"构成同义关系。粤方言中亦有"游水"一词，它除有可与"游泳"构成同义关系的意义外，尚有"在水中游动的；鲜活"的意义，在此意义上可构成"游水海鲜"这样的短语。粤方言"游水"这一意义，不是普通话所有的，它或可与粤方言中的某个词发生同义关联，却不能与普通话"游泳"一词的意义构成同义关系。

  同义关系只能发生在同一语言的同一共时平面上的词语

[①] "多性词""性项"的说法，见周荐《兼类词词性与多义词义项关系试说——〈现汉〉第 5 版"V+N"式双字词词性标注问题解读》，《辞书研究》2007 年第 3 期。

间。例如海上作战的军队,清代有"水师、海军、海师、舟师"多个词指称,因此"水师、海军、海师、舟师"在清代尤其是清末无疑是具有同义关系的词。但1912年后,尤其是1949年后,大陆只用"海军"指称这种海上作战的部队,而鲜有"水师、海师、舟师"出现,因此"水师、海师、舟师"在现代不再与"海军"构成同义关系。再如"折子"这个词在清代是"奏折"的俗称,因而"折子"和"奏折"构成了清代的一组同义词。但是"折子"也是现代汉语中的一个词,它是"存折"的俗称,因而"折子"和"存折"又构成了现代的一组同义词。

众多的同义词中,古今不同时代造就而共用于现代的同义词是数量最多的。例如"结缡",《现汉》的解释是"古时指女子出嫁",而在现代运用中似已与"结婚"同义,例如:"哈德逊一九九四年加入英国外交部,曾先后派驻萨拉热窝、哈瓦那、布达佩斯,一九九七年他与结缡一年的妻子离异,育有一子。"(《与妓女交欢全入镜上网,英驻俄外交官辞职》,2009年7月11日《澳门日报》)

二 反义和对义

反义词是必能在语言使用者心理上构成反义联想的词语。它分两类:一类是绝对反义词,即肯定是甲必否定为乙,肯定是乙必否定为甲;否定为甲即肯定为乙,否定为乙必肯定为甲。以"死""活"为例:一个生命体,是"死"的状态就不"活",是"活"的状态就不"死";不是"死"的状态便是"活"的状态,不是"活"的状态便是"死"的状态。现实生活中没有既不"死"也不"活"的状态,也不存在着既"死"且"活"的情形。所谓"不死不活""半死不活",说的还都是"活"。[1] 属于此类的反义词再如:

成功—失败　出现—消失　服从—违抗　和平—战争
敏感—迟钝　明白—糊涂　完整—残缺　隐蔽—公开
真理—谬误　动—静　生—熟　弯—直　有—无

---

[1] 参考孙常叙《汉语词汇》,长春:吉林人民出版社,1956年。

另一类是相对反义词,即肯定是甲必否定为乙,肯定是乙必否定为甲;但否定为甲并不意味着肯定为乙,否定为乙也不意味着肯定为甲。以"大""小"为例:一个物体,肯定它是"大"的,那它一定不是"小"的,肯定它是"小"的,那它一定不是"大"的;但说它不是"大",未必就意味着它是"小",说它不是"小",也不一定就意味着它是"大",很可能它是介于中间状态的"中""中不溜"。属于此类的反义词再如:

聪明—愚钝　飞快—缓慢　干净—肮脏　雪白—漆黑
开始—结束　开头—结尾　美丽—丑陋　喜欢—厌恶
长—短　多—少　高—低　冷—热　胖—瘦　首—尾

反义词有的是靠构词的字的异同来别异认同的,如"快速"和"慢速"之所以会构成反义关系,是因为"快""慢"之间构成的两极对立关系。反义词,可以说是离心力大于向心力的一种词义运动。在靠同一个构词的字构成的反义词中,离心力正是由那个不同的字来呈现的,而向心力正是由那个相同的字来呈现的。当然,这一点也不可绝对化,因为不是每一对反义词都必得靠反义字构成的,例如"谦虚"和"骄傲"、"巨人"和"侏儒"。不少反义词确系靠反义词根构成对立,但也不是说由反义字构成的不同的词均可构成反义词,例如"开心"和"关心"、"大米"和"小米",虽然"开"和"关"、"大"和"小"各是反义字,但"开心"和"关心"、"大米"和"小米"却不构成反义词。

众所周知,人们在造词时是存在对称造词的情况的,例如有"冷战"又造出"热战",有"下载"又造出"上传";也有的是词语的选用导致对称现象的出现,例如汉民族共同语中早有"雌伏",又从方言中选出一个"雄起"。对称造出或选用的词,并不就具有反义关系。为一个区域对称造出的词也不一定在所有的区域都通行开来。例如大陆有"空中小姐",台湾地区又对称造出个"空中少爷"(见《新编》)。但是这个"空中少爷"在大陆却无法行得通,因为一提"少爷"就难免予人负面形象。大陆与"空中小姐"

对待的是"空中先生"。"空中小姐"可略作"空姐","空中少爷""空中先生"都无对称的缩略形式。

反义词的造就,体现着人的逆向思维。有了"强大",便需造出"弱小";而这个"弱小"的"弱"和"小",又恰恰是根据与构成"强大"的"强"和"大"两个语素的反义关系推出的。当然,现在还无法确定语言中是先出现"强大"还是先出现"弱小",因而无法确定是哪一个受另一个的影响而推出。但一个词受另一个词的影响而推出,而不是两个词同时出现,应无疑义。一个词因受另一个词的影响而出现,从而使两个词具有反义关系,是受词义运动的规律制约的。并非每一个词都可循此推出另一个词而使彼此间产生反义关系,从而造成造词上的不对称现象,例如有"圆滑"却无"方涩",有"娇柔"却未造出"老刚"之类。这种不对称现象,不仅会发生在构词成分未采用反义字的词语上(如上举例),也会发生在构词成分采用反义字的词语上,例如有"新郎"无"旧郎",有"香醇"无"臭醇",有"高工"无"低工",有"大粪"无"小粪"。当造词者需要在对立的概念中选取一者来作代表的时候,通常也不会再考虑造第二个词,以使之与已造出的词产生意义关系。例如有了"热度",无需再造出"冷度",有了"美感",无需再造出"丑感"。① 不对称可发展为对称,也是造词运动中常见的现象,例如有了"冷战",又造出"热战"。对称发展为不对称,就较难在词汇发展史上发现了。

反义关系只建立在部分词汇单位之间。在这一点上,也体现着反义关系与同义关系的差异。同义词的数量较为庞大,而数量庞大是出于尽量避免一个词重复出现的要求,因而一个词可有不止一个词与之同义;而反义词之间的关系,因为要求有对举出现的语境才可逐渐形成,因而常可见到的有反义关系的词

---

① 造词时总会选取表示积极的语素来作代表,例如造出一个"重量"让它表示物体受到的重力的大小,不必再造"轻量",有了"长度、浓度、深度",也无需再造"短度、淡度、浅度"。有一个例外,当称说酒精浓度时有"高度"又造出"低度",但是当称说物体与地面的垂直距离时,仍只有"高度",而没有"低度"或"矮度""矬度"。

是成对的。

反义词是严格的词义类聚,非词的单位常被一些人拿来说成是反义词,这不能视为正确。例如网上有文,题曰《关于韩寒的七组反义词》,照抄如下:"衣食简朴 vs 挥金如土""随性自然 vs 处心积虑""知识分子 vs 初中文凭""安静赛车 vs 疯狂写作""冷冰冰 vs 好心人""独行侠 vs 意见领袖""传统好公民 vs 先锋意见者"。(王雪艳摘自《时尚先生》2009年第5期)这所谓的"七组反义词",不但不是词的范畴内的反义类聚,是否构成了反义也未可知。

第六节 词义的组合与嬗变

一 意义因搭配而受影响

词与词相邻组合,意义会受到影响。例如"小"最普通的理解是"物体质量大小"的"小",但当"小"与一些特定的词相搭配时,它的意义就被锁定为特有的意义了,如当"小"前出现"娶、做"等字时,它就是"妾"的意义;当"小"前出现"爱"等字时,它就是"不义之财"的意义了。这种导致意义不同的搭配,不见得只发生在实词与实词的搭配间;实词与虚词搭配,也会导致意义发生不同。例如"摔",当它后附"着",组成一个祈使句"小心摔着"时,它指的是人摔倒;而当它后附"了",组成另一个祈使句"小心摔了"时,它指的就既可是人亦可是物了。

词义的衍生有时候靠的是词语经常性的组合,这种词义的衍生多发生在相邻接的词语间,是为相邻搭配而感染。例如"文革"中只要领袖一出现,新闻中必出现"神采奕奕"一词来描述他如何如何健康。久而久之"奕奕"与"神采"结合紧密,"神采奕奕"似乎成为了一个新的固定短语,而"奕奕"一词仿佛也就成为了专门用来说明"神采"的一个形容词了。其实"神采""奕奕"各是一个独立的词,它们可组合一起使用,亦可独立自由使用;"奕奕"也不是专门用来形容"神采"的一个形容词。"神采"可以"飞扬","奕奕"亦可说明"精神"等。再如"抓紧",在《现汉》中的释义是"紧紧地把握住,不放松"。由于"抓紧"常与"时间"结合,因而在一定语境条件下,"抓紧"无需再结合以"时间"即可表达"抓紧时间"的意义,即"抓紧"本身亦似乎产生出时间的意义。上述例子都是词义因词语相邻,进行经常性的组合而发生感染,使得本没有某一意义内容的词语增添某一意义内容的情况。

意义因搭配发生感染的情况,可能只发生在部分区域,而不是发生在整个语言中。例如"昭著"在大陆常与"恶名""臭名"等贬词组合在一起,遂导致"昭著"也染上了贬损的意义。《现汉》第5版为"昭著"所作的释义是"明显",虽未说明它是贬义的,但其举出的两个例子却都是贬的用例:"恶名～｜罪行～"。但"昭著"在大陆之外的汉语区域却未必总用于贬的场合,例如,2012年3月25日出版的《亚洲周刊》(香港)刊一文,中有"他的父亲习仲勋位居共和国的高层,在建国过程中功绩昭著"这样的句子,"昭著"在这里非但不是贬义,而且显然是褒义。

词语经常性的组配,有些可能逐渐演化成不同词语间的固定性搭配,如"伸张"与"正义"的搭配。不同词语间的固定性搭配,少有两个词都只与对方发生搭配关系而绝不与他词发生搭配的情况。这种情况如果发生,它们一般也只能是已凝固为固定短语的内部的组配情况了,例如"鸡零"只与"狗碎"相组配,它们二者组配成"鸡零狗碎"。我们通常见到的情况是甲词一般只与乙词搭配,而乙词除经常与甲词搭配外,亦可与丙词、丁词等搭配,或者还可独立自由地使用。例如"伸张"就只与"正义"搭配,而"正义"除可与"伸张"搭配外,亦可与"宣示"等搭配;"苦心"除可与"孤诣"搭配外,还可与"经营"等搭配,甚至可以独立自由使用,而"孤诣"除可与"苦心"相组配出现在"苦心孤诣"这个固定短语中之外,几乎再无其他可能。

不可否认,词语的固定搭配是一些词语凝为一体,并最终演化为固定短语的一个重要原因。词语间的这种相邻接的搭配日久,可能会带来人们词语运用上的定势趋向。《现汉》第5版收了"谰言"却未收"无耻谰言"。其实人们在用到"谰言"时很少不将其与"无耻"连用在一起,连《现汉》为"谰言"所举的用例也是"无耻谰言"。"无耻谰言"实际上已是一个固定短语,语文工具书应予收立。

词语经常性的固定搭配,亦可造成人们对某些词语的习惯性的理解。例如,"记者会"很长一段时间里都被说成是"记者招待会",予人的感觉似乎凡请记者出席的说明会、提问会等等,都要配以招待。曾有一段时间,一说领导讲话必加"重要"二字,久而久之,"领导""重要""讲话"有了经常性组合的趋势。

搭配,还要注意词语间的语义色彩。一般来说,语义积极的词语要与语义积极的词语相组配,而不大与语义消极的词语相组配。例如"侥幸",意为因偶然或意想不到的原因而成功或免灾,所以其后必带有表示成功的词如"获胜""出线",而不能带有表示失败的词如"输球""败北"。词语的搭配还要注意词语的节律问题。通常见到的情况是单音节词与单音节词组配,双音节词与双音节词组配。例如,"最为"后必结合以双音节词如"出色",而不能结合以单音节词如"好"。

二 意义变迁的类型

词语单位意义的变迁,有义位的变迁,也有非义位的变迁。齐佩瑢《训诂学概论》(中华书局,2004)归纳为六种:有缩小式,如"朕"原为自称之词,到秦代成为皇帝的自称;有扩大式,如"江""河"本为专称词,后演变为通称词;有变坏式,如"臭"本是"气"的意思,后演变为"不好闻的气"的意思;有变好式,如"士"本只是王的臣仆、军士的意思,后演变为"居四民之首"的"士",成为一个重要的阶层了;有变强式,如"干"本为"求"义,后演变为"犯"义,意思加重;有变弱式,如"取"原为"夺获"之义,后演变为一般意义上的取获。但一般学者所研究的意义变迁,主要是三大类:意义的扩大、意义的缩小和意义的转移。

意义的扩大,有学者指是限定性的义素减少所致。[①] 例如"先生"一词原只指男性的教师,这是因为中国古代为师者一般就只是男性。近现代以来,随着女性教师的愈益增多,"先生"一词的"男性"那个限定性义素被去掉了,因此这个词就不再仅指男性,不再是"男教师"的同义词,而也可指女教师,发展为"教师"的同义词了。由此可见"先生"一词的意义比之过去扩大了。这样的扩大,是意义所指的扩大、指称范围的扩大。

意义扩大,从词位的角度看还有义项增多的一类。义项增多也属义位变迁,对于一个词位而言,义项增多自然而然也带来了词义所指的扩大、指称范围的扩大。义项增多所凭借的方法主要有两种,一种是一般的推衍,另一种是特殊的推衍,凭靠着某种修辞式的手段。靠一般推衍产生新义的方法叫引申法,所产生出来的义项叫引申义。例如"化装"的义项"❷改变装束、容貌;假扮"就是在义项"❶演员为了适合所扮演的角色的形象而修饰容貌"的基础上推衍引申出来的。靠特殊推衍产生新义的方法主要是比喻法和借代法。靠比喻法产生出来的义项叫比喻义,靠借代法产生出来的义项叫借代义。靠比喻法衍生出多义的词汇单位如"心脏",它有两个义项:"❶心①。❷比喻中心或最重要的部分。"义项②就是在义项①的基础上靠打比方的方式产生出来的,是比喻义。靠借代法衍生出多义的词汇单位如"门房",它有两个义项:"❶大门口看门用的房子。❷看门的人。"义项②就是在义项①的基础上靠借代的方式产生出来的,是借代义。比喻义、借代义,其实都是引申义,只不过它们是凭靠某种特殊的修辞式的手段衍生出的特殊的引申义。任何一类引申义,都是相对于该引申义所从出的意义而言的。引申义所从出的意义,叫基础义。基础义并非本义、基本义。本义又名原始义,是一个词汇单位可以考察出来的最早的意义,例如"兵"的"武器"义。基本义是一个词汇单位诸多义项中最为常见、常用

[①] 参考蒋绍愚《词义的发展和变化》,《语文研究》1985 年第 2 期。

的那个义项,例如"兵"的"军人"义。新增义的语法属性未必与基础义的语法属性一致。如"宅",一直是名词性的,最近一二十年衍生出"呆在家里不出门"的动词义项,如"宅在家里"。

新增的引申义是从已有的基础义衍生出来的,一些单位在引申的过程之中免不了会掺杂有一定的夸张的成分。例如"含金量"并不一定指某物当中所含有的黄金的实际重量,如奥运会给获得第一名的运动员颁发的金牌,其所含有的黄金仅有6克。但谁都知道,在任何一个国家和地区,这块金牌的政治价值、社会价值和它真正的经济价值不是区区6克黄金所能换来的。

意义的缩小,是限定性义素增加所致。例如"兄""弟",在先秦不仅可指男性的同辈份亲属,亦可指女性的同辈份亲属。《孟子·万章上》:"弥子之妻与子路之妻,兄弟也。"至汉初,仍有如此用法。《汉书·樊哙传》:"哙以吕后弟吕须为妇,生子伉。"大约也是汉初,"兄""弟"已被一些著作添加上了性别义素,导致意义缩小。如成书于西汉初年的《尔雅·释亲》:"男子先生为兄,后生为弟。"

意义缩小,从词位的角度看还有义项减少的一类。义项减少也属义位变迁,对于一个词位而言,义项减少自然也带来了词义所指、指称范围的缩小。例如"卷烟"一词,《现汉》收了两个义项,都是名词性的:"❶香烟。❷雪茄。"但在中国大陆最困难的年月,"卷烟"一词还有一个动词性的义项,即"用纸把烟草卷成香烟状"。

意义的转移,指中心义素发生了变化。例如"百姓",《现汉》释义为:"军人和官员以外的人。"但古代,"百姓"却是官而不是民。《诗·小雅·天保》:"群黎百姓,遍为尔德。"《毛传》释曰:"百姓,百官族姓也。"《孔传》云:"百姓谓百官族姓。"意义转移的例子在今天也不难看到,如在一些方言中"去"有饰演的意义,如"在那出戏里他去的是焦赞";"短"有欠钱义,如"我不短你什么钱呀";"听"在普通话中最基本的义项是"用耳朵接受声音",而在冀东、冀中等地区,则是"用鼻子嗅(气味)"的意思。词语意义的变迁,在古今汉语中亦有表现,例如"闻"在现代汉语中的基本义是"用鼻子嗅(气味)",而在古汉语中却是"用耳朵接受声音"的意思;"街坊"原指物,如宋·高翥《感怀二首》之一:"店舍无烟兵火后,街坊有月试灯前。荒凉古驿闻吹笛,老泪纵横落枕边",如今变成指邻人。

词义的转移可能会因有影响的词典的释义而发生。例如"息影"一词,本《庄子·渔父》:"不知处阴以休影,处静以息迹,愚亦甚矣!"后因以"息影"谓归隐闲居。南朝宋·谢灵运《游南亭》诗:"逝将秋水至,息景偃旧崖。"唐·白居易《重题香炉峰下草堂东壁》诗:"喜入山林初息影,厌趋朝市久劳生。"清·江藩《汉学师承记·黄宗羲》:"宗羲虽杜门息景,然位在列卿,而江湖侠士多来投止。"徐迟《牡丹》四:"他在天津租界上息影三年多,又出现在武汉。"1960 年《现汉》试印本和 1965 年《现汉》试用本均未收"息影";1978 年版的《现汉》和 1996 年《现汉》修订本都只收"息影"的一个义项:"指退隐闲居"。而 2005 年《现汉》第 5 版和 2012 年《现汉》第 6 版列出两个义项:"❶指退隐闲居。❷指影视演员结束演艺生涯,不再拍戏。"或许正是因为此一增列,不少人望文生训,将"息影"只理解成"影视演员结束演艺生涯,不再拍戏"。近些年来凡网上和媒体上出现"息影"一词,多数谈的就是演员的行止。

转义使用既久,在使用者心目中就有可能变成常用的了。例如凤凰卫视 2012 年 1 月 30 日 19 时有一个节目为"内地民众期待新年新'气象'",这"气象"说的是天气,是本义,本来是无需打上引号的。但是由于"气象"经常性地用于转义,现在突然用于本义,只好给它加引号了。

字义的发展和演化未必与字本身相关,而可能是字外因素决定的。例如"顺"字本无盗窃义,近年来逐渐衍生出了盗窃义,如"这个家伙不但蹭了李家一顿饭,而且临走还顺走了一双金属筷子",其中"顺"就具有了盗窃义。"顺"的这个盗窃义并非与生俱来的,也不是靠这个字本身产生的,而是靠"顺手牵羊"这个成语产生的。

词语意义的变迁,除有理性义的变迁,亦有感性义的变迁。感性义的变迁,因为主要是感性色彩的有无导致词义的变化,因而它主要是在意义转移这一类中谈。例如"特务"本无特殊的色彩(抗战时期的国军还有"特务员"这样的官职),但后来的使用却使之增添了贬损的色彩。再如"文革"时,称某人"同志"便是将其视为自己人,称某人"小姐"便是将其看作是地主资产阶级分子。"同志"原本并非褒义词,"小姐"原本也不是贬义词,但在"文革"中,它们的感性义发生了变化。随着国家政治生活重新走上正轨,被强制性地加上某种感情色彩的"同志""小姐",又恢复了正常。恢复了常态,也是它们的感情色彩的变化。不过,在这两个词身上所呈现出来的意义的变化似乎并未随政治生活的变化而终止,"同志"一词近些年来又被用来作为一些性取向相同的人们的称呼,"小姐"也被一些人常用于指称女性性工作者。当然,"同志""小姐"如今的意义变化已非感性义的变化,而是理性义的变化了。

思考题:

一、字义对词义的影响,究竟有多大?

二、意义的变迁还有哪些类型?

三、感性义是否与理性义、语法意义一样为任何一个词所必具?

四、词义除有相邻搭配感染的情况外,有无间隔搭配感染的情况?

第六章 熟　语

第一节　熟语范围的界定

　　与词相比较,熟语存在着一定的特殊性质,因此被一些学者称作"特殊词汇"。其实,熟语有其特殊性,但有特殊性的未必就是成语、歇后语、谚语等类熟语,还有其他。因此,特殊词汇是包括了前文所谈的仂语、这里所谈的熟语,以及其他一些在性质上与词存在差异的词汇单位。

　　熟语是个异质庞杂的词汇集合体,因此需要对其作进一步的界定。一般道理上看,凡语言中固定性的结构体,因为它们不是自由短语,所以均有资格称作熟语。但是作为语言词汇一部分的熟语,还需要具有词汇的一些性质特点,尽管它跟词这样典型的词汇相比是比较特殊的一类。

　　什么样的单位可纳入熟语？成语、惯用语、谚语、歇后语等纳入熟语之中,似较少争议,因为它们从词长的角度看,是由词与词结构而成的大于词的单位,但同时它们在语句中的功用又与词大致一样,通常是作为一个句子成分出现的。但其他一些"语"是否可以纳入熟语之中争议就大了,因为它们虽也是由词与词组结而成的一个结构体,但由于它们词长过长,通常不是作为一个句子成分出现,而是作为一个独立的句子来用的,如标语、口号、楹联的联语。

　　联语只能算是作品,是言语成品,不能再算语言词汇的单位

了。有些联语当初创作时即是按照联语的要求来创作的,就只是一副对子,如:

升官发财请往他处,贪生怕死勿入斯门(黄埔军校)
数百年旧家无非积德,第一件好事还是读书(张元济)

有些联语却是更大的作品中的一部分,被人截取下来作为联语来用。例如"苟利国家生死以,岂因祸福避趋之"就是从林则徐《赴戍登程口占示家人》的诗中截取出来的。从语言的角度看,联语有许多值得研究之处。如绝大多数联语语言是完整的,但也有一些联语使用的是歇后的方式,例如"君子之交淡如,醉翁之意不在"(江盈科《雪涛谐史》),前句被歇掉的是"水",后句被歇掉的是"酒"。联语是中国传统文学作品的一类,用事常见,即使是现代人的仿古之作。例如"返国空余挂墓剑,斫泥难觅运风斤"(郭沫若),前句用的是《史记·吴太伯世家》所载延陵季子的典故,后句所用的是《庄子·徐无鬼》中匠人运斤的典故。

标语和口号性质接近,也可以说:标语是写在纸上贴在墙壁上的口号,口号是宣之于口的标语。标语和口号词长如果很长,不独立充当句子成分,不宜再视为熟语;词长如果较短,独立充当句子成分,是可以将其纳入熟语之中的。标语和口号从内容上看,有些是鼓动性的,有些是诫惕性的,都带有极强的时代色彩,政治宣教味较浓。例如"要想奔小康,土地是保障"。当然,口号尤其是标语亦有非政治性宣教的,例如关于安全方面的"生命只有一次,平安幸福一生"。标语和口号不见得只见于现代,古人的标语和口号也间或可见,如"但存方寸地,留与子孙耕"。

第二节 成语

一 成语的形成和特点

成语是以四字格为其典型格式的。从成语开始形成的先秦时代看,四字语式已作为固定的格式为当时的"汉"语所采用。

《诗经》所收作品,绝大多数都有四字格的诗句。《诗经》之前,很少有四字连缀、整齐划一的语言形式。因此,四言为主、形式整齐的《诗经》语言的出现,给当时社会带来的影响是不小的。春秋时代语言形式上的解放,不仅表现在记录各家学派思想、学说的书文以散文的语言形式为主,即或诗歌语言也受当时时代大潮的影响,散文体诗歌《楚辞》的应运而生即是其例。然而,在经历了春秋战国的时代大动荡之后,《诗经》语言不仅未为散文语言所取代,《诗经》式的诗语不但没有被《楚辞》式的诗语所代替,反而立定脚跟,在当时获得了独领风骚的地位,并且给后世以极大的影响。汉魏四言诗和六朝骈文的语言形式,都很难说与《诗经》的语言毫无承继关系。人们喜爱诗的语言,因为诗的语言凝炼而典雅,它要求字约意丰,要求既给人留下充分的想象空间,又不允许人们的思想无拘无束任意驰骋,从而给人以美的感受。人们喜爱四字格这种诗的语言形式,因为它符合汉人形成既久的重偶轻奇的语言心理。

　　由《诗经》形成的成语一般都采用四字格的形式,如"赳赳武夫、求之不得、螓首蛾眉、求其友声"。即使在《诗经》中原非四字格的形式,形成成语时也成了四字格,如"弄璋之喜、瓶罄罍耻、匍匐之救、千仓万箱"。

　　正因有《诗经》在四字格形成上的巨大影响,才出现了春秋末年及以后《论语》等著作对四字格进一步形成和发展的促进作用。《论语》中的语句以四字格的形式凝固成的成语更为习见,如"名正言顺、披发左衽、精益求精、敬而远之"。先秦时代其他经书中的语句形成的成语也以四字格为常,有的是本身为四字而径被援用,如"母以子贵"径源自《公羊传》,"涅而不缁"径源自《论语》,"推燥居湿"径源自《孝经》,"如释重负"径源自《穀梁传》;有的是本身原非四字格却被剪裁成四字格使用,如"泣血稽颡"剪裁自《仪礼》"主人哭拜,稽颡成踊","难乎为继"剪裁自《礼记》"哀则哀矣,而难为继也","木本水源"剪裁自《左传》"我在伯父,犹衣服之有冠冕,木水之有本原,民人之有谋主也","思不出位"剪裁自《易》"兼山，艮，君子以思不出其位"。人们从《诗经》和其他经书援用四字格形式而不大援用非四字格形式，将非四字格形式剪裁成四字格形式使用，这本身亦可说明《诗经》的四字格雅言范式对当时和后世的巨大影响。

十三经之外的子书、史书中形成的成语，也多以四字格为基本形式。例如，《老子》的"金玉满堂、和光同尘"，《庄子》的"鬼斧神工、害群之马"，《荀子》的"祸与福邻、狗彘不若"，《墨子》的"攻城野战、坚甲利兵"，《韩非子》的"汗马之劳、国富兵强"，《列子》的"假力于人、歌声绕梁"，《管子》的"规矩绳墨、隔墙有耳"，《晏子春秋》的"贵不凌贱、临难铸兵"，《吕氏春秋》的"疥癣之疾、户枢不蠹"，《楚辞》的"怀瑾握瑜、回肠九转"，《战国策》的"狐藉虎威、高枕无忧"，《国语》的"股掌之上、见异思迁"，《逸周书》的"寡不敌众、令行禁止"，《吴越春秋》的"骨腾肉飞"。

先秦之后历代形成的成语也多以四字格为基本格式。例如，汉代司马迁《史记》的"三寸之舌、面折廷争"，班固《汉书》的"相待而成、弹冠相庆"，晋代葛洪《抱朴子》的"鲁鱼亥豕、十室九空"，南朝宋刘义庆《世说新语》的"唐突西施、望梅止渴"，唐代杜甫《杜工部集》的"才过屈宋、惨淡经营"，柳宗元《柳河东集》的"披肝沥胆、黔驴技穷"，宋代朱熹《朱子语类》的"一刀两断、一了百了"，普济《五灯会元》的"弄巧成拙、叶落知秋"，元代王实甫《西厢记》的"文章魁首、杏脸桃腮"，明代兰陵笑笑生《金瓶梅》的"同归于尽、虚情假意"，吴承恩《西游记》的"摇身一变、庸医杀人"，清代曹雪芹《红楼梦》的"燕妒莺惭、无法无天"，蒲松龄《聊斋志异》的"艳如桃李、面目全非"。今天为绝大多数人认可的成语有相当一部分就是四字格的。

当然，说成语的典型形式是四字格，就意味着成语也还有一些是非四字格的，如在不少成语类工具书中不难见到的"掉书袋、牛马走、家书抵万金、物不平则鸣、顾左右而言他、冒天下之大不韪"以及"起死人，肉白骨""是可忍，孰不可忍"。非四字格而被称作成语的单位在《中国成语大辞典》中只有794个，仅约占总数的 4.43%。即使那些非四字格的单位可以被称作"成语",也不影响我们对整个成语的类所作出的基本估计:四字格是成语的典型格式。

除了典型格式是四字格之外,成语还有如下一些性质特点:一、不是瞬间可造就的单位,它总得有一个逐渐"成""语"的过程;二、语体是书面的,语意是典雅的;三、都是全民语言中的语汇单位,方言中的和/或个人言语中的单位不是语言的成语。

从形成的角度看,与词、惯用语、歇后语等熟语可于瞬间造出相比,成语很难在短时间内造出,而总需一定的历史过程,需经一个较为漫长的"成"的过程而后才成其为"语"。有人认为现代汉语中存在着"新成语",并编出了《汉语新成语词典》(陕西人民教育出版社,1986)之类的书;有的书文将"正龙拍虎、细牛画楼、秋雨含泪、兆山羡鬼"收入,并认为是"四大新成语";有网民造出"不明觉厉、十动然拒、男默女泪、火钳刘明、累觉不爱、喜大普奔、细思恐极、人艰不拆"这样的"自造网络成语"。这些瞬间造就的俗而不雅的单位能否就算成语,是还需斟酌的。

成语从被造出到定型,要经过一个不太短的使用期。今天所看到的成语有相当一部分可追溯到先秦,是在先秦即已有雏形而后定型的。先秦著作中的语句形成后世的成语较多的主要是十三经,其中又以《论语》为最,有 255 条之多。它们多从汉代开始逐渐为人引用而被人视为成语,鲜有在先秦即为人所引用而被人视为成语的情况。成语当然不止是在先秦造出,也有不少是在先秦后乃至近现代造出的。即或是近现代才造出的成语,也得经历一个由造出到被人广为征引的过程。这当中,一个人生前有无名气往往会决定其所说的某个语句能否较快地转化为成语。一般地说,生前有较大知名度的人,他所说的一些话容易被引用,也易化为成语;生前没有什么知名度而身后才为人知的人,他所说的一些话就不大容易很快被引用并化为成语。有些类似成语的单位之所以未为多数人视为成语,恐与其出自的著作并不著名有关。如《新编》收有"惊神泣鬼"一条,注明出自

《幼学琼林·文事》"惊神泣鬼,皆言词赋之雄豪"。《现汉》未收此条,不视之为成语。

成语一般都具有古雅的色彩。古代造出的成语,一部分是文人创作,自然带有古雅的色调,如"牝鸡司晨、千里一曲、巧言如簧、日不移晷";一部分是民间创作,它们虽或用的是当时的口语,但那口语词汇却由于语言发展而为今人视作古雅的语言成分,如"肉食者鄙、如烹小鲜、三豕涉河、孤注一掷"。后世创作的成语常是仿古之作,在语义上用上含古雅色彩的语素,如"欧风美雨"(秋瑾《自拟檄文》)、"华屋丘墟"(鲁迅《且介亭杂文》)。如果古人的创作所用的语素在今人看来并不古雅或并未变得古雅,今人的创作所用的语素是通俗直白的,这被造出的单位就很难被视为成语,如"盗憎主人"(《左传·成公十五年》)、"口不二价"(《后汉书·韩康》)、"穷坑难满"(宋·吴曾《能改斋漫录》)、"财动人心"(元·石君宝《秋胡戏妻》三折)和"仨饱俩倒、手眼通天、洗手不干、有一得一"以及"干瞪眼、八字没一撇、长痛不如短痛、死猪不怕开水烫"。

熟语之有雅俗之分,乃是语言自书面语产生以来所出现的自然分化,也是词汇的一种现实状貌。成语之所以具有书面性,原因就在于其结构中常会含有一些古朴、典雅的成分,例如"元恶大憝"中的"憝","辙乱旗靡"中的"靡","如埙如篪"中的"埙、篪","蒙袂辑屦"中的"袂、屦","革故鼎新"中的"革、故、鼎","萧敷艾荣"中的"萧、敷、艾、荣"。现代俗字词是绝对不会用于造成语的。成语一般都历史久远,其中的大部分在古人造出后即投入使用,之后即辗转流布开来。成语中只有一小部分产生于晚近。成语悠久的历史,使其中古朴、典雅的成分愈趋古朴、典雅,使时为口语性的成分在后人心目中变得古朴、典雅。形成于近现代的成语,其中也常出现一些古朴、典雅的成分,而不是近现代的口语成分,至少不是常用并流传至今的口语成分。古朴而典雅的成分之所以会为近现代人创造近现代的成语时用于其中,缘于这些成语的创造者深厚的旧学根底和使用古朴、典雅的语言成分的积习，以及由此产生出来的刻意的仿古意识和行为。这些成语的创造者或也意识到所创作的成语中出现的古朴、典雅的成分较难为近现代的大众所理解和接受，他们中的一些人便有意识地为那些成语中古朴而典雅的成分做些注解或说明的工作，或者在所造成语被说出之后再说出与该成语语意近同的另一句浅白的俗语以为诠释。知识分子在言谈中喜用成语，而普通百姓在言谈中却爱用俗语。同一内容，汉语常有成语、俗语供不同文化层次的人们选用。

成语多来自古代典雅的语句，但并非古代典雅的语句皆可化作成语。例如古人的文章中可能会有多个句子有化作成语的可能，但是实际上却只有个别的句子化作了成语，其他句子没有成为成语。如《左传·僖公十五年》"乱气狡愤、阴血周作、张脉偾兴、外强中干"连用，却只有"外强中干"成为了后世的成语。西汉·扬雄《解难》有如下一段话："典谟之篇，雅颂之声，不温纯深润，则不足以扬鸿烈而章缋熙。盖胥靡为宰，寂寞为尸；大味必淡，大音必希；大语叫叫，大道低回。是以声之眇者不可同于众人之耳，形之美者不可棍（混）于世俗之目，辞之衍者不可齐于庸人之听。"至少可有"温纯深润、鸿烈缋熙（或"扬鸿章缋""扬鸿烈，章缋熙"）、胥靡为宰、寂寞为尸、大味必淡、大音必希、大语叫叫、大道低回"以及"声眇同耳、形美混目、辞衍齐听"等有资格形成后世的成语，却没有形成为成语。《宋史·朱熹传》："方是时，士之绳趋尺步，稍以儒名者，无所容其身。""绳趋尺步"似也很少为后世的成语词典所收入。清·王念孙《广雅疏证·序》中道："训诂之旨，本于声音。故有声同字异，声近义同。虽或类聚群分，实亦同条共贯。譬如振裘必提其领，举网必挈其纲。""振裘提领、举网挈纲"本也有形成成语的资格，但却终竟没有形成为成语。

凡常用的成语，《现汉》都将其作为重要的收取对象。在该词典编者看来，成语是与"人民、打击""穿小鞋、乱弹琴"等单位有着词汇单位的同一性的。而绝大多数的歇后语、惯用语和谚语却绝少为《现汉》和成语类工具书所收入。所以会如此,还是因为成语与他类熟语性质特点有别。

不容忽略的是,成语和谚语有时会存在着难辨易混的情况。这种情形多发生在谚语向成语转化的过程中。一些成语正是由古谚转化来的,如"察见渊鱼"源自《列子》所记的"周谚":"察见渊鱼者不祥,智料隐匿者有殃。""长袖善舞"源自《韩非子》所记的"鄙谚":"长袖善舞,多钱善贾。""投鼠忌器"源自《汉书》所记的"里谚":"欲投鼠而忌器。""亡羊补牢"源自《战国策》所记的"鄙语":"见兔而顾犬,未为晚也;亡羊而补牢,未为迟也。"

谚语本不同于成语,《说文》:"谚,传言也。"段玉裁注:"传言者,古语也。"部分谚语之所以能够转变为成语,从客观上讲,一般都历史久远,而且在经典而权威的著作中出现过;从主观上说,乃是语言发展到后世,人们比较前代的某个谚语,因其古旧不觉其俗反觉其雅所致。

并非所有的谚语都能演变为成语或直接转化为成语,如上所举对偶句式的谚语"察见渊鱼者不祥,智料隐匿者有殃"和"长袖善舞,多钱善贾"就都是部分地转变成了成语。为文献所记录而未变为成语的古谚更难计数。究其原因,除了多条谚语语意相类重复,只可能其中的某一条化为成语而另外的仍为谚语外,更多的情况恐怕还是,那些谚语所用的成分不但在当世过于俗白,而且到后世亦未变得典雅。属于此类的例子可以举出很多,如见于《史记》的"百里不贩樵,千里不贩籴""力田不如逢年,善仕不如遇合",见于《汉书》的"鬻棺者欲岁之疫""遗子黄金满籝,不如一经",见于《尔雅翼》的"一亩之地,三蛇九鼠",见于《埤雅》的"黄栗留,看我麦黄葚熟",见于《水经注》的"东驴西磨,麦城自破""高粱无上源,清泉无下尾",见于《能改斋漫录》的"盛喜中不许人物,盛怒中不答人简",见于《七修类稿》的"未看山头土,先观屋下人""上说天堂,下说苏杭"。

有些古谚虽历史也很久远,也可以出现在经典而权威的著作中,却是大众创作的成品,在经典而权威的著作中出现只是被引用，在相当长的一段历史时期内一直被视为不登大雅之堂的"俗语"，此类谚语鲜有变为成语者。近现代以来出现的谚语，因其更为通俗直白、口语化而不大可能在今天即被人们视作成语，如"对事不对人、陈谷子烂芝麻、朝里有人好做官、舍不得孩子打不着狼"。

除谚语外，其他类别的俗语亦有可以和不可以转化为成语的两种情况。他类俗语演变为成语的情况一如谚语，也多发生于古代。一些在文人雅士看来不雅的"俗语"，今天已有不少被视为当然的成语，如清·郑志鸿《常语寻源》辑入的"束之高阁、水落石出、得陇望蜀、画蛇添足"，钱大昭《迩言》辑入的"瓜田李下、鹿死谁手、因噎废食、吹毛求疵"，胡式钰《语窦》辑入的"掩耳盗铃、捕风捉影、酒囊饭袋、怒发冲冠"，钱大昕《恒言录》辑入的"藏头亢脑、改头换面、粗枝大叶、拖泥带水"，翟灏《通俗编》辑入的"炙手可热、束手无策、推心置腹、仰人鼻息"，近人罗振玉《俗说》辑入的"天造地设、神头鬼面、一毛不拔、蝇头微利"，胡朴安《俗语典》辑入的"味同嚼蜡、患得患失、天衣无缝、炮龙烹凤"，也都可认为已完成了向成语转化的过程，具有了成语的资格。但古人尤其是近现代人所造和使用的俗语，因其少用古朴、典雅的成分，很难一下子就转变为成语，有的甚至恐怕永远无法变为成语。

既然语言发展史上存在着俗语向成语转化的情况，那么，实际语言中就势必存在着处于转变过程之中的中介状态的事实。如"分斤掰两、风风火火、山高水低、打爹骂娘、打蛇打七寸、牛头不对马嘴"以及"天不怕,地不怕""三分像人,七分像鬼"，似乎就很难遽将其归入成语或仍将其归入俗语中的某个类别。相信随着时代的发展和语言的变迁，这些俗语中的大多数单位，后人会将其归入适当的类属。从语言发展的大势看，归入成语的可能性要大于归入俗语的可能性。因为，今人理解无障碍的单位很可能在后人看来变得不那么通俗、直白了。当然，到了那个时代，又会出现新的处于过渡状态的熟语单位，又需要语言自身和语言的使用者对其归属作出抉择。需要指出的是,不同种类词汇单位间转化情况的存在,不应被用作否认不同种类词汇单位间存在本质区别的根据。站在共时的角度上,无论是士大夫、知识分子还是识字不多的普通百姓,他们大多能够轻而易举地分辨出"雅"的熟语和"俗"的熟语,个中原因也主要在于两者存在着本质的区别:前者多含有古朴、典雅的成分,形式也整齐划一;后者多是通俗、直白的成分,形式也复杂多样。

成语是经历了历史的沙汰后保存下来的词汇珍品。千百年的流传和使用,使得汉语中的成语成为了稳定的词汇单位,为中华民族大家庭的成员耳熟能详。成语一般不能是方言的。尽管有些成语最初来自方言,有的单位可能还多少留有方言的痕迹,但只要它是成语,就具有汉民族共同语词汇单位的资格。如"吴牛喘月、误打误撞"最初都来自方言,而今已成为全民族的词汇单位。成语也不是个人的。成语当然也和其他词汇单位一样,一般是先由个别人造出而后才在社会上普遍使用开来为全民所接受,并最终成为全民的词汇单位的。但成语一经成为成语,就不再具有个人性,不再是言语的作品,而成为了语言的词汇单位。

成语的上述性质特点并不也突出地表现在他类熟语单位上。

歇后语是较易带上方言色彩和个人印记的一类单位。不少歇后语只在方言区域内使用,可证歇后语所具的方言性。如用于天津方言的"二小儿扛房梁——顶那儿了""杨柳青的瞎子——无有亲人",用于北京方言的"老妈儿抱孩子——人家的""老太太喝豆汁儿——好稀",用于粤方言的"哑仔断奶——有苦难言""瓷器棺材——唔漏汁""亚茂整饼——无嘅样整嘅样"。只在某个人数极少的群落中使用的歇后语,表现出个人性。

惯用语也同样是易于带上方言色彩和个人印记的一类熟语。许多惯用语只在方言区域内使用,其他方言的人不用,甚至根本听不懂。如用于天津方言的"编笆造膜儿""吃顺不吃戗",

用于北京方言的"话到是礼""过得去针儿,还得过得去线儿",用于粤方言的"落笔打三更""你唔嫌我箩疏,我唔嫌你米碎"。方言中的惯用语,因为在百姓口中随造随用,数量应该不菲。特别是那些语言文化较具独特性的方言,就更是如此。例如《香港粤语惯用语》(香港城市大学出版社,2008)一书就筛选出近3,000条作者认定的惯用语。只在某个人数极少的群落里使用的惯用语,也表现出个人性。

谚语也是比较容易带上方言色彩和个人印记的一类熟语,特别是那些表现地方特有的风物、风土人情的谚语。如在冀东地区较为流行的"头伏萝卜二伏菜""白露早,寒露迟,秋分种麦正当时"就不大在其他地区流行,在江南地区流行的"过了黄梅卖蓑衣""黄梅无雨半年荒"通常也不在另外的地区通用。再如无锡谚语"城头上出棺材——远兜远转",广东谚语"长命工夫长命做",乐山谚语"大佛洗脚,乐山洗澡"。有些谚语似乎只在某个极狭小的区域内流行,例如2010年6月24日《三湘都市报》报道,说长沙市雨花区洞井镇红星村曾经有条谚语,道是:"有女莫嫁洞井铺,三年磨烂两条裤。"只在某个人数极少的群落里使用的谚语,也表现出个人性。当然,地方性的谚语可能成为全民的谚语,如"不管黄猫黑猫,能逮住老鼠的就是好猫"。

我们指出歇后语、惯用语、谚语的方言性和言语性,并不是也将它们中的一些单位所带有的共同语的性质和全民的性质抹杀掉,而是以此证明:在歇后语、惯用语、谚语等熟语上所表现出来的方言和共同语、全民和个人的两重性,并不也在成语上那么突出地表现出来,成语所具的共同语的性质和全民的性质是其本身的重要特点之一,也是其区别于他类熟语的重要方面。

二 字面义和非字面义

四字格的成语单位,有的一半结构成分,有的全部结构成分靠的是比喻的手法,例如"心急火燎、高枕无忧、锦心绣口、龙腾虎跃"。因此,如果说到成语的特点,比喻的手法的确可以算作是其中之一。有学者将这种比喻手法所造成的意义称作"双层义"。更进一步,将字面义、非字面义作为判定成语与非成语的根本标准,认为成语的意义都是双层义的或非字面义的,而有字面义的词汇单位,都不是成语。这种看法似有可商榷之处。首先,比喻只是手法,是造词造语的手法,并非意义类型,更非意义本身。用比喻的手法造出来的成语,其意义的确不是可以径照字面领会的。但是,不能径照字面领会的意义,不好说就是"非字面义"。因为如果说那个意义是"双层义"或"非字面义"的话,那就意味着还有另外一个"字面义"的存在。而事实上,靠比喻的手法造就的成语,其意义一般也只有不能照字面上的汉字来领会的那一个,别无其他。例如"脱胎换骨",它的不能照字面来理解的意义,就是"彻底改变立场观点",此外无任何其他"字面义"。其次,成语也不全都是靠比喻手法造就的。有的成语,其意义就是从字面上领会的那个意义,它们亦无另外的什么"非字面义",例如古代的"鞠躬尽瘁",现代的"与时俱进"。

有些非词汇单位日后发展成为成语,其所凭靠的正是那种不能从字面上直接理解的意义。若没有这种非字面的意义,该单位可能还只是自由短语,不能视为固定的词汇单位,更不能看作是成语。例如"相向而行",原本只是个自由短语,意思就是"朝同一目标,面对面运动"。最近这些年来又生出一个字面之外的意义:"表述双方目标一致,一致行动。"在政治、外交问题叙述时,常用"相向而行"来表达双方具有共同目标或共同愿景、有共识等。正因为有了这样的非字面的意义,它才"升格"为成语。所谓的"字面义""非字面义",是不能作为成语与非成语的判定标准的。与"字面义"相比较,"非字面义"的功用似乎更在于将词语固化,也就是将自由短语词语化。

第三节　惯用语

惯用语是汉语词汇中一类重要的单位。我们通过对"穿小鞋"类三字格与四字格、双字格单位的比较提出,"穿小鞋"类的三字格不应因其意义是比喻性的而视为惯用语,"惯用语"术语所指的应是非三字格的一部分俗语。

惯用语在近些年来被开发、研究后,引起了人们极大的研究热情,许多被称作"惯用语"的单位被研究者们裒辑成书付梓出版。"惯用语"的叫名似乎就是在这种研究热潮中被人们所熟知并推广开来的。20世纪50年代前,这一叫名并不常见。书刊上间或出现与"惯用语"类似的叫名,但其所指未必与今天绝大多数人所说的"惯用语"的所指相合。今天绝大多数人所说的那种惯用语,至少在唐代就已露端倪,例如李义山《杂纂》就收有"煞风景、爱便宜、无凭据、奴婢相"之类的单位。在《杂纂》中,李义山一般是把这些单位当作歇后语的"注"使用的,如"煞风景"就是多条歇后语的同一的"注"。

说"煞风景"这样的单位与今天绝大多数人所认定的惯用语有着相似性,主要是因为它们也用的是三字格,三字格通常被人们认作是惯用语特有的格式。同时,"煞风景"这样的单位与今天绝大多数人所认定的惯用语还存在着距离,主要是因为如下两点:一是在不少人看来,一个单位要被认作是惯用语须得满足两个条件,即形式上的三字格和内容上的比喻性,而"煞风景"之类似乎只满足了形式上三字格这一个条件;二是"煞风景"之类的单位还只是歇后语中的一个构成成分,而不是独立的单位。

今天许多人所认定的那种形式上为三字格、内容上有比喻性的惯用语单位的大量出现,是李义山之后的事,特别是在有清一代学者的著述中更不难发现这类例子。像翟灏《通俗编》、梁同书《直语补证》、钱大昕《恒言录》等书就收有不少为今天许多人称作"惯用语"的单位,如"笑面虎、走江湖、登龙门、打秋风"。

然而,这样的单位是否就是惯用语,或者说用"惯用语"的术语指称这一类形式上是三字格、内容上有比喻性的单位是否适切,是要打一个问号的。"笑面虎"之所以会被认作惯用语,仅仅因为其意义是非字面性的。但是,与"笑面虎"在一些方面存在着相似性的单位,却不被人们称作惯用语,而被称作是词甚至自由短语,理由或者是这些单位的意义为字面性的,或者是意义虽非字面性的而形式却不属三字格。此种做法违背了分类标准的同一性原则,导致了分类的混乱,这当然是不合适的,需要认真对待和研究。

绝大多数学者所说的"惯用语",是形式上为三字格、内容上为比喻性的单位,如"笑面虎、打秋风"之类。然而"笑面虎"等之被判定为惯用语的最主要的根据实际上却仅是其意义的比喻性,形式上的三字格并不是一个绝对的标准。

《汉语惯用语大辞典》收三字格8,087个,约占57.27%,如"挨黑枪、绊脚石、吃错药、拉硬屎";非三字格的单位有6,033个,约占42.73%,这些单位形式不一,长短各异,从四字到十几字的,应有尽有。这或可说明,三字格并非惯用语特有的格式。不专收三字格,也把非三字格的单位作为收取对象的惯用语词典,还有其他一些,如《惯用语例释》不光收"走老路、装洋蒜、一锅端、拿手戏"这些三字格单位,也收"喝西北风、打开话匣子、陈谷子烂芝麻、不管三七二十一"这些非三字格单位;《汉语惯用语词典》除收"三只手、一路货、坐飞机、占鳌头"这样的三字格单位外,也把"捅马蜂窝、铁将军把门、驴唇不对马嘴、一块石头落了地"这样的非三字格的单位作为收取对象;《新惯用语词典》收了"绕脖子、裙带风、一条龙、发烧友"这些三字格的单位,也收了"拳头产品、皮笑肉不笑、吃不了兜着走、横挑鼻子竖挑眼"这些非三字格的单位。尽管《惯用语例释》收条目总数为696个,三字格的有480个,约占去68.97%,《汉语惯用语词典》收条目总数为2,192个,三字格的有1,850个,约占去84.4%,《新惯用语词典》收条目总数为2,467个,三字格的有1,815个,大约也占去了73.57%,却也不能证明所谓惯用语是以三字格为其特有格式。

现代汉语中,词的形式以双字的为常。现代汉语中除有大量的双字词外,还有为数不算很少的三字词,如:

木变石	民主国	剪刀差	狗尿苔	勾股形	根据地
钢丝绳	抚恤金	大合唱	监护人	美人蕉	明信片
内分泌	尿毒症	奴隶主	排水量	探亲假	无形中

上举单位的词的身份大概不会有谁表示怀疑。吕叔湘先生曾针对多语素单位何者算词何者不算词的问题谈到:"从词汇的角度看,双语素的组合多半可以算一个词,即使两个成分都可以单说,如'电灯、黄豆'。四个语素的组合多半可以算两个词,即使其中有一个不能单说,如'无轨电车、社办工厂'。三个语素的组合也是多数以作为一个词较好。例如'人造丝'可以向'人造纤维'看齐,作为两个词,但是'人造革'只能作为一个词,与其把'人造丝'和'人造革'作不同处理(类似'鸡蛋'和'鸭蛋'问题),不如让'人造丝'和'人造纤维'有所不同。"[①]吕先生的意见无疑是正确的。现在的问题是,"木变石"等被公认是词,而"笑面虎"等却被一些学者认作是惯用语。之所以会有如此不同的认识,原因就在于"木变石"等的意义只是字面所呈现的意义,"笑面虎"等的意义是不能从字面直接理解的意义。几乎所有把"笑面虎"类的单位视作惯用语的著作都有着类似的表述,即强调惯用语是具有抽象意义或比喻意义的一类语,如《惯用语》(内蒙古人民出版社,1982)、《词汇》(上海教育出版社,1983)、《惯用语再探》(山东教育出版社,1986)、《熟语浅说》(中国物资出版社,1989)。但是我们很难为这些著作把词和惯用语分别开来的理论找到有说服力的根据。恰恰相反,分析的结果却只是证明,"木变石"和"笑面虎"应是同一类语言单位——词。

　　同为三字三语素的单位,仅依据其意义是字面的还是非字面的而分别为词和惯用语,这在理论上是说不通的。

　　被公认作复合词的一些双字双语素单位,也存在着意义是字面的和非字面的之分,意义是非字面性的如"佛手、离辙、禽

[①] 吕叔湘《汉语语法分析问题》,北京:商务印书馆,1979年。

兽、糖弹",意义是字面性的如"楼房、乳名、汤面、体形"。但是很少有人因为"佛手"和"楼房"在意义上的这种分别而把前者算作惯用语,把后者算作词。

被公认作非词的一些四字四语素的单位,也存在同样的情形,意义是非字面性的如"趁热打铁、顶天立地、鹤立鸡群、狂蜂浪蝶",意义是字面性的如"繁征博引、卖官鬻爵、迫不及待、文从字顺"。但却未见有人因"趁热打铁"和"繁征博引"在意义上的这种分别而把前者划归惯用语,把后者划归词。

从"笑面虎"和"木变石"这两类情况来看,如果因为它们一者的意义是非字面的,一者的意义是字面的,而把它们分作语和词,那么,我们就应该把"佛手"和"楼房"、"趁热打铁"和"繁征博引"分别开来,即把"佛手""趁热打铁"算作惯用语,把"楼房""繁征博引"算作词,而不能像现在这样把"佛手、楼房"都处理作词,把"趁热打铁、繁征博引"都处理作语。

在语言研究中似乎很难单单凭靠意义的标准而为语言单位分类,那样分出的类别也不大能够靠得住。以意义作标准对语言单位进行分类时必须以一定的形式为依托,在考虑意义标准时须得考虑形式标准。这大概可以说是语言研究的一个通则,任何一类语言单位的研究概莫能外。对"笑面虎"和"木变石"的分类就是如此。假如我们单纯依靠意义标准而不考虑形式标准,将前者视为惯用语,把后者看作词,那么能够仿此去做的就不仅仅是三字格这一类,几乎所有类型的语言词汇单位都可以按照这一标准加以分类,这样分类的结果也就可想而知。

坚持以意义标准分别开"笑面虎"和"木变石"的学者的观点也不尽一致,有人把意义不能从字面上理解的一些双字格单位也叫作惯用语,如《惯用语例释》《汉语惯用语词典》《新惯用语词典》三部词典就分别收取了"扯皮、穿线、搭桥、放羊""溜边儿、露馅儿、念心儿、没门儿""撞车、暴光、滑坡、跳槽"等单位。但是,语言中有更多意义不能从字面上理解的双字格单位,却又未被上述三部词典考虑收入,如"袍泽、杀青、杜撰、丹青、斗眼、分袂、锋镝、腹案"。有的学者似乎就没把那些意义不能从字面上理解的双字格单位径看作惯用语，而认为它们也可是词，如《惯用语》曾列举出"吹牛皮—吹牛""狗扯皮—扯皮""扯后腿—扯腿""装洋蒜—装蒜""拍马屁—拍马""踢皮球—踢球"这样一组一组的例子，指出"前者是惯用语，后者是词"。但又进一步说到："如果把'吹牛皮'和'吹牛'分别对待，则前者是'语'，后者是'词'；如果说'吹牛'是'吹牛皮'的节缩，则'吹牛'既可以看做是词，又可看做是语。"这反映了由于单纯以意义作标准致使学者们在这一问题上出现的认识的混乱。实际上，"吹牛、扯皮"之类还是应该看作是词，因为同样是意义非字面性的单位如"佛手、金莲"等却从未有人将其视作语，也不应视作语。"吹牛、扯皮"之类如果可以看作是词的话，"吹牛皮、狗扯皮"之类就也应看作是词，无论是从形式上看还是从内容上看都莫不如此。

一个单位（无论是双字格、三字格、四字格的单位，还是其他没有固定格式的单位）之被划定为词或语，是不可仅以意义能否从字面理解作标准的。仅以意义为标准来划分词和语，会遇到诸多困难。除以上所谈以意义为标准却又无法使此一标准在三字格和三字格之外的单位的划分上一律以外，还有三字格本身一些无法克服的困难。

有的三字格虽是单义的，但其意义却既可用于字面又可用于非字面（下面的例子引自《现汉》）：

【冷热病】❶〈方〉疟疾。❷比喻情绪忽高忽低的毛病。

还有不少三字格是多义的，既有字面义又有非字面义：

【夹生饭】❶半生不熟的饭。❷比喻开始没有做好，再做也很难做好的事情，或开始没有彻底解决以后也很难解决的问题。

这就出现了词和语身份难定的局面。循着惯常对惯用语的那种认识，我们只能说这种多义三字格既是词又是语，在字面义上是词,在非字面义上是惯用语。但是,这样的解释在理论上是荒谬的,在实际的语言研究中也是行不通的。语言中并不存在亦词亦语的情况,亦词亦语实际上也就是非词非语。

而问题更大的是,大量的双字格单位也存在着单义而可在使用上分别出字面义和非字面义的情况以及多义而有字面义义项和非字面义义项的情况。下面的例子也摘自《现汉》:

【打气】❶加压力使气进入(球、轮胎等)。❷比喻鼓动。

【冷峭】❶形容冷气逼人。❷形容态度严峻,话语尖刻。

【将军】❶将(jiàng)级军官。❷泛指高级将领。❸大黄的旧称。❹将⑤。❺比喻给人出难题,使人为难。

【近视】❶视力缺陷的一种,能看清近处的东西,看不清远处的东西。……❷比喻眼光短浅。

"打气、冷峭、将军、近视"这样的单位将何所归属?

四字格单位也存在着类似的问题(下面前两个例子摘自《中国成语大辞典》,后两个例子摘自《现汉》):

【分道扬镳】指分路而行。《魏书·河间公齐传》:"子志……与御史中尉争路,俱入见,面陈得失……高祖曰:'洛阳我之丰沛,自应分路扬镳。自今以后,可分路而行。'"比喻志趣不同,造诣不同,各走各的路。郭沫若《革命春秋·海涛集·涂家埠》:"于是我们的交情便进了一境,由'貌合神离'再变为'分道扬镳'了。"

【眉高眼低】不愉快的脸色。明·张四淮《双烈记·计遣》:"大丈夫四海为家,那里不去了,怎肯受你家眉高眼低,干言湿语。"待人处世的方法。《三侠五义》三二回:"慢说走路,什么处儿的风俗,遇事眉高眼低,那算瞒不过小人的了。"

【可丁可卯】❶就着某个数量不多不少或就着某个范围不大不小。❷指严格遵守制度,不通融。

【连中三元】❶旧时指在乡试、会试、殿试中接连考取解元、会元、状元。❷比喻在三次考试或比赛中连续得胜,或在一项比赛中连续三次取得成功。

"分道扬镳、眉高眼低、可丁可卯、连中三元"这样的单位将归属何处?

如果说"冷热病、夹生饭"这样的单位会因仅用意义标准分类导致无所归属的话,"打气、冷峭"等和"分道扬镳、眉高眼低"等这样的单位也面临着同样的命运。与其让"冷热病、夹生饭"以及"打气、冷峭、分道扬镳、眉高眼低"这些单位无所归属,毋宁放弃意义决定论,一个单位不管它的意义是字面上的还是非字面上的,该归入哪一类就让其归入哪一类。无论在理论上还是在处理的技术上,把"冷热病、夹生饭"这类单位与"木变石、明信片"统统划归词的范畴,都要比把它们分别开来都适切得多,便宜得多;"分道扬镳、眉高眼低"等也不应因其意义在使用上既有字面上的又有非字面上的就看作是亦词亦语或非词非语,而应只将其归入语中。

把"笑面虎、冷热病"与"明信片"都划归词的范畴,把"趁热打铁、分道扬镳"与"繁征博引"都划归语的范畴,是有语言事实的根据的。现代汉语中三字词是仅次于双字词的一个大类,像"明信片"这样意义是字面性的单位的数量要远远超过"笑面虎、冷热病"这类意义是非字面性的单位。因此,将"笑面虎、冷热病"归入"明信片"所在的类中,就是顺理成章的了。现代汉语中超过三字的词是有一些的,如"电针疗法、国民经济、梨花大鼓、民族共同语、无后坐力炮、三一三十一"。但是,我们得小心翼翼地寻找甄别,一不留神,就可能使所找出来的单位与语纠结难分。四字和四字以上的形式是语惯用的,超过三字的词在数量上远远无法和语相比。因此,把"趁热打铁、分道扬镳"归入"繁征博引"所在的类中也就是非常适切而合理的了。

"笑面虎、打秋风"之类划归词后,"惯用语"的叫名还有无保留的必要?如有保留的必要,它的所指又是什么?"惯用语"的叫名尽管出现的历史并不长久，但是它通俗易懂，在含义上与熟语内部各类单位的叫名（成语、谚语、歇后语等）不相混同，因而有其存在的价值。"惯用语"的所指只能是语的一种，而不能是词，也不能兼指语和词。而"笑面虎、冷热病"之类已划归词，就不能仍称"惯用语"。那么，"惯用语"所指的究竟是哪一类词汇单位呢？我们认为，可用它指原"惯用语"中除去三字格的部分。原"惯用语"刨去三字格的部分，已被不少学者的著作列为单独的语型予以研究，但这一部分单位多被标以"俗语"的名目，如《俗语词典》（商务印书馆，1994）、《中国俗语典》（四川教育出版社，1991）、《中国俗语》（上海文艺出版社，1992）、《中国俗语》（东方出版社，1996）。"俗语"所指的应是俚俗的语句，与雅正的语言成分相对。能够归入雅正的熟语范畴的主要是成语，而能够算作俗语的熟语却有谚语、歇后语等多类，因为后者多出自民间，常为普通百姓所用，是在很长一段历史时期内被视为不登大雅之堂的俚俗的作品。"俗语"应是涵盖面很大的一个概念，不宜让它专指原惯用语中除去三字格后剩下的部分。原惯用语中除去三字格后剩下的那部分单位应该有一个专门的名称来称说，这名称最便宜也是最易为人接受的就是"惯用语"，因为它的所指未发生太大的变化，只是由指原来的全部改为指其中的一部分——非三字格的单位。惯用语和谚语、歇后语等构成了俗语。惯用语也好，谚语、歇后语等也好，它们都非三字三语素的形式，也非少于三字三语素的形式，而是由至少四字四语素构成的俚俗的单位。例如：

　　好吃懒做　坑东灭伙　牵肠挂肚　清锅冷灶
　　清汤寡水　仨饱俩倒　仨瓜俩枣　三长两短
　　酸儿辣女　香三臭四　一毛不拔　自报家门
　　人心隔肚皮　天打五雷轰　黄鼠狼单咬病鸭子
　　有一搭没一搭　睁一只眼，闭一只眼

第四节 歇后语

歇后语是汉语词汇单位中民族性表现得格外突出的一类。歇后语这种熟语在汉语中至少已有千年历史,它具有幽默诙谐的语体色彩,常见于非正式交际的场合。现在所能看到的最早的歇后语记载在中古文献中,是为早期的歇后语。如果一定要抠"歇后语"这个术语的字眼的话,那么早期的歇后语才是真正的歇后语,因为它是说者道出前边的"提示"部分,而将后面表示真意的"包袱"留给听者去猜、理解、说出,以将整个语句补充完足。例如唐·李涛《答弟妇歇后语》诗中有"惭无窦建,愧作梁山"的句子。"惭无窦建"歇去的是"德","愧作梁山"歇去的是"伯"。李涛意思是说惭愧自己无"德",不能很好地当弟妇的"伯"。再如宋·黄庭坚《西江月》开首两句"断送一生惟有,破除万事无过",两句都歇去了一个字,让他人猜谜,而谜底就是"酒"。陈望道《修辞学发凡》中将这种歇后语称为"藏词"。这就是当时的歇后语——真正歇后的一种语。这类藏词式的歇后语,以典籍中的成语、成句为基础,类似于文人间的文字游戏,很难在市井间流行开来,它的流行范围自然也就受到了一定的限制。

后来的歇后语,已很少这种藏词式的歇后语,也不再是文人式的创作,而更多的是将前边的提示部分和后边的真意和盘托出的那类并不歇后的歇后语,更多地成了市井百姓的口头创作。例如《金瓶梅》中的歇后语:

　　山核桃,差着一槅哩。(第 7 回)
　　旋簸箕的,咂的好舌头。(第 20 回)

《西游记》中的歇后语:

　　十五个吊桶打水——七上八下。(第 26 回)
　　磨砖砌的喉咙——又光又溜。(第 47 回)

《红楼梦》中的歇后语：

> 推倒油瓶不扶——懒到家了。（第16回）
> 黄柏木作磬槌子——外头体面里头苦。（第53回）

现当代作品中出现的歇后语，百姓口头上所使用的歇后语，也都是此类前后两部分完整的歇后语。歇后语是经历了一个由歇后到不歇后的历史演化过程的，今天为语言使用者认可、常用的歇后语，就是这种"名不副实"的歇后语。今天的歇后语，一般都由前后两部分构成，前一部分是说者所说的，真意隐去却有一定的提示性，后一部分往往是留待听者去猜、去补足的，有"抖包袱"之效。因此，这种歇后语与谜语有一定的相似性，前一部分好似谜面，后一部分好像谜底。歇后语就是由说者、听者共同完成的一类语汇。

歇后语具诙谐幽默的语义特点。有学者曾为谚语、歇后语和惯用语作出性质特征上的归纳，认为谚语是"智慧结晶"，惯用语是"映射时代"，歇后语是"调侃活泼"。[①] 歇后语是市井间的创作，直接反映底层百姓生活，自然有着苦涩的调侃，也反映着大众以诙谐态度面对严酷生活的达观的生活观和精神状态。正因为歇后语是底层百姓的创作，因而多是典型的俗语。有的歇后语的内容甚至可以是恶俗的。这种情形在其他类型的词语上是不多见的。

或许正是由于歇后语很少是文人的创作，而是底层百姓的创作，因此它有着极强的方言性。各地都有各地的歇后语，如广州话的"阿茂整饼——无果样整果样""细佬哥剃头——就快就快"，上海话的"弄堂里扛木头——直来直去""太湖里涮马桶——野豁豁"，北京话的"外厨房的灶王爷——独坐儿""兔儿爷打架——散摊子"，天津话的"摊煎饼的翻车——乱套了""老太太吃柿子——嘬瘪子了"。一些歇后语在某个方言谐音，在别

---

① 王宁、邹晓丽《词汇》，香港：海峰出版社，1998年。

的地方不一定谐音。如川渝地区的歇后语：

  矮子过河——淹(安)了心的 狗吃粽子——死不解(改)
  如来讲经——佛(胡)说 瘫子进医院——治(自)脚(觉)

这样的歇后语对其他方言的人来讲，很难或者根本不能理解。

  歇后语一般不被权威而规范的语文词典收入。如《现汉》只收有"老鼠过街，人人喊打"这样极个别的条目。有的歇后语，《现汉》只将其前半截截取下来收入，如"猫哭老鼠——假慈悲"这个歇后语，收的是"猫哭老鼠"。

  歇后语可分谐音、喻义两类。谐音类的如"小葱拌豆腐——一清(青)二白""外甥打灯笼——照旧(舅)"，喻义类的如"聋子的耳朵——摆设""霜打的茄子——蔫了"。

  歇后语由于是大众的创作，因而极易出现"引子"同一的情况。这样一来，语言中就出现了所谓"武大郎"系列歇后语、"屎壳郎"系列歇后语等：

  武大郎放风筝——出手不高
  武大郎卖豆腐——人软货不硬
  武大郎看戏——人云亦云／就图个热闹
  武大郎扛枪——窝里横
  屎壳郎戴花——臭美
  屎壳郎变知了——一步登天／高升了
  屎壳郎出国——臭名远扬
  屎壳郎打喷嚏——满嘴喷粪

  歇后语多是口语化的单位。这从歇后语的来源上即可得到证明。"歇后语"在早期或指一种诗体——郑五歇后体，或指一种造语法，或指一种语言游戏，在统治阶级和士大夫阶层看来都是不登大雅之堂的。今天的歇后语多是口语化的，甚至是非常俚俗的。为避免极其俚俗的歇后语所造成的尴尬，有人将歇后语加以改造，但是却未见得是成功的。如 2012 年 3 月 25 日出版的《亚洲周刊》刊文中有:"其实提问的外国记者大多会说流利的汉语,尤其最后提王立军问题的路透社记者,中文流利,大会反而要在他说完后再翻译成英文,可说穿袜子洗脚,多此一举。"惯常听到的"脱裤子放屁——多此一举"在这里被改造成了"穿袜子洗脚,多此一举",俚俗的尴尬倒是避免了,但是否能为语言社会接受,就很难说了。

第五节 谚语

谚语是表示一个哲理或深奥道理的语句。它和成语一样,也是语言词汇的珍品,其产生的历史远逾成语。谚语是汉语词汇史上最早得到定名而沿用至今的一类词汇单位。先秦文献上常见的"俚语""鄙语""俗谚""鄙谚""俚谚""语"等叫名,都是"谚语"异名同实的称谓。

与后世得到"成语"定名的那类词汇单位相比,谚语在语义上的最大特点是不具成语的典雅性。谚语既可由士大夫总结出来,也可是民间经验的总结,因此谚语有语体色彩为书面语性的和口语性的两类。前者如"辅车相依,唇亡齿寒""盛名之下,其实难副""皮之不存,毛将焉附""欲投鼠而忌器",后者如"人怕出名猪怕壮""门神老了不捉鬼""心急吃不了热豆腐""平时不烧香,急来抱佛脚"。有古雅语体色彩的谚语较易被人们视为成语,如上引"辅车相依,唇亡齿寒"等就被同时收进《古谚语辞典》和《中国成语大辞典》;有口语语体色彩的谚语就不大容易被人们看作是成语。当然,谚语中也有一部分语体色彩为中性的,如"生命在于运动""一分耕耘,一分收获"。这类谚语因其非书面语性而难归入成语,又因其非口语性而不能归入俗语,是为典型的谚语。

谚语有时代性。先秦不少谚语凭借著名的文献得以完整地保存下来。例如,"见兔而顾犬,未为晚也"出自《战国策·楚策四》,"宁为鸡口,无为牛后"出自《战国策·韩策一》。后代一些谚语也为文献所记录。如北宋宣和年间广为传唱的一首民谣"打了童,泼了菜,便是人间好世界",其中的"童"指大太监童贯,"菜"指权相蔡京;流传于清嘉靖年间的民谚"和珅跌倒,嘉靖吃饱",反映的是当时的人们对贪官的无比憎恶之情。进入现代以来,谚语更成为大众口头的创作,口耳相传,没有将其最初创作的时间以书面的形式记录下来,例如"大事化小,小事化了""一方有难,八方支援"。

谚语有地域性。大地域如北方地区的"二月二,龙抬头;大仓满,小仓流",小地域如山西皮影艺人常说的"门里出身,自会三分"、西北民谚"人随王法草随风"、天津人嘴里的"当当吃海货,不算不会过"、东北人常说的"爹熊熊一个,娘熊熊一窝"、北京"皇上不急太监急"、贵州的"天无三日晴,地无三尺平,人无三分银"、台湾的"细汉偷挽瓠,大汉偷牵牛"。正由于谚语有地域性,因而谚语常被用来表现传统文化,在其身上也表现有俚俗性,例如"二十三,灶王爷上天"。谚语的这种地方性、方言性也并非一成不变,一些本属某一方言的谚语在流通于共同语后发生了某种变异,例如"舍不得孩子套不住狼"在湖北、湖南等地本是"舍不得鞋子套不住狼"。"鞋子"在上述一些方言中读为"hái·zi"。

谚语有行业性。正因此,谚语才有农谚、气象谚(含节气谚)甚至商谚、医谚等等的分别。农谚如"人误地一时,地误人一年""麦要浇芽,菜要浇花";气象谚如"朝霞不出门,晚霞走千里""长五月,短十月";节气谚如"春打六九头""白露秋分夜,一夜凉一夜";商谚如"有儿坐盐店,强似做知县""仁中取利真君子,义内求财大丈夫";医谚如"刮痧拔罐,病好一半"。

谚语可以为各阶层所创造,因此积极意义和消极意义的谚语都很常见。鸡鸣狗盗之徒也曾总结出偷盗的经验,曰"偷风不偷月,偷雨不偷雪"。谚语也未必符合科学。例如"二十三,蹿一蹿",意为孩子个子矮不用着急,二十三岁还能猛地一下子蹿高。

谚语由不同的人在各个不同的时代创作出来,反映的是相同或近似的事物对象,乃形成所谓的同义谚语,例如"不到黄河不死心""不见棺材不落泪"就是同义谚语。

谚语与古代的"歌"和"谣"本是不同的。《诗·魏风·园有桃》:"我歌且谣。"毛传:"曲合乐曰歌,徒歌曰谣。"但是到了后世,"曲合乐"的歌虽不易转化为谚,徒歌的谣却很容易转化为谚,因为谚也无须"曲合乐"。后世"谣谚"的合称,或许正反映出这两种事物相近而最终变得你中有我我中有你的事实。

谚语一如成语等他类熟语,也同样存在着结构的问题。从句法结构上看,谚语多数是由双小句构成的对称型结构,禅宗语录上的例子如"诸和尚子莫妄想。天是天,地是地;山是山,水是水;僧是僧,俗是俗"(唐·云门文偃《云门广录》卷上),现代口语的例子如"上有老,下有小"。从语义结构上看,谚语有全喻型的,例如"不下水,一辈子不会游泳;不扬帆,一辈子不会撑船";有半喻型的,又分前喻型的和后喻型的两类,前者如"长江后浪推前浪,一代更比一代强",后者如"人往高处走,水往低处流"。但无论哪种类型,都反映出谚语的比喻性,也从另一个方面佐证了汉语词汇具有比兴的特点。谚语的语义结构还表现在,如果它是由不同的分句构成的,这不同分句的语义功能也可能会是不同的。例如"嫁汉,嫁汉,穿衣吃饭"这条谚语,"嫁汉"指的是行为,"穿衣吃饭"则是对"嫁汉"这一动作行为的目的性解释。

第六节 标签性词语

一 专属词语

一些词语,仿佛是给所指对象贴标签的,可称为标签性词语。这里主要介绍专属词语和称谓词语两类。

专属词语,是专门反映、指称某一特定事物对象的词语。专属词语曾被称作"专有名词"。"专有名词"的"词",与语言学术语中表示语言单位的"词"并非一回事。"专有名词"的多数成员是词;但也有少数成员不是词,更不一定是名词,而是由若干个词组合在一起构成的一个集合体。为避免"专有名词"所易引发的误会,这里称之为"专属词语"。

专属词语多由若干个字构成,现代如此,古代亦然。在古汉语词汇的主干尚由单字充任时,由复字构成的专属词语即已大量出现。如先秦表人名的"信陵君、武灵王",表地名的"朝歌、镐京",表职官名的"冯相氏、保章氏、挈壶氏",表器物名的"达常、盖弓",表部族名的"犬戎",表专门的动作行为名的"备酒浆、备酒埽"。再如唐代表典章制度的"使司、神策军、护军中尉、观军容使",表风俗习惯的"五月节、冬至节、盂兰盆会、破阵乐之日",表外交事务的"礼宾院、请益僧、勾当蕃客、勾当新罗押衙所"。总之,专属词语非常繁多,人名、地名、机构名、作品名等,皆属此类。

汉族人名是汉语专属词语中的一大类。汉族人名由"姓＋名"构成。姓多是单字姓,如"赵、钱、孙、李"。名有单字名,如"彪、德、文、云";也有双字名,如"春雨、磊落、志高、远大"。这样,姓、名加在一起就构成了双字或三字姓名。汉族的复姓一般都是双字的。复姓有些产生于古代汉族之外的社会,遗存到现代,数量并不很大,如"皇甫、上官、万俟（mòqí）、尉迟"。

单姓在古代居压倒优势,古人名也多是单名,这就构成了"单姓＋单名"的双字姓名,如"嬴政、刘邦、李渊、赵构、朱棣、杜甫、陆游、岳飞、朱熹、海瑞"。《三国志》里的人物,除"复姓＋单名"构成的姓名外,其他人多为"单姓＋单名"的双字姓名,如"曹操、董卓、关羽、姜维、刘备、马谡、孟获、孙权、魏延、张飞、赵云、周瑜"。

古代的单名可用来自称。现代的单字姓和单字名,都很少单说,尤其不可用于面称。现代单姓被称呼时,常常要加上"老、小、大"或"兄"等,或者至少要儿化;单名被称呼时,也常要加上"兄、弟"或"姐、妹"等。若是复姓,都可单说;复名单说,亦无问

题。但是有时为了并称,可以只取复姓的一字,例如:

> 章氏书论《春秋》皆实,独谓孔左同时作述,强造奇论,岂欲为百外大儒,为刘子玄作解人耶?(钱穆《国学概论》第一章"孔子与六经")

"孔左"的"左"即"左丘明"之"左丘"的省略。

复姓加上一二字的名,遂成三字或四字的姓名。为了双音节化,可以单说姓或名,亦可取复姓之一字再结合以一字之名,例如"司马迁"称"马迁"(钱穆《国学概论》),"左丘明"称"丘明"(章炳麟《检论·春秋故言》)。古人的字,特别是中古之后古人的字,常见的是双字的,因为字一定是用于尊称的,便于称呼时上口。如陆游字务观、苏轼字子瞻、辛弃疾字幼安、王安石字介甫。

专属词语中人名的重名现象,是一个非常值得关注的现象。根据公安部全国公民身份号码查询服务中心提供的一组数据,全国前五十个姓名存在着高频重复的现象,如"张伟、王伟、王芳、李伟"。重名现象,不仅发生在现当代,近代、古代都不乏其例。例如宋·洪迈《容斋随笔》卷第一载襄阳有隋处士罗靖,其父亦名靖;拓跋魏安同,父名屈,同之长子亦名屈。《容斋随笔》卷五还有"三代书同文"条,云:"三代之时,天下书同文,故《春秋左氏》所载人名字,不以何国,大抵皆同。郑公子归生,鲁公孙归父,蔡公孙归生,楚仲归,齐析归父,皆字子家。楚成嘉,郑公子嘉,皆字子孔。郑公孙段、印段,宋褚师段,皆字子石。郑公子喜,宋乐喜,皆字子罕。楚公子黑肱,郑公孙黑,孔子弟子狄黑,皆字子皙。鲁公子翬,郑公孙挥,皆字子羽。郕子克,楚斗克,周公子克,宋司马之臣克,皆字曰仪。晋籍偃,荀偃,郑公子偃,吴言偃,皆字曰游。晋羊舌赤,鲁公西赤,皆字曰华。楚公子侧,鲁孟之侧,皆字曰反。鲁冉耕,宋司马耕,皆字曰牛。颜无繇、仲由,皆字曰路。"复字名重复率低于单字名。因而在经历过单字名盛行的一段时间(从汉末到三国甚至到魏晋六朝),汉族的人名逐渐倾向于双字为主了。汉末之所以单字名盛行，与汉末王莽抑复字名扬单字名的做法有极大的关系。

人名中的重名现象，属于同名异实现象。为避免这种现象的发生，古人常在名之外另取一字或号。近现代以来此风犹存。字和名之间往往存在着一定的关系，这种关系常见的是意义上的，例如岳飞字鹏举；也有音韵上的，例如王力字了一（力，了一切）；还有与古代的书文有关系的，例如陈诚字辞修（《易·乾》"修辞立其诚，所以居业也"）。

专属词语的另一类——地名，也是一个值得研究的现象。汉语的地名多是自创的。古代的地名可能会有一些是当时的"汉族"之外的其他民族语言的孑遗，例如甪直、龟兹、牂牁、无锡，更多的还是中原汉人自己创造的。现代的地名也是一样，中国大部分地区的地名也还是用汉语创造的，少数民族地区的地名多是少数民族语言创造的，例如贡嘎、图们、海拉尔、乌鲁木齐。

汉语地名的重名现象虽不像人名那样繁多，却也存在着不容忽视的现象。地名的重名现象古已有之，《中国地名学源流》（湖南人民出版社，2002）就指出北周地名重复混杂的情况。地名的高重复率，可能会给当时的政治、经济、文化交际交流以及人们的日常生活带来一些负面的影响。

机构名，由双字构成的不太多，更多的是由若干个词构成的短语性的结构。当然这个短语性的结构是固定的，而非自由的。机构名的词长较长，它就很少出现重名的现象。但是也正因为其词长较长，也会给交际交流带来不便，因此很多较长的机构名都有缩略或简称的形式，例如"归国华侨联合会"略作"侨联"，"海峡交流基金会"略作"海基会"。有的机构名起得好，缩简得也好。例如"渤海大学"是由锦州师范学院更名而成的。"渤海大学"的全称不会与其他大学发生重名的情况，缩简作"渤大"不但不与他校名称雷同，而且又谐音"博大"，因此"渤海大学"确是不错的一个机构名。但是也有一些机构名，全称不与其他机构重名,缩简后却发生了与其他机构重名的问题。例如,天津地区有些人将"南开大学"缩简为"南大",与"南京大学"的缩简形式"南大"就发生了碰撞。

机构所取名字的意义十分讲究,不仅要吉、雅,有时还要尽量使人觉得其来有自。例如清代掌管宫廷戏曲演出活动的机构,本称"南府",始于康熙年间。南府隶属内务府,曾收罗民间艺人,以为宫廷应承演出。道光七年(1827),十番学并入中和乐内,增设档案房,改南府为升平署,仍主持宫内演出事务。这个署之所以名"升平",与"歌舞升平"这个成语有直接的关系。

作品名,也是一种专属词语。举凡书籍名、诗文名、影视剧名、报刊名等等,均属此类。作品名中的重名现象虽不很多,但也偶可一见,同样不容忽视。例如梁启超、钱穆都曾撰写过名为《中国近三百年学术史》的书,朱自清、俞平伯写有同题散文《桨声灯影里的秦淮河》。当然,也有主动避免同名的情况,例如朱起凤《辞通》(上海古籍出版社,1982)吴文祺撰写的"重印前言"介绍说,《辞通》初名《读书通》,后知明代已有同名的书,便未采用《读书通》,而改为《辞通》。

不同的专属词语也间或存在着交错重名的现象。例如,清文宗爱新觉罗·奕詝的年号是"咸丰",湖北省恩施土家族苗族自治州有个县也叫"咸丰";天津曾经有个"恒大"卷烟厂,该厂生产的卷烟就名"恒大"牌,近年来广东又出现了个"恒大"地产集团,广东一支足球队就被命名为"恒大";20世纪60年代北京有个"三家村",是邓拓、吴晗、廖沫沙三人共用的一个笔名,澳门的氹仔有个地名,也叫"三家村"。

重名是一个很令人困扰的问题。例如2009年11月14日《澳门日报》发表题为《两岸胡志强台中相见欢》的报道,说台中市市长胡志强与榆林市市长胡志强于2009年11月13日在台中相见的情形。不过,这是分属海峡两岸的情况,若是同在一处,可能就会出现某一方作出改变以避免重复的现象。例如乔冠华曾用笔名"乔木"发表文章,胡乔木亦曾以"乔木"为笔名发表文章，后一"乔木"后来冠姓为"胡乔木"避免了重名的问题。

专属词语，尤其是其中的地名、人名，它们的改变也不是件轻而易举的事情，尤其是有名的地方、有名的人。拿地名来说，一些地区要为所辖的市县更名，是要经国务院审核批准的。

专属词语作为一种专名，有的可以转化为普通名词，例如"刘海"本是指人的专名，现指一种发式。普通名词有的亦可转化为专属词语，例如"牛郎"本指任何一个放牧牛羊的男孩，"织女"本指任何一个做女红的女孩，但后来成为神话中的两个人物。专属词语有的还可转化为另外的专属词语，例如"阮咸"由指人名词变为指乐器的名词。

二 称谓词语

称谓词语，有人称为"亲属称谓词语"。称谓当然不仅限于亲属之间，非亲属之间同样存在着称谓。

称谓词语中，亲属称谓词语是成系列的。汉语亲属称谓词语的系列性，表现在它们使用时的匹配性。匹配性，一是说它们多成对出现（有甲必有乙），二是说它们结构对当（单字对单字，复字对复字），如"爸爸，妈妈""爷爷，奶奶""哥哥，嫂嫂""女儿，女婿"。

现代的亲属称谓词语比之古代，最大的不同在于它们多是双字的，特别是直系亲属。例如：

爷爷（祖父） 奶奶（祖母） 姥爷（外公） 姥姥（外婆）
爸爸（父亲） 妈妈（母亲） 伯伯（大爷） 伯母（大娘）
叔叔 婶婶 舅舅 舅母（妗子） 姑姑（姑母、姑妈）
姑父（姑夫） 公公（公爹） 婆婆（婆母） 岳父（丈人）
岳母（丈母） 亲家 哥哥 嫂子 姐姐 姐夫 弟弟
弟妹 妹妹 妹夫 连襟 妯娌 儿子（小子） 儿媳
女儿（闺女、姑娘、丫头） 女婿（姑爷） 侄子（侄儿）
侄女 外甥 孙子（孙儿） 孙女 重孙（曾孙）

非直系亲属的称谓有双字的,但以超过双字的为常,有的甚至是三字以上的,如"表姐夫、太姥姥、丈母娘、兄弟媳妇"。

称谓词语使用时分面称和背称两种情形,因而称谓词语可分为面称词和背称词两类,面称词如"爸爸、妈妈",背称词如"父亲、母亲"。背称词有可能在书面色彩较重的语体中用作面称,例如曹禺的话剧《雷雨》中的人物对话即用"父亲"作为面称。近年来,南方一些地区有将非面称词(有的甚至根本就不是称谓词语)用作面称的趋势,例如将原本非面称词的"靓女、美女、帅哥"用作面称。

使用称谓时分互称和单称两种情形,因而称谓词语又可分作互称词和单称词两类,互称词如"夫妻、父子、哥们儿、姐妹、姐们儿、娘儿俩、朋友、兄弟、爷儿仨",可进入格式"我们是～";单称词如"哥哥、弟弟、姐姐、妹妹",可进入格式"我是你的～"或"你是我的～"。

在中国这样比较重宗法关系的社会里,亲属称谓词语是至关重要的。尊卑有等,长幼有序,男女有别,是丝毫不能错的。但这所谓的"丝毫不能错",也只是就"三代血亲"之内来说的;超过三代,有些亲属关系,称谓词语就不一定表达得十分清楚了。例如说某甲是某乙的"孙女",那么某甲一定是某乙的儿子的女儿,说某甲是某乙的"外孙女",那么某甲一定是某乙的女儿的女儿;但是说某甲是某乙的"外重孙女",那么某甲是某乙女儿的孙女?女儿的外孙女?抑或是其他?就无法说清了。有人说张爱玲是李鸿章的外曾孙女。倘若这一世系是真实的,那么她是从哪一代上"外"的呢?张爱玲是李鸿章的女儿的儿子的女儿?是李鸿章的女儿的女儿的女儿?抑或是李鸿章的儿子的女儿的女儿?如果是李鸿章的曾孙女,就很明确了,她只能是李鸿章的儿子的儿子的女儿。如果某甲是某乙的玄孙女、来孙女,称谓词语就更无法清晰地表达了。

思考题：

一、成语的语体为何是典雅的？其形式为何以四字格为常？

二、惯用语的确定标准常见的有"三字格""口语性""述宾式"三个，你以为如何？

三、歇后语究竟算不算语言词汇的单位？

四、语言词汇单位和非语言词汇单位，其间的界限何在？

第七章 词语集汇和交流

第一节 词语常用性和非常用性

词语有常用性、次常用性、非常用性(罕用词语)之别。这是词汇使用上的正常状貌。一种语言的词汇,仅看民族共同语的共时状态,少的也有数万条,多的则有几十万条。如此众多的单位,当然不是每人每日每时所必需的。从共时的状貌上看,其中必有一些是绝大多数人每日每时不可或缺的,例如:

不　吃饭　床铺　打工　非常　房子　干净　高兴
跟　工作　喝水　和　或　极其　连　上班　生病
书本　蔬菜　睡觉　死亡　学习　也　医院　桌子

也会有未必是所有的人每日每时都不可或缺的,而只是部分人会偶尔用到的,例如:

幅员　公允　蛊惑　汇付　机徽　焦耳　接壤　经纱
惊扰　拘泥　局骗　遽然　抗诉　考问　客座　口谕
库藏　亏蚀　励志　亮丽　了悟　张本　直书　衷曲

还有一些是绝大多数人平时根本不会用到,甚至不查阅工具书便无法明了其意的,例如:

符节　干谒　寒士　监生　金瓯　亨通　兼祧　荐引
狡狯　禁脔　颈联　雎鸠　涓埃　坎壈　考妣　克日

客卿　魁元　蛞蝼　滥觞　藜藿　凌夷　喁啾　斫丧

绝大多数人每日每时不可或缺的那部分词语,即为常用词语;未必是所有的人每日每时都不可或缺的,而只为部分人偶尔用到的那部分词语,即是次常用词语;绝大多数人平时根本不会用到,甚至不查阅工具书便无法明了其意的那部分词语,即可视为非常用词语。这三部分词语的分野是现实存在的。对它们的研究不能仅凭主观的感觉,而要进行大量的词频统计,其结果可作为研究的重要依据。

第二节　基本词汇

一　基本词和根词

汉语学界对基本词的研究很早就已开始,不过那个时候不称"基本词汇"而称"基本字汇"。1950年,斯大林关于基本词汇的学说引进中国,人们为基本词汇归纳出"稳固性""全民性""能产性"三大特性。认为基本词一般来说历史较为悠久,例如"中国"一词,至少在《诗经·大雅·民劳》中就出现了:"民亦劳止,汔可小康。惠此中国,以绥四方。"当然,《诗经》时代的"中国"是不大可能与今天的"中国"在词义上划上等号的。基本词一般都是全民比较常用的,例如"的、也、水、美丽、睡觉"。基本词具有较高的能产性,都可派生出其他一些词,例如"天"可派生出"天地、天狗、天空、天牛、天平、天气、天色、天时、天使、天书、天堂、天下"等数十个词语。

何谓历史悠久? 称从古至今一以贯之的。何谓全民常用? 称在绝大多数的世代都不可或缺的。何谓派生? 称可生成众多词语的。兼具此三性的词确可从语言中找到,但它们是学界早已认定的一类词——根词。根词的定义是一种词汇里最原始、最单纯、最基本的词,它是基本词汇的核心,在根词的基础上可以派生出许多其他词语。根词多是单字的,如"人、打、好、热"等。它们是历史悠久的一类单字词,在许多世代都是比较常用的,而且一般都可以它们为基础构造出另外一些词来。

二 基本词汇的判定标准

根词同时具有全民性、稳固性、能产性这三个特性,现在将此三条标准又作为基本词汇的特性,根词与基本词汇是什么关系？如果根词和基本词汇的判定标准都是这三条,那么,根词和基本词汇就是一样的词汇类集；如果根词和基本词汇不是同样的词汇类集,二者的判定标准自然也就不会完全一致。事实也正是如此。用所谓基本词汇的全民性、稳固性、能产性这三条标准衡量根词,绝大多数都无问题；而以此三条标准来衡量基本词汇中根词之外的词,问题马上随之而来。例如"文革"十年间产生出不少词语：

讲用　选调　大串联　帝修反　封资修　副统帅
革委会　革职会　工农兵学员　"五七"指示　支左
知青点　造反派　活学活用　一打三反　最高最活

这些词语在那十年间无人不知,无人不用,可谓极具全民性；但它们一般都不再被用来作为另外的词语构成的基础,即不具能产性；更不具稳固性,只风行十年,便随着"文革"的终止烟消云散了。这类词语可称 A 类词语。这类词语只符合三个标准中的一个,当然不能视为基本词汇的成员。另外一些词语,它们在悠久的历史中一直存活于汉语书面语中。例如：

履践　律度　懋迁　媚行　弥年　密迩　夏楚　弦诵
娴习　枭獍　嚣浮　岳峙渊渟　摘奸发伏　执经问难
属毛离里　望君如望岁　小人穷斯滥

这类词语可称 B 类词语。它们也只符合三大标准中的一个——稳固性,亦即历史悠久,却不符合另外两个标准——全民性和能产性,因而也难将其视为基本词汇的成员。最后一类,就是甚具能产性的词汇成分。例如：

聪　丛　函　汉　惠　朗　掠　木　目　失　食　视

首 务 言 语 阋 嘱

这类词汇成分可称 C 类。这类词汇成分，几乎每个都可构成大量的词语，像"聪"可构成"聪慧、聪敏、聪明、聪睿、聪悟、聪颖、失聪、耳聪目明"等，"汉"可构成"汉朝、汉奸、汉子、汉族、大汉、好汉、铁汉、硬汉、男子汉、女汉子"等词语。然而，它们虽然具很强的能产性，但在现代却是以语素的身份来构词的，不像另外一些词汇成分既可作为大量词语构造的基础，又可独立自由地运用。C 类词汇成分既然多用作语素，也就很难说它们有什么全民性和稳固性了。

在为词语进行分类时，所设标准愈多，限制就愈严，符合标准的词语也就愈少。如果贸然将其名头用到一些不够标准的词语上，就会使人觉得该类词语与用以分出它们的标准之间存在着矛盾。基本词汇的研究中就存在着此类问题。如果认为"基本词汇"的叫名已有半个世纪之久而需继续保留的话，似可考虑将标准的数目减少，比如去掉"能产性"的标准，再将"全民性"改为"常用性"，将"稳固性"改为"稳定性"。没有了"能产性"这一条，就避免了将语素误为词之讥，也就等于首先将基本词汇的问题置于词的范围内加以讨论了；将"全民性"改为"常用性"，就避免了"全民"数量上的纠缠，而更注重于词语使用上的常用性；将"稳固性"改为"稳定性"，就缩短了词语在共时平面上稳定出现的时限。赋予基本词汇以"常用性""稳定性"两个条件，也就将其与根词区别开来了，对基本词汇术语的继续存在也是很有裨益的。

第三节 一般词汇

一般词汇据说也有三个特性，是根据基本词汇的三个特性而确定出的，即非全民性、非稳固性、非能产性。符合这三个标准的词语，即属于一般词汇。其实，依据全民性、稳固性、能产性这三个标准不易确定出基本词汇，依据非全民性、非稳固性、非能产性这三条标准也很难确定出一般词汇。道理一样：完全符合这三条标准的词语的确可以甄辨出一些来，但问题是，符合其中的两条标准甚至一条标准的词语，该将其归入何类？这是很大的问题，也容不得人们不予回答。"一般词汇"的名头如果容许其继续存在的话，那么它所指的应该是词汇的非基本的部分，这部分词语在性质上应该是不常用的，也不十分稳定。

一般谈到的一般词汇，包括外来词、方言词语、行业词语、术语、社会习惯语、古旧词语、历史词语、文言词语、新词语几类。从使用者的角度看，外来词、方言词语、古旧词语、历史词语、文言词语、新词语是就全体社会成员而言的，行业词语、术语、社会习惯语是就部分社会成员而言的；从时空的角度看，外来词、方言词语、行业词语、术语、社会习惯语是从空间的角度为词语所作的分类，而古旧词语、历史词语、文言词语、新词语则是从时间的角度为词语所作的分类。当然，外来词等从空间角度所分出的词语类别，亦存在时间新旧的问题；而新词语等从时间角度所分出的词语类别，亦有空间远近的问题。

一　外来和往来

外来词是站在自己的立场上看待其他语言系统的词语进入本语言来说的。其实，一种语言吸纳其他语言的词语，自己的词语也存在着为其他语言吸纳的可能。两者之间只有多少的区别，而不存在有无的分别。甲语言的词语为乙语言所借入，原为甲语言的词语就成为乙语言词汇的成员。为使此词汇成分与乙语言固有的或原有的词汇成分区别开来，将此种词汇成分称为"外来词"或"借词"。称其"外来"，是强调其舶来的身份；称其"借"，是强调其本非自己固有而由他语言引入的情况。甲语言将词汇成分借给乙语言，甲语言遂被称作"借出语言"；乙语言将词汇成分从甲语言借进，乙语言遂被称为"借入语言"。语言间的这种借出、借入，在彼此文化影响深刻的民族间会经常性地发生,有时要分辨一些词最先由谁借出,被谁借入,颇为不易。例如"料理"是日语的一个常用词,一般人认为它是日本人创造出来的日语基本词。但熟悉中古汉语文献的人知道,《世说新语》中"料理"出现多次,可证明"料理"是先由中国人创造出来,而后为日本人借入的,是日语从汉语借入的外来词。

　　语言的影响是交互的。一些语言可能因政治、经济、文化等力量强大而成为所谓的强势语言,对另外的语言产生重要的影响;另一些语言可能就是受强势语言影响的弱势语言。但强势、弱势是相对的,强势语言不大可能永远是强势的,弱势语言也未必永远是弱势的。例如汉语在汉唐时代曾经风光过很长一段时间,是当时周边民族和国家的人民竞相学习和掌握的一种重要的交际语言,今天的日语、越南语、韩语中保有大量的汉语借词可为佐证。自宋代采取海禁等闭关锁国的国策以来,汉语随中国国势的下跌,逐渐变成弱势语言了。解放后,尤其是改革开放后,随着中国国力的大增,汉语又重振雄风,成为了强势语言,汉语热已热遍全球。从2004年11月第一所孔子学院在韩国的首尔宣告成立以来的短短十几年,世界上已有数百所孔子学院建立起来。仅此一点即可说明,如今汉语在世界上的影响力不仅一扫明清时期的颓势,连汉唐都略逊一筹了。再如,英语是目前世界上屈指可数的强势语言,它在当今世界上的影响力几乎无处不在,所有不处于封闭状态的语言中都或多或少留下了英语的痕迹。然而,英语成为如今的强势语言却不过百年历史,它的词汇中就留下了当时的强势语言——法语的不少痕迹,如15世纪左右进入古英语的法语词汇 judge, confess, dress, beauty, medicine。当然,法语词汇中的一些词汇又是来自更强势的语言——拉丁语的。

　　强势语言对弱势语言发生影响的同时,弱势语言也在对强势语言产生着一定的影响。如在19世纪末20世纪初英语的"咖啡、鸦片、三明治、托拉斯"等大批词语输入汉语的同时,也借用了汉语的"功夫"(kungfu)、"馄饨"(wonton)、"麻将"

(mahjong)、"乌龙"(oolong)等。早期借出的汉语词可能需要一番考辨的功夫,例如英语中的 mandarin 是汉语"官话"的旧译,来自对"满大人"的音译。

一旦原先的弱势语言转化为强势语言,这新的强势语言对其他语言的影响更是显而易见的。例如汉语走强后,不仅一些词被借进英语,连一些熟语性的单位也被借了去,像"走狗"被借作 running dog,"丢脸"被借作 lose face,"好久不见"被借作 long time no see。

语言间的影响也会因时因势而动。例如"Circuit Breaker"是英语中早已存在的一个词,汉语可译为"熔断机制",亦可译为"自动停盘机制",意指当股指波幅达到规定的熔断点时,交易所为控制风险采取的暂停交易措施。这个词在 2015 年 9 月前并未为中国股民所知,更未曾进入汉语词汇的核心层。2015 年 9 月 7 日,上海证券交易所、深圳证券交易所和中国金融期货交易所发布征求意见通知,拟在保留现有个股涨跌幅制度的前提下,引入指数熔断机制。于是"熔断机制"一词迅速进入汉语,并为大众所知。

1. 外来词的来源

一个民族只要是愿意与其他民族正常交往、和谐相处、共同进步,其语言就不会是封闭的,它的语言中就一定会存在着一定数量的外来词语。如今世界上的语言,恐怕没有哪一种是完全凭借自身发展起来的,而总是吸纳、借鉴、融合了其他一些语言的成分而后发展起来的。

汉语是一种非常古老的语言,使用人口众多,无论古代还是近现代,都吸收了其他语言大量的词汇成分。大规模进入汉语的外来词语主要有两种情况:一是负载着佛教文化进入中土的西域诸语言(尤其是梵语)的外来词语;二是随着西学东渐进入汉语的英语、日语、俄语等东西方语言的外来词语。汉语与其他语言的接触,一时一刻也未停止过。汉语的底层,应该是融合了历史上不少语言(方言)的成分的,有汉语自己的,也包括其他民族的语言,像张骞通西域所带来的"苜蓿、葡萄、狮子、石榴"等、佛教入中土带来的"刹那、和尚、袈裟、世界"等,深刻影响了汉语和汉语社会。西学东渐以来,英语外来词(如"基因、克隆、雷米封、盘尼西林")、日语外来词(如"规范、临床、团队、小确幸"),更对中国近代社会和现代社会影响甚巨。此外,来自其他语言的外来词,也有很多,如俄语的"杜马"、德语的"福尔马林"、西班牙语的"探戈"、希腊语的"犹大"、新拉丁语的"乌托邦"、阿拉伯语的"主麻"。

境内少数民族词汇对汉语词汇的丰赡和发展也起到了重要的作用,如藏语的"噶伦"、蒙语的"哈达"、满语的"萨其马"。正是由于有如此众多的境内外语言的"辅佐"和"资赡",才成就了汉语历史上和如今的辉煌。

外来词的进出,有直线引进或借出的,但不都是如此,也可能经历了一个辗转的过程。也就是说,外来词不见得都是由甲语言直接译借进乙语言的,也有先由甲语言借进一个系统,再由这个系统进入另一个系统。例如"脱口秀"的"秀"来自英语的show,先在粤方言中扎下根,然后才由粤方言进入汉民族共同语。再如"瓦斯"是荷兰语的 gas 先传入日语,再传入汉语的。

外来词还有一种情况是先由甲语言所造,后为乙语言引入,却在甲语言中逐渐消失,最后再由乙语言回归到甲语言中。这样的词有学者称之为"飞去来词"。例如,"相扑"是南北朝到宋元时期我国的一种体育运动,这个词也是当时习见的词。但随着这种运动传入日本并成为日本的国技,"相扑"这个词成为了日语中的一个基本词。当相扑这种运动从中国人的眼中逐渐消失,"相扑"这个词伴随着日本文化的大举西来,给中国人的感觉好像就是日本人所造的词似的。

2. 外来词单位的界定

外来词语以词的单位为主体,但不能排除还有其他的一些单位。首先是外来字。汉语中有来自其他语言的外来字,它们可分为两类:一类是直接引用他种语言的文字的,如来自日语的

"辻、畠、畑、腺";另一类是专为借自语言的概念另造的汉字。这后一类外来词,就是借入语言为其专门造字,即因词造字,古代的情况,单字的如"佛、昙、钵、塔",复字的如"袈裟、琵琶、醍醐、箜篌";现代汉语中因词造字而成就的复字词也有一些,如"喹啉、哒嗪",专门为译借外语成分所造的译音单字倒是不少,例如"嗪、哌、酮、肟"。需要说明的是,新造的倘若是一个单字,则容易与他字组合成一个新的合成词,例如以"氟"构成的"充氟",以"氧"构成的"输氧";新造的倘若是两个字的组合体,则其中的任何一个字都不大容易再与他字组合成一个新词,例如"卟吩、哒嗪、嘌呤、喷呋"。当然,标示外来语素的单字虽也可能有一些构词能力(如由"啤"构成"啤酒、罐啤、听啤",由"吧"构成"酒吧、氧吧、陶吧、网吧"甚至"演艺吧、寿司吧"),其构词能力还是无法与有义字相匹敌。

因外来词而造的字,古代的多反映的是人文社会科学现象,现代的多反映的是自然科学现象。如果比较数量,古代的外来字的数量胜过现代的外来字的数量,外来字的数量远不敌外来词的数量。这也正符合古代汉语中作为词汇单位的字的数量远胜于作为词汇单位的词的数量,符合现代汉语中作为词汇单位的字的数量远远不敌作为词汇单位的词的数量这一规律。

外来字多是名词,例如"佛、尼、僧、塔";也有一些是单位词,例如"磅、吨、克、米";动词也偶可一见,如"拷贝、秀";形容词比较罕见,例如"酷"。

语素是一种语言中最小的音义结合体。按此定义,一种语言中似乎不会有外来语素的存在。但是英语的 card 进入汉语后写作"卡",又与汉字"片"组合成"卡片",近年来又组成"打卡、房卡、刷卡、胸卡、储蓄卡、信用卡、银行卡"等,甚至还有"IC 卡","卡"因而具有了与汉语本有的语素——字一样的功能,成为了汉语的语素。"IC 卡"也成为了汉语中一种特殊的复合词。相同的例子如来自英语 car 的"卡",组合成"卡车",近年来又有"微卡"(微型卡车)、"重卡"(重型卡车)等组合,"卡"因而具有了与汉语语素——字相同的功能,成为了汉语中的一类语素——外来语素。需要说明的是,"卡"([kʰa214])这个字不仅用来标示英语的 card 或 car,亦可用来标示其他语言的类似读音的语素,例如俄语的"契卡"、藏语的"溪卡"。只是这些语言的[kʰa214]的读音未借助汉语的字"卡"充分构词,以使自己在汉语中语素化或字化。

外来词可以缩略后再与他字一起构词,例如"麦克风"缩略成"麦"再与"耳"结合构成"耳麦"。由"的士"略出的"的"可与他字组合成"的哥、的姐、摩的、驴的、板儿的"等。能在汉语中实现语素化的外来词,在其借出语言中未必就一定是一个词,而可能只是一个文字性的符号。例如"优盘"是近年来在汉语中产生出来的一个新词,"优"只是英文字母 U 的音译。

外来语素古已有之,如"忏悔"的"忏"、"昙花一现"的"昙"均来自梵语。用标示外来语素的汉字与汉语本有的字结合在一起造成的汉语词为"外汉合璧词"。合璧词古代有,如"菠菜、禅杖、佛骨、石榴";现代同样存在,如共同语中的"吧台、卡片、轮胎、啤酒",方言中的"打波"。合璧词不一定都是双字的,也有超过双字的,例如"芭蕾舞、冰淇淋、母夜叉、摩托车、沙发椅、高尔夫球、婆罗门教"。合璧词都是以一个有义字或有义字的组合体为词的一个直接成分,以一个或若干个无义、弃义字的组合体为词的另一个直接成分,再组合起来构成的一个整体。

再进一步看,合璧词还有下面的一类:标示甲语言语素的一个汉字与标示乙语言语素的一个汉字,亦可结合在一起造成丙语言的一个词。例如"赕"是汉字,但这个语素源自傣语,"佛"也是汉字,但这个语素源自梵语,由"赕""佛"组合成的"赕佛"这个词,是汉语中的一个外来词。很自然,两个直接组成成分从语素看均来自外语,如此造成的汉语词也是合璧词,不过它们是"外外合璧词"罢了。再如,"卡拉 OK"是当代汉语从日语、英语借入的一个外外合璧词。

外来成分会成为汉语词缀或准词缀。例如来自日语的"族"("族"在日语中可构成"飙车族"等),中国大陆可以此构成"啃老族、上班族、有车族、追星族"等,台湾地区可构成"月光族"、"车床族"(以车为床长途旅行),还有"哈韩族、哈日族"等为数众多的"××族"。日语根据英语的 super 所造的"超",先进入台湾地区,由台湾进入港澳,再进入大陆,构成"超人、超导、超新星"甚至"超好"等。

3. 外来词的结构

外来词语从结构上看,分全音译型的和半音译型的两大类。

汉语中的全音译型外来词主要来自西方语言,如"打(量词)、克(重量单位)、扑克、引擎、喀秋莎、奥林匹克",也有一些是来自周边借用了汉字为其书写工具的语言,如来自日语的"佳能"、来自韩语的"索纳塔"。全音译型外来词,有的是词的各部分分别音译自不同的语素,例如"扎啤"。这类词可称为合成外来词。

半音译型外来词又称半外来词。如"砂糖"这样的外汉合璧词即属半音译型外来词。半音译型外来词又分为几类:

(1) 音译加附注的。如法语 ballet,汉意即是一种舞蹈,可译为"芭蕾舞",是音译之外加上附注的半音译型。需注意的是,音译加附注,有删去附注成词和不成词两类:前者如"爵士、爵士乐""芭蕾、芭蕾舞",有无附注均可成词;后者如"布达拉"没有附注"宫","吉普赛"没有附注"人",均不能成词。

(2) 音兼意译的。音兼意译的半外来词又称"谐译词",它在大致译出外来词原词意义的前提下兼顾谐音。例如,英语 Lesbian,汉译"蕾丝边";英语 E-mail,汉译"伊妹儿";英语 bandage,汉译作"绷带";英语 talk show,汉译作"脱口秀",就都属音兼意译的半外来词。音兼意译的外来词在中国古代即已出现,例如"金刚"。这类词有的可考证出是某个人的首创,例如"幽默"是林语堂在 1924 年首次译自英语 humour,而后为大众所接受的。大多数很难考证是哪个人首先使用的,而只能说是大众的创造,如"蹦极、摩丝、香波"。有的可看出来自哪个方言,如"迷你"(英语 mini)来自香港的粤方言。

音兼意译的词在人名、字号、商品名上表现得尤其突出,如"福特"译自 ford,福特产的"全顺"译自 transit。但区域不同,译法也可能不同。例如德国产的 Benz,大陆译作"奔驰",台湾地区译作"朋驰""宾士"。西方不少著名商品的品牌打入中国时都在译名上动了一番心思,它们中的相当一部分采用了音兼意译的方式,例如 Sprite 原意为"小妖精""调皮鬼",译作"雪碧";Robust 原意为"健壮",译作"乐百氏";Safeguard 原意为"保护者",译作"舒肤佳";Nike 原意为"胜利女神",译作"耐克"。

音兼意译的外来词,有的故意谐译成汉语中早已存在的另外一个词,例如 sugar apple,本应译为"糖苹果",台湾地区却译作"释迦"。

(3) 半音译半意译的。半音译半意译的半外来词,一半是用汉字拟写该外语词的一部分音,另一半是用汉字翻译该外语词的另一部分意。例如英国的 University of Westminster,译为"西敏寺大学";New Zealand,译为"新西兰";美国有家名为 Starbucks 的咖啡店,译作"星巴克";2015 年起在中南美洲迅速扩散开来的 Zika virus,汉译为"寨卡病毒";"闪卡"的"闪"来自英语的 flash,"卡"来自英语的 card。这些都属于半音译半意译的半外来词。

音译外来词成为汉语词汇成员,必然要适应汉语词汇的规律。音译外来词适应汉语词汇的规律最突出的一点就是双音化。可看 New York 借进汉语成为双音节的"纽约"的情况:New 译作单音节的"纽"情有可原,York 译作单音节的"约"却显牵强,York 译作双音节的"约克"更接近原语言的语音形式。英国的地名 York 汉语就没译作"约(郡)"而译作"约克(郡)"可以为证。外来词在译借的过程中也存在先全音译后半音译的情况,例如"卡路里"变为"卡"又变为"大卡","大卡"成了半音译外来词。这也符合汉语词汇的造词规律。非双音节的半外来词,多数是外来的词干不限字数,本族的词干限一字,如"芭蕾舞""巴士底狱""路易港"。

既然是外来词，就有一个由此语言向彼语言翻译的过程。翻译过程中就不可避免地会加进借入语言的元素，这是文化的因素所使然。例如 White House，其实就是"白色的房子"，但汉语却译成了"白宫"。"宫"是皇权的象征，套在美国总统办公的处所上虽不伦不类，但在最高权力这一点上却也还近是。再如"国务卿"，在中国是民初时辅佐大总统处理政务的行政首长名，指称西方政职时，只美国一国有。"国务卿"的英文写法是 Secretary of State。但是美国的 Secretary of State 译成"国务卿"，英国的 Secretary of State 译成"国务大臣"，其他国家的还有被译作"国务部长"的。独独为了美国，汉语把 Secretary of State 译成"国务卿"，或者说汉语独独为了反映美国的情况而用上"国务卿"这样一个职官词。所以会如此，就是由于美国这个国家在世界上的强权地位在汉语这个词的造词运动中起到了作用。

意译词又称为"仿译词"，其实更恰当的说法应该是"仿造词"或"意迻词"。现在多数学者已不认为它们还有外来词的资格，但难以否认它们是根据外语原词的构成方式在自己语言中仿造出来的，或者是按照甲语言中某词的意义和构词序搬迁到乙语言中仿造出来的。因此，即使不把意译词看作是外来词之一类，而将其看作是复合词，也需将该种复合词与普通的复合词区别开来。仿造词在不少语言中都是存在的，例如毛泽东有一个著名的论断：一切反动派都是纸老虎。"纸老虎"很快在英语中出现，写作 paper tiger。反过来，英语中的一些词也在汉语中被仿造出来，例如，superman，汉译作"超人"；hotkey，汉译作"热键"；match point，汉译作"赛点"；game point，汉译作"局点"。仿译过程中，双字格起着作用，例如英语的 school bus 借进汉语，不写作"学校汽车"，而写作"校车"。超过双字长度的也有不少，如英语的 first lady 被仿造成汉语的"第一夫人"。

不能把所有相似造词的情形都说成是一种语言对另一种语言的仿译，因为事实上是存在着造词偶合的情况的，应将外来词现象与各语言中的偶合词汇现象区别开来。例如中国20世纪五六十年代曾经有一个十分流行的熟语"人人为我，我为人人"，而英语中亦有与此大略相同的一个熟语性单位 one for all, all for one。我们很难说英语的熟语是借自汉语的或汉语的熟语是借自英语的。

与一些语言相比，汉语似乎更容易同化其他语言而不是为其他语言所同化，因此，相当数量的外语词在刚刚进入汉语时采取的是音译词的形式，但没过多久，即改换成汉语自造的形式。例如大家常举的例子"盘尼西林"→"青霉素"。但相反的例子也有，如英语 carnation，汉语词为"香石竹"，音译词是"康乃馨"。也有两类词并用的情况，如"奎宁"来自英语 quinine，也叫"金鸡纳霜"。这可视为有待规范的情况。汉语更倾向于造自己的词，对外来词的直接引进持审慎的态度。

外来词中还有一类较为特殊的现象，可称之为拟外来词。例如某市有家练歌房，名叫"贝斯特"。"贝斯特"就是 best 的拟音。Best 本已有中文的意译"最好的"，但却故意音译成"贝斯特"。再如澳门有几处名为"获多利"的建筑。"获多利"其实就是英文或葡文 victor 的音译。Victor 的中文意思就是"胜利者"，但是却故意音译成"获多利"。这种拟外来词，其实就是曲意造词。常见到的曲意造词是故意将外语的词用谐音汉字写出来，以造成谐谑的效果，如毛泽东曾将"thank you very much"故意译为"三块肉喂你马吃"。(《揭秘毛泽东英语水平：三块肉喂你马吃》，2009年11月30日中国共产党新闻网)

与拟外来词相似的是借音赋义词。所谓借音赋义词，就是借其他语言的音另造出具汉语义的一个词。例如俄语中有专属词"亚历山大"，汉语仿它的音，另造出一个"压力山大"。日语中有"家に帰ります"，意为"回家去"，有人仿此音，另造出一个"开路一马斯"。最近的一个例子是粤方言有"好犀利"，意为"好厉害"。2016年是猴年，有人仿此音，另造出一个"猴赛雷"。

外来词的译写问题，也是一个值得关注的问题。首先是翻译外来词的用字,要尽可能用上好字眼。例如,希腊首都 Athens,汉译"雅典",而未译作"阿癫"之类;非洲东南部的国家 Mozambique,旧译"莫三鼻给",后改译"莫桑比克"。其次是外来词用汉字译写时的混乱问题。例如英语 sofa,内地译作"沙发",港澳译作"梳化";"巧克力"译自英语 chocolate,广东又造出一个"朱古力",也是对 chocolate 的译写。外来词的异写是一个非常突出而需规范的现象,在专属词语中这一问题尤显突出。这一问题在同一种语言的不同方言或区域中更值得关注,例如美国著名流行歌星 Michael Jackson,其中文译名有多种,大陆译为"迈克尔·杰克逊",台湾译为"麦可·杰克森",香港译为"米高积逊"或"米高积臣"。即使是在同一方言或同一区域,也可能会有开始时写法不一,之后逐渐定于一尊的情形,例如美国的 Sprite 饮料 20 世纪 70 年代在港澳风行时,既可译写作"利必是",又可译写作"雪碧",后来后者才逐渐取代前者而定于一尊。语言文字的规范工作做得好的地区,外来词的异写问题就不太严重;反之,外来词的异写问题相对来说就显得严重了。例如美国总统 Bush,在台湾地区的平面媒体上既可写作"布殊",又可写作"布希",还可像祖国大陆一样写作"布什"。

如果是单音节外来词,为避免被读者误会为非外来词,常使用文字性的手段。例如 2007 年 10 月 11 日《参考消息》第 12 版通栏标题为《切·格瓦拉逝世 40 周年纪念》,该版所登三篇文章的题目为《"切"不在街头,而在人们心里——走访古巴'切'的城市》《委内瑞拉:"切"的身影无处不在》《阿根廷:对"切"的争论仍在继续》。三篇文章中的"切",都指古巴游击战英雄切·格瓦拉。如果这位英雄的名字不是单音的"切"而是复音的什么,就不必将其用引号引起了。汉语只为很少的单音节外来成分单独创造一个字(如"佛"),绝大多数都是借用已有的有义字来用。这就容易造成误会。而双字或双字以上的外来成分,虽然多仍借用两个汉字来用,但却大大降低了误解的概率,不大容易发生误会了。

4. 字母词问题

将西方语言中用其文字记录的词语直接照搬进汉语,这样的词谓之字母词。照搬,在不同语言文化的交流史上是很普遍的现象。例如日本江户时代派往中国的一批又一批"遣唐使",把中国气势恢宏的唐文化的精髓连同汉字都带回去了,日语中出现了"唐船""唐纸"甚至"唐疮"这样的词。反过来,日本人用汉字创造了大批汉字词,在近代以来又成批地回流汉语,并深刻地影响了中国社会和语言。这样一种语言交流迄未终止,例如最近一些年从日语引入的新词"空港、快线、新品、宅男"。

所谓字母词,实际上是国人因为它们非汉字词的现象而造出的一个称谓。字母词是改革开放后成批涌入汉语并终于得到官方有限度认可的一类特殊词汇,《现汉》将"卡拉OK"收入为条,表明字母词、半字母词已获官方一定程度的认可。"卡拉OK"的外语词为 karaoke,先被引进日语作"カラオケ",后才引进汉语作"卡拉OK"。字母词、半字母词并非改革开放后才进入汉语的,它大概在19世纪末20世纪初即已出现在汉语中,如"X射线"。第一次国内革命战争时期的一个词"AB团"(AB是 Anti-Bolshevik 的缩写)也是半字母词。

当社会还处于一个闭塞或半闭塞状态的情况下,字母词很难产生出来。例如20世纪中叶,英语的 DDVP(dimethyl dichloro vinyl phosphate)被汉语引入并转写为"敌敌畏",而没有照搬作 DDVP;TNT(trinitrotoluene)被汉语引入并转写成"梯恩梯",也没有照搬写作 TNT。改革开放之初,先有半字母词如"卡拉OK",后才有 DVD、MTV 之类全字母词为权威而规范的语文词典收入。

字母词这种缩略形式有较易用于通讯等科技的优点,却不像汉语的缩略词语那样对于中国人来说具有易辨识性。字母词被收入规范的语文工具书始终存在着争议,有人支持,有人反对。语言只是人们交际交流的工具,这个工具由哪些零件构成,怎么使用,合不合用,要由使用者自己来决定。如果非要将

"NBA"改为"美职篮",只能使语言使用者产生排斥心理。实际上有些字母词也是无法杜绝的,例如"B超",改称"B型超声诊断仪",还是无法避用词中的西文字母;字母词"ABC",改称"小菜一碟"或"初阶""初步",似乎都不甚妥帖。字母词在汉语中的使用由来已久,如"X光""AB团""AA制""阿Q",遽将它们从汉语词汇中去掉,只能对汉语的交际交流带来妨害和伤害。对待字母词,还是应该本着拿来主义的态度。239个西文字母打头的词,放在《现汉》第6版所收的69,000余个条目中仅仅是九牛一毛,无论如何也不可能撼动汉语词语由汉字构成的根本性质,无需杞忧。

全字母词中有不少是国际通用词,不能算作汉语外来词。中国人用西文字母所造的字母词更不能视为外来词,因为它们是我们所造的,并非外来的。例如"HSK"(汉语水平考试)、"GB"(国家标准)。为了经济和简便,网络语言中也出现了大量的字母词,例如"GG"(哥哥)、"MM"(妹妹),不但不能算外来词,连是否具有全民性也存在问题。

半字母词多数是由一半西文字母、一半有义汉字构成的,如"B超、AA制、T恤衫、X射线",但也有少数是由一半西文字母、一半无义或弃义字构成的,例如"IC卡、维(生素)C"。

还有类似字母词的现象。例如"MP3",说它是半字母词、全字母词似乎都可以。说它是半字母词,是因为它确实只"MP"是字母,"3"不是字母;说它是全字母词,是因为不光"MP"是舶来的,"3"也并非土产。现在的问题是,中国人的读音与其他民族的人们的读音或有不同,因而"MP3"可以视作词形上通用、语音上各自不同的词。

外来词的分布也值得注意。古代的外来词在地名、人名这类专名上有着较为显著的表现,例如"无锡、瓦剌""安息、马可波罗",而不可能在科学技术领域有所表现。现代的外来词也同样存在于人名、地名这类专名中,但更多的是与科学技术有关的专名。

二　共同语和方言

方言,是相对于共同语而言的。处于蛮荒时代的语言,没有作为共同规范的共同语,因而也就无所谓方言。只有当作为一种规范的标准语出现,需大家共同遵守,要求大家口头上的语言向其靠拢时,才出现方言的问题。

方言词,一般指的是地域方言词,亦即语言词汇在地域上的分野。但这所谈的方言词是共同语系统内的方言词,而不是作为一种语言子系统的方言的词汇。学术界所谈到的"方言词",其内涵至少可有三个所指:(1)本源上看它来自某个方言,如今却早已融入共同语的"方言词",如来自吴方言的"阿飞",来自粤方言的"顶呱呱";(2)不久前进入共同语而还带有较为浓重的方言印记的方言词,如来自粤方言的"埋(买)单、生猛海鲜",来自闽南话的"打拼、一头雾水",来自上海话的"瘪三、煞有介事",来自东北话的"唠嗑、忽悠";(3)仍然仅属某一方言而未为共同语吸收的方言词,如北京话的"歇菜、哈喇子(口水)",天津话的"地起(从……开始)、二来来(第二次重新来过)",上海话的"小赤佬(小鬼,小子)",粤方言的"冥镪(冥钞)、回南天(潮湿的天气)"。第一种和第三种词汇不应再称之为"方言词",此处不论;只有第二种词语,才属于共同语词汇系统中的方言词,是这里说明的对象。

方言词,有的可从古汉语中找到其发展的踪迹。如汉民族共同语中带有方言色彩的"乡党",就是直接由古汉语发展而来的,《论语》有"乡党"篇。而今"乡党"这个词尚存陕西等地的西北方言中。现代天津话中有"家大人",是"家长"的意思。清·王引之《经传释词》卷一:"家大人曰:允,犹用也。"

作为共同语基础方言的方言具有着融入共同语的得天独厚的条件,作为基础方言的核心的地方话,更具其他方言无法比拟的优越条件。在汉语里,北京话是最易融入普通话的方言,仅最近二十年左右的时间就有"颠儿、盖帽儿、靠谱儿、门儿清"等一大批北京土语词进入了普通话。北京话之外,作为普通话基础方言的北方方言,也有相当一批词语在最近二三十年间涌入了普通话,例如东北方言的"老头乐、熊瞎子",天津方言的"碰瓷、找乐"。

共同语可从因政治原因而分别开来的不同语言区域吸纳一些词,这些词在构词上可能存在着较大的差距。例如下面的例子(括号外是大陆普通话的词语,括号内是台湾"国语"的词语):

茶话会(茶会)　　导弹(飞弹)　　单反相机(单眼相机)
副部长(次长)　　轿车(房车)　　核武器(核子弹)
警员(员警)　　　潜艇(潜舰)　　泥石流(土石流)
渠道(管道)　　　软件(软体)　　宇宙飞船(航天飞机)
圣诞节(耶诞节)　塑料(塑胶)　　原子弹(核子武器)

有的从构词上看似乎没有什么分别,但词形同一并未带来意义多寡的一致。如"驾驶"在大陆就是动词,义为"操纵(车、船、飞机、拖拉机等)使行驶";而在台湾地区,该词不仅有上述动词义,还有一名词义,即"操纵(车、船、飞机、拖拉机等)使行驶的人"。这些词语是一种语言在地域上分别开来的,从属于大家共用的语音系统,尽管其他方言区的人亦可听懂但却不用,亦即仅在本区域内流通。这就是为一些专家所称的"社区词语",我们称之为"区域词语"。有的区域词语,虽仅在某些区域使用,却在其他区域存在对应词语(如上举词语);有的可能并不存在对应词语,例如台湾的"复健"、香港的"僭建",普通话都没有相应的词。其他区域没有对应的词语,而该词语又生动别致,那么其他区域就很可能会将它们借用过来。因为如果没有对应的词语,与其生硬对应,不如干脆借用。例如香港的"公仔",内地用"木偶"去对应,这显然不合适,因为公仔不一定是木制的;用"人形"更不妥,因为那是不久前刚刚由日语引入的词。在这种情况下,不如就直接将"公仔"借入。属于同一种语言的不同的区域词是比较容易相互流通的。例如本用于台港澳地区的"飙升、吊诡、秘辛",近些年已为大陆所习用。随着2008年11月台湾地区前领导人陈水扁被收押,"就讯、戒护、还押、声押"这些岛内早已使用开来的区域词开始逐渐为大陆和其他汉语区域所知晓。当然,也有一些是纯粹的方言词,就另当别论了。例如"尬场"这个在台湾地区使用的闽南方言词,共同语词汇系统就没有词去对应它。社会制度不同导致的区域词语,例如台湾地区的"存证信函"①、台港澳地区的"金主"(放印子钱的人),也都是区域性的词。这些词语大陆并不存在,也未引入。

三　全民与各界

1. 行业词语

行业词语,是各行各业内所用的词语,而不是全民每日每时交际交流惯常使用的词语。各行各业都或多或少有自己的一些行业词语。如医学界的:

绷带　产床　碘酒　化疗　活检　溃疡　纱布　血压
炎症　肿瘤　培养基　手术刀　止血钳　酒精棉球
口腔粘膜　临终关怀　醒觉昏迷　自然分娩

农业界的:

拔节　保墒　锄草　大秋　滴灌　返青　飞播　灌浆
间苗　绿肥　轮作　秋收　三夏　墒情　套种
农家肥　蔬菜大棚　水土保持　反季节蔬果

商界的:

成交　成色　兑换　戥子　付账　挂账　记账　结清
欠账　赊欠　赊账　债主　账本　折扣　唱收唱付
金九银十　离岸结算　易货贸易　足斤足两

---

① 台湾地区邮电业的一项业务,即寄信人将信函交付给邮局,邮局将信函的正本寄给收信人而将信函的副本保存起来,以防收信人收到信而谎称未收到信。

体育界的：

  晨练　教练　领队　陪练　赛点　选手　指导
  俯卧撑　绿茵场　运动员　中长跑　胸大肌
  奥林匹克　垫上运动　黄牌警告　有氧运动

教育界的：

  板擦　备课　粉笔　黑板　教案　教鞭　教授　讲师
  讲台　讲义　课件　试讲　学缘　助教　班主任
  教研室　高级教师　年级组长　多媒体教学

司法界的：

  布控　采信　前科　零口供　不可抗力　法律援助
  计赃论罪　数罪并罚　行政诉讼　疑罪从无
  占有推定　代位求偿权　时效取得制　死刑复核权

戏曲、曲艺界的：

  倒嗓　靠旗　柳活　髯口　水袖　饮场　刀马旦
  挥鞭转　叫倒好　花衫行当　转脸打背
  千斤道白四两唱　台上一分钟台下十年功

  上述行业只是举的大类，实际上还可分得更细，例如医学界还可分出西医界、中医界。

  行业词语并非成体系的词语类集，而是行业内部交流的过程中，在绝大多数词语都是全民惯常使用的词语的前提下，间或掺杂的反映、指称、表达本行业内部的信息、概念、事物对象的词语。行业词语，有些已融入共同语，甚至可说已成为了共同语词汇的基本成员，即已属基本词汇，例如"败火、处方、药引子、针灸"；有些可能还处于共同语的外围，处于词汇的非基本层面，即属于一般词汇。属于基本词汇的行业词语，其实已不好再说它们仍属行业词语，因为它们已与全民的日常生活息息相关，成为了全民日常生活中不可或缺的词语单位。属于一般词汇的行业词语,才是仍主要用于行业内部的词汇成分。如此说来,一个行业词语是否已经融入共同语的词汇,主要是看其是否已脱离行业内部的小圈子,而成为全民语言中的词汇成分。需注意的是,有的行业易与全民生活贴近,因而其行业词语也就较易融入共同语,如中医界的行业词语;有的行业比较远离全民的生活,因此其行业词语就较难融入共同语,如金融界的"坏账、呆账、审计、洗钱",文物鉴赏界的"黑漆古、诗堂、包浆、闲章",经济学界的"丰收悖论、冷水煮蛙、马太效应、虚拟经济"。

现代汉语中的行业词语很少是由单字构成的,这说明行业词语都不是在汉语早期出现的。但也必须承认,行业词语中的一些也是有了一定历史的,还有一些是只存活于历史上某一个时期。因此,将整个行业词语统统置于一般词汇之中,并认定其具有一般词汇的三大特征,未为妥当。如天文学的术语是普通人不大接触的,似可认定它们不具有全民性而将其纳入一般词汇,但像"躔度、七政"这样的词又是在汉语史上长期使用过的,因此,按照判定基本词汇、一般词汇的三大标准将它们归入一般词汇,也还是大有疑问的。行业词语同样也有个时代性的问题。拿法律术语来说,古代有"捕快、凌迟、廷杖、画影图形",现代有"蹲守、排查、死缓、监外执行"。

行业词语也有缩略的问题,例如"心肌梗塞"在医务界被缩略成"心梗"。

2. 术语词汇

术语(terminology),是某一特定学科领域表示科学概念的词语。术语是近代以来伴随着科学技术的进步而在一些语言中发展完善起来的词语类集,古代语言中术语很少。术语所表达的科学概念应该是无国界、无民族界限的,但术语本身却不一定不是民族的。一些语异文同的民族,其语言词汇中的术语是基本一致的,如苗、瑶、侗、拉祜等中国境内的少数民族语言中的术语,就与汉语的术语基本无别。少数民族的专业词汇是照用汉语的,即汉语里的术语是中华民族共同的,没有必要另造,也不好造。一些民族,记录其语言的文字虽不相同,但文字的字母体系却属同一个,其语言词汇中的术语也相去不远,例如英语 Radar Radius(雷达半径),德语为 Radar Radius,意大利语为 Radar Raggio,葡萄牙语为 Raio de Radar,法语为 Radar Rayon。而语异文殊的民族,其语言词汇中的术语相去较远。这是术语这种词汇与他类词汇相异处之一。术语与他类词汇相比,很明显的相异之处还有一点,那就是术语反映的都是科学概念,因而都有较为精确的内涵。例如气象学上的术语"大雨",是指 1 小时内降雨量达到 8.1 毫米~15.9 毫米的雨,或者 24 小时内降雨量达到 25 毫米~49.9 毫米的雨;"中雨"是指 1 小时内降雨量达到 2.6 毫米~8 毫米的雨,或者 24 小时内降雨量达到 10 毫米~24.9 毫米的雨;"小雨"是指 1 小时内降雨量在 2.5 毫米以下的雨,或者 24 小时内降雨量在 10 毫米以下的雨。

语言中有很多术语词语,它们是专门表示科学概念的词汇单位。各个专业都有自己本专业的一系列术语,如军事学术语"防空识别区"、植物学术语"棍形藻属"、冶炼学术语"衰减系数"、语言学术语"乔姆斯基层级"。这些术语都是单义词性质,都只具术语义。语言中还有不少具术语义的普通词语,亦即它们是多义词,其中有生活义项,有术语义项。上面提到的"大雨""中雨""小雨"就是带有术语义的普通词语。大众口头上常说的"大雨",一般就是好似瓢泼的雨,"小雨"大概就是类似牛毛的雨,"中雨"则是雨量介乎大雨、小雨之间的雨,这是这三个普通词语的生活义。但这并无科学的量的界定,而只是凭借生活的经验和感觉。很可能在某人看来是小雨,另外的人则认为是中雨;在某人看来是大雨,在另外的人看来则是暴雨。当然这样的差误不会过于离谱。

纯粹的术语词语,也存在着向普通词语过渡和转化的可能。当然,过渡和转化是需要一定的条件的。这条件,一般地说,就是随着科学技术的普及,一些自然科学领域的专门术语,由过去不为人知逐渐变为广为人知。人们在使用该词语时也不太在意它的科学内涵,只大略理解其意思即可。例如"光驱、内存、闪卡、射频",倒退二十年,没有多少人理解,而今它们已为人们所熟知,也为不少人所常用了。

3. 社会习惯语

社会习惯语,又称社会秘密语,大致分两类:隐语和黑话。隐语,是直话曲说,令交谈双方或与所谈之事无关者糊涂、不明就里的一种语言表述法。黑话,也是一种隐语,只不过这种隐语所隐蔽的内容多是正常社会的价值体系无法接纳和容受的,操黑话者,也多是非正常社会的非正常交际者。社会习惯语的语法系统和语音系统,均与人们正常交际中所使用的语法和语音基本无别,所不同的是词语部分。社会习惯语的核心是它的词汇系统,因而社会习惯语也是词汇学关注的对象之一。

隐语在特殊时代有特殊的效用。如在政治黑暗的年代,人们正常的话语权都遭剥夺,很多话一说出口便犯忌,为避祸,人们只好直话曲说,改用隐语。隐语在特殊行业中也有特殊功用,如在商业运作中,历史上就出现过不少隐语。有学者作过如下研究,"一、二、三、四、五、六、七、八、九、十",宋代商人分别用"丁不勾、示不小、王不直、罪不非、吾不口、交不叉、皂不白、分不刀、馗不首、针不金"来表示,明代商人用"忆多娇、耳边风、散秋香、思故乡、误佳期、柳金娘、砌花台、霸陵桥、救情郎、舍利子"来表示,清代商人用"平头、空工、横川、睡目、缺丑、断大、半皂、分首、残丸、田心"来表示。这样以隐语代替正常的词语,目的就是为使商业秘密不为外人所知。

当然,这些隐语今天多已不存,这说明隐语是具有时代性的。

隐语也有地域性。例如同是从"一"到"十"的数目字,20 世纪 40 时代初在宁波药材行说成"学、兄、项、孝、办、查、黑、茂、弯、叔",在宁波的水产业则又说成"挖、竺、春、罗、语、交、化、分、旭、田"。老北京的当铺有一套隐语,袍子叫"披风",马夹叫"穿心",裤子叫"叉开",狐皮、貂皮大衣叫"大毛",羊皮叫"小毛",长衫叫"幌子",鞋叫"踢土",帽子叫"遮头",戒指叫"圈指",耳环叫"垂耳",银子叫"软货龙",金子叫"硬货龙",古画叫"彩排子",古书叫"黑牌子"。这些北京隐语,在其他地方未必通行。如果一地的隐语在其他地方也都通行,它也就不成其为"隐"语了。

隐语在非正常年代、非正常行业流行,在正常年代、正常行业中也偶可一见。例如戏剧界把观众因不满意演出等原因提前退场称为"抽签"。不称"提前退场"而用隐语称"抽签",除有给演员、戏班和剧场留面子的考虑之外,也含有戏谑的意味。"做"在《现汉》中有七个义项:"❶制造。❷写作。❸从事某种工作或活动。❹举行庆祝或纪念活动。❺充当;担任。❻当作。❼结成(某种关系)。❽假装出(某种模样)。"但在黑道人物嘴里,"把他做掉"是"把他除掉"的意思。

黑话,在特殊的年代里常常出现在土匪等黑道人物嘴里,目的就是让局外人不明就里,不明白其意义所指,而只让有必要明白其意义的人明白。一篇题为《抗日将领刘桂五西安事变捉蒋,蒋介石为其写挽联》的文章说:"当年追随白凤翔时,刘桂五学到一手'掏老窑'的好身手。"又解释道:"所谓'掏老窑',是东北绿林土话,就是绑票。"该文又道:"此次会面仅半个小时,刘桂五就将蒋本人居住环境及警卫情况熟记于心,用东北绿林土话此称'踩盘子'。"所谓"踩盘子"就是探路的意思。黑话,在今天仍旧有一定的生存空间。例如如今一些黑社会组织,设局让一些女性诱骗垂涎其美色的男子,取得信任后便将男子家中的细软洗劫一空,而后逃之夭夭。这样的行为叫"放鹰"。"放鹰"就是黑话词语。一些黑话词语由于使用日久,更由于现代社会媒体的推动作用,本不欲人知的一些内容可能已为不少人知晓了。也就是说,这些黑话词语的遮蔽性已不很强了。例如"鸡"指妓女、暗娼,"鸭"指男妓,本是黑话词语,但近年来已经使用开来,它们的意思已为不少人知晓了。黑话词语的意义亦有可能发生转指,例如"踩点"(或"踩盘子"),原指事先侦知要打劫的对象的情况以及打劫的路线等等,现也已可指为一些正当的工作提前去探路。

四　新与旧

1. 新词语

新词语,是区别于已有词语的一个概念。这所谓"区别于已有词语",可以是就语言社会已有的词汇系统而言的,也可以是就某个人或某部工具书来说的。就语言社会已有的词汇系统而言,新词语就是刚刚造出或刚开始使用的词语;而就某个人或某部工具书来说,新词语可能是早已出现在语言词汇系统中的词语,只不过它是在不久前刚刚为某个人所知所用或刚为某部工具书所收录。

无论属于上述哪种情况,新词语的判定应有两个参照点:一是它的出现时间,二是它与已有词语的区别。从第一个角度看,所有刚刚出现的词语(只要它不是非词汇性的成分或纯粹个人性的成分),就都是新词语,收取它们的工具书不能以它们可能是"言语的单位"或"不稳定的单位"等理由加以排拒。稍纵即逝的词语也同样是词语,从研究的角度看,它们的价值并不比那些已登录词语或稳定性强的词语低。第二个角度涉及词语在使用者心中的新鲜度。一旦一个词语在绝大多数使用者的心目中还有新鲜感,那它就还是新词语;一旦一个词语在绝大多数使用者的心目中丧失了新鲜感,那它就不再是新词语了。词语的新鲜感是有时间性的。一般地说,社会变动愈快,新词语产生得愈多,新与旧的更替率就愈高,新词语新鲜度消失得也愈快;反之,社会变动愈慢,新词语产生得愈少,新与旧的更替率就愈低,新词语新鲜度消失得也愈慢。在一个相对封闭的社会里,一个词语从出现到为这个民族的绝大多数成员熟知所需要的时间远比一个相对开放的社会要长,因而,该词语在封闭社会里的新鲜感要比在开放型的社会里消亡得慢。一个封闭的社会,新词语的产生不会是全方位的,因而,既有的词语为新词语所替代的概率也是较低的。

社会状态对新词语的产生、发展影响甚巨。一个特殊的社会与一个正常的社会相比,变化不好说不快,其新词语的产生同样是很多的。但政治特殊的社会所产生出来的新词语多偏于政治性的,很难有正常社会的全面发展的新词语现象产生。"文革"十年间,产生很多此前从未有过的政治性词语,如"特嫌、老保、王八七、红五类"以及"庙小妖风大,池浅王八多""打翻在地,再踏上一只脚,让他永世不得翻身",却没产生出来多少反映经济、文化的新词语。而当社会走在正常的轨道上时,新词语既是全方位的,变化和更新的速度也是较快的。

新词语从本质上说是一种过渡性词语,谈新词语就必须要有时限的概念,即:任何一个词语都不可能永远是新词语,过了一定的时限,这新词语就不再"新",至少不能再贴上"新词语"的标签。如到了21世纪研究汉语新词语时,还有人将20世纪60年代的"样板戏、忆苦思甜、资反路线",70年代的"白卷英雄、工农兵学员、反击右倾翻案风、马振扶公社中学事件",80年代的"四小龙、万元户、改革开放、三资企业",甚至30年代的"新生活运动",40年代的"划江而治",50年代的"反右、镇反、大跃进、放卫星"等视作新词语。一个词语出现在语言生活中已有二三十年历史,其新的色彩已然淡化;出现在语言生活中已有半个世纪甚至更长的时间,它不但不再成其为新词语,有些干脆更成了旧词语。而最近这二十来年出现,尤其是最近刚刚出现在人们话语中的词语,如"范儿、爆买、海淘、逆袭、颜值、女汉子、直男癌、一带一路",无疑更有着较强的新鲜感。

新词语的时限,曾经有人给出二十五年、二十年、十五年。这都有各自的理由和依据。需指出的一点是,随着时代的飞速发展和通讯技术的极大提高,新词语的更新速度也在不断变化。20世纪中叶,一个词语创造出后,要经过很长一段时间才能为广大群众了解、掌握。这是因为当时只有报纸等媒体,信息不畅,受众接受新词语的速度非常缓慢。而到了21世纪,互联网空前发达,信息传播的速度用一日千里来评说已远远不够,像"倒逼、网游、火箭军、小鲜肉"这样的词语一经造出,顷刻间便

"名满天下",广为人知。因此,21世纪新词语新的时限已比20世纪大大缩短了。

　　研究新词语,该词语的"生命"起点应交代清楚。例如,"国旗"一词首见于1873年张德彝《随使法国记》,"罢工"一词1886—1887年就已出现在清廷档案中。"国旗""罢工"今天无人还认为它们是新词,但在初产生时它们无疑是新词。2004年11月美国总统选举白热化时,欧洲安全与合作组织派出代表监督投票,央视在对此作报道时称之为"欧安组织"。欧洲安全与合作组织早已建立,但"欧安组织"却到此时才为中国大众所熟知。2004年10月因为北京国安足球队罢赛而引发了所谓"中超革命"。上述"欧安组织""中超革命",也都是可以追溯出其最早"出生日"的新词语。任何一个词语,都有其被创造的历史,亦可追寻出其源头。现代汉语中的词语单位如此,古代汉语中的词语单位亦然。例如"伪学"一词,根据文献可知大概创造于宋代。《宋史·朱熹传》记载:"刘德秀仕长沙,不为张栻之徒所礼,及为谏官,首论留正引伪学之罪。'伪学'之称,盖自此始。"

　　当然,追溯新词语的源头,势必引来另一个话题——寻找该词语的原创者。有些词语是可以找出其原创者的,如"幽默"创自林语堂,"帮闲、孺子牛、小众"创自鲁迅,"阳谋、只争朝夕"创自毛泽东;有些就很难找出其确指的原作者了,至多只能从大类上作一下判断。

　　新词语的预测,也是一项值得关注的工作。这可分为两项内容:一项内容是由已有的词本身的形式方面类推出来,例如有"巡查、巡逻、巡视",最近有人说"巡讲";另一项内容是由已有的词所反映的社会性类推出来,例如由于中国顾客在日本购买力非常强,日语中出现了一个新词"爆买",可能不久之后这个词会为汉语权威词典所收。台湾区域有"催票、党产、党友、谢票、首投族、扫街拜票",随着社会的发展,这些词中的一些很可能不久之后在大陆区域也会使用开来。

2. 古旧词语

古旧词语包括古词语、文言词语、旧词语。也有人认为它还包括历史词语。

古词语不能简单理解成古代的词语。"古代的词语"这一说法本身就有歧义——古代产生出来且仅通行于古代某个时期的词语,古代产生出来并一直沿用下来的词语,似乎都可说成是"古代的词语"。这里所说的"古词语"应理解成:产生、流行于古代的书面或口语而只在现代书面语中沿用下来的词语。古词语所反映的客观对象在现代或仍存在,只不过反映同样客观对象的古词语和现代词语在使用上发生了分野:古词语只用于现代书面语中,现代词语既可用于口语也可用于书面语。由于产生并流行于古代,古词语在现代只用于书面语,与现代产生的词语相比,有着陈旧的时代色彩。例如:

倏忽　俄顷　庶几　执牛耳　千金裘　绕指柔
杵白交　家天下　杜鹃啼血　投鞭断流
五十步笑百步　位卑未敢忘忧国

古词语还有另一部分,那就是产生于古代的口语,也间或在现代出现,但随着时代的变化却也只能在现代书面语中使用的词语,例如"恁地、怎生、者番、则个"。

与古词语接近的是文言词语。凡文言词语都产生于古代,并且都产生于古代的书面语,流行于古代的书面语,它沿用至今也仅出现于现代的书面语中。例如:

欸乃　承乏　承祧　弛废　崇闳　丁忧　覆瓿　干谒
庋藏　滥觞　仵作　须臾　政躬　支颐　忮求
咳唾成珠　民胞物与　楹倾楫摧　岳峙渊渟

如果拿文言词语与古词语相比较的话,文言词语只是古词语中的一部分,即:古词语中产生于古代,并在现代书面语中使用而带有浓重的书面语色彩的那部分词语,才是文言词语。

文言词语中有所谓"文化词语",它是带有浓重的古代历史文化信息的词语。与文化词语相接近的是典故词语,指的是在创造的当初是含有典故或涉及典故这样一些词语。例如"说项",典出唐代杨敬之诗"平生不解藏人善,到处逢人说项斯";"舐痔",典出《庄子•列御寇》"秦王有病召医。破痈溃痤者得车一乘,舐痔者得车五乘"。

当然,说起文化词语或典故词语,成语是最有资格的了。但除成语外,应该承认还有一些词也是有出典的,也应属文化词语或典故词语。一些文化词语或典故词语存在着为社会认定和为词典收取的问题。《现汉》也收取了一些,如"驻跸";但是当收而未收的词语中就有一些属于文化词语或典故词语,例如"潜邸"就是个文化词,义为皇帝作为储君时居住的府邸,可惜《现汉》各版均漏收。再如"丹墀、定谳、祭拜、弃市、行在"也未收。许多词,《现汉》《新编》弃取态度不同,例如"卑湿、厚贶、化鹤、化俗、化雨、化泽、口给、劳生、厉阶、厉疫、匿笑、匹练、劝农、胜状、胜概、危宿、危语、勿药、友朋、匦月、卓立、卓锡、卓卓、半部论语、博施济众、卜昼卜夜、功不唐捐、厚德载福、加膝坠渊、勤则不匮、千里同风、千里神交、势高益威",《新编》标以"囚"符,视为雅词,《现汉》则不收;有的词,《新编》收了,但却未标以"囚"符,《现汉》也还是没收,例如"丛木、卿云、呒墨、口含钱、厚貌深情、口耳之学、参辰卯酉"。

旧词语是今天在世的人们历史上曾经使用过而今早已不用,一旦再见到便生出无限沧桑感的词语。如 20 世纪上半叶通行的"更夫、马弁、马夫、仆人、村公所、金圆券、维持会"。它们给予现代的人们一种陈旧的时代色彩。这些有着陈旧时代色彩的词语,与有古雅色彩的词语存在着差别。一些语文工具书在为古雅的词语释义时,会标以特定的符号,比如《现汉》标以"〈书〉"符,《新编》标以"囚"符。在为旧词语释义时,一些语文工具书通常会直接用"旧时""旧称"等字眼来说明。下面的词语出自《新编》:

书僮　旧时侍候主人及其子弟读书并做杂事的未成年
　　的仆人。
　　望门寡　旧时女子订婚后未婚夫就死去，俗称望门寡。

下面的词语出自《现汉》：

　　【查照】旧时公文用语，叫对方注意文件内容，或按照文
　　件内容（办事）：即希～｜希～办理。
　　【抗菌素】抗生素的旧称。

不同的语文工具书可能会在一些词语是否具有陈旧的时代色彩的认定上意见不很一致。例如"查照"，《现汉》说明它是"旧时公文用语"，而《新编》只说它是"公文用语"，未加"旧时"二字限定。当然，一个词语不为某部语文工具书标"旧"而标上"古"，不意味着它就不是旧词语。例如《新编》所收的下面的词，就仍是具有陈旧时代色彩的词语：

　　更漏　古时夜间凭漏壶表示的时刻报更，所以漏壶又
　　叫更漏。

当然，"旧""新"的判定，取决于使用该词语的语言区域的人们的语感。在此一区域是旧词语，在另外的区域未必就也有陈旧的时代色彩。例如《新编》所收的"撤差"，释义道："免去原来的职务。旧时称'撤官职'。"看来，对于台湾区域的人们来说，"撤差"比之"撤官职"，没有陈旧的时代色彩。但是对于大陆区域的人来说，"撤差"已是有着陈旧的时代色彩的词语，更遑论"撤官职"了。

　　与古旧词语接近的是历史词语。历史词语也是产生并流行于古代的词语，所不同的是，或者其所反映的客观对象现代已不复存在，该词语也已随之消亡；或者其所反映的客观对象现代已由另一词语来称说，原来的词语也已退出历史舞台。无论上述哪种情况，历史词语都是仅存于古代而不在现代正常的交际中出现的词语。历史词语中已随所反映的客观对象消亡了的词

语,可借"化石语素"的说法,称之为"化石词语"。说它们是"化石词语",是因为它们不但现代不再使用,而且古代文献中的用例不经专家考释也无法辨识。例如《红楼梦》(人民文学出版社,1964)第四十一回说到贾母、宝玉、黛玉、宝钗一行带刘姥姥到栊翠庵玩,妙玉没用已被刘姥姥用过的茶盏给宝钗、黛玉用,而"另拿出两只杯来,一个傍边有一耳,杯上镌着'瓟斝'三个字……妙玉斟了一斝递与宝钗。那一只形似钵而小,也有三个垂珠篆字,镌着'点犀䀉',妙玉斟了一䀉与黛玉……"。何为"斝""䀉"?何为"瓟""斝"? 常人很难搞明白,连出版是书的人民文学出版社也只是加注笼而统之地说"斝是一种古代大酒杯。瓟、斝都是瓜类名","䀉是古代碗类的器皿"。这说明,上述词已成为了历史词,人们不但不再使用它们,连认识和了解它们的机会和可能都极少,自然也就很难对它们产生即时的时代感。

  历史词语中的个别成员可以改头换面成为后世的新词。例如唐代有"行货"一词,据陆宗达先生在《训诂简论》中的考证,古"行"字训"通行大路",引申为"普通"之义。现代人们常挂在嘴边的词"行货",即是"大路货"的意思。

  旧词语与历史词语有区别,也有联系。旧词语是现在还活在世上的一些人们曾经使用过而今天的绝大多数人都已不再使用的那部分词语。而当使用过这批词语的那部分人最终谢世,离开这个世界,这批词语就与后来的人们的生活彻底脱节,不再有纠葛,它们因而也就从旧词语步入到历史词语的行列中了。例如"玉牒"(皇家的族谱)、"补子"(封建时代官服上表示官阶的布饰)、"水法"(人造喷泉)、"点主"(人死后,用鸡血在该人的牌位上点的仪式)、"起居注"(古代皇帝的言行录)这些词语,在20世纪初甚至20世纪中叶,还都可算作是旧词语,而到了21世纪的今天,它们无疑已成为历史词语了。

  古旧词语中为少数人创造的那些,更易走入历史词语的行列。例如伪满时期在东北地区流行的"抓浮浪、勤劳奉仕"等词语,随着日本帝国主义被赶出中国和伪满统治的土崩瓦解,迅即变成了历史词语。

历史词语中的个别单位,在一定的条件下存在着"复苏"或"返祖"的可能。词语复苏,亦可称词语回潮。刚刚退出历史舞台成为历史陈迹的那部分历史词语,最容易借助一定的力量重返舞台,成为复苏词语。在早已走上改革开放康庄大道的今日大陆,倘张口闭口仍是"造反、批斗、封资修、路线斗争",无疑会被痛斥为"文革腔"。"文革"时期风行过的那部分词语,现在早已不用,一旦有人用到,便引人遐思,使人产生强烈的怀旧情绪。

在台湾地区也是一样。随着《动员戡乱时期临时条款》被废止,"戡乱时期"于 1991 年 5 月 1 日零时正式终止,"戡乱时期"流行的政治性词语(如"赤祸、匪乱")也随之烟消云散。2008 年台湾地方领导人大选,在饱受民进党八年折腾之苦后,台湾人民终于用自己手中神圣的一票作出了抉择。随着马英九上台,岛内政治重归清明,两岸情势渐趋和缓。然而,2008 年 11 月 3 日海协会会长陈云林率团访台,以陈水扁为首的"台独派"又祭起已成历史陈迹的陈词滥调,攻击陈云林是"共匪",骂他是"陈匪云林",号召"打共匪""唱反共歌",使人闻而错愕,时光仿佛倒流到数十年前的岁月。

复苏词语可能在意义上与其成为历史词语前有所不同。例如"大婚"本指皇帝的婚礼,倘非皇帝,任何婚礼都不可妄称"大婚"。《末代皇帝溥仪自传》一书谈到溥仪逊位多年后举行的婚礼时用的是打了引号的"大婚":

> 当王公大臣们奉了太妃们之命,向我提出我已经到了"大婚"的年龄的时候,我是当作一件"龙凤呈祥"天经地义的事来接受的。

"大婚"一词打上引号是非常正确的,因为溥仪六岁逊位,结婚时早已是民国的普通国民,不是什么皇帝了。但现今一些媒体经常把稍有名气的人的婚礼称作"大婚",甚至一些名洋人的婚礼也被称作"大婚"。当然这所谓的"大婚",大概只可理解为"盛大的婚礼",而不能理解作"皇帝的婚礼"。"大婚"这样专为最高统治者创造并使用的词被用在普通人身上,反映了词义的泛化。当然并不是所有这样的词都可用在普通人身上,或普通人乐意用在自己身上的,例如"大行、大去、大辟",虽然这里的"大"都有最高、最后、极限、尽头的意思。

思考题:

一、基本词汇和一般词汇的区分究竟有无必要?

二、基本词汇的判定标准究竟应该如何定?

三、一般词汇既然也属共同语,那么它与处于共同语外围的词汇的关系如何?

三、基本词汇与一般词汇相互转化的机制为何?

第八章 词汇演变和规范

第一节 词汇发展、变化的态势

语言是活的,语言中的词汇更鲜活灵动,极富生命力。词汇的发展、变化是每时每刻都在发生的。词汇的发展自然会带来词汇的变化,或者说,词汇变化的结果促成了词汇的发展。词汇的这种发展和变化,当人们从时间的角度远距离观察时,会有更真切的感受。这一点,两千年前的古人即已十分明了,例如同样是表示地球绕太阳一周的时间单位,从唐尧虞舜时期经夏商周,说法代有不同,《尔雅·释天》:"夏曰岁,商曰祀,周曰年,唐虞曰载。"这是为古书记录下来的远古时代对同一事物对象的不同的称谓。由此不难看出语言词汇随时代的变迁而进行的不间断的发展和所带来的巨大变化。词汇的发展、变化,当人们从空间的角度去观察时,会有更加广博的认识。例如《方言》第五:"床,齐鲁之间谓之簀,陈楚之间或谓之笫。其杠,北燕朝鲜之间谓之树,自关而西秦晋之间谓之杠,南楚之间谓之赵,东齐海岱之间谓之樟。其上板,卫之北郊赵魏之间谓之牒,或曰牑。"《方言》第十一:"蚍蜉,齐鲁之间谓之蚼蟓,西南梁益之间谓之玄蚼,燕谓之蛾蜉。其塲谓之坻,或谓之垤。"中国地域辽阔,汉语方言复杂,同一事物对象在各地的不同称谓极多,这本身也说明词汇在空间上的恣肆的发展和巨大的变化。

词汇的发展、变化有其自身的逻辑性和规律性。截至目前,词汇发展的总态势是量的不断增多。将甲骨文时期、金文时期以及整个先秦时期的词汇与我们今天的词汇作一简单的比较即可看出,甲骨文、金文时期的词语,甚至整个先秦时代的词语,与我们今天的词语从数量上看是不可同日而语的。当然词汇的增量,不是各个时代的增速都一样,而是有的时代增速高,增量大,有的时代增速低,增量小。一般来说,一个时代若充满活力,该时代社会文明、开放、进步,其词汇就增速高,增量大;反之,一个时代若不具活力,该时代社会不文明、封闭、退步,其词汇就增速低,增量小。这从清末至今汉语词汇发展的一百多年即可看得十分清楚。清末是社会变动十分剧烈的时期,各种新思潮冲破了长期的封建社会的桎梏,汉语中创造出了大量的新词语。同样的情形,在1949年新中国的建立和随后开展的轰轰烈烈的社会主义建设运动中,亦可看得十分清楚,无数新词语在这一时期以及改革开放的三十多年来被创造出来。反观"文革"十年,社会发展停滞,国民经济到了崩溃的边缘,几乎没有多少反映正常的经济发展和国计民生的词汇被创造出来。

词汇的发展、变化,一方面是新词语不断地被造出,涌进词汇中,另一方面是旧词语逐渐被淘汰掉,走入历史。如果一个社会总有新词语增入,而无旧词语汰出,这种语言恐怕早已臃肿不堪,无法正常使用了。正是因为有吐故纳新,语言词汇才富有活力。一个社会、一种语言若要不断发展,保持旺盛的状态,新增的成分必须高于汰除的成分,最低限度是增入和汰出这两者要做到"收支平衡"。如果一种语言的词汇,增入的成分低于汰除的成分,那么很可能该种语言已开始走向末路,"濒危语言"或许将是它的可怕前景了。我们看到,一些古代的词语,它们所反映、指称的事物对象虽然已经不再存在,但是这些词语可能并不全都消失掉,而可能保留个别的有代表性的,转作他用。例如"状元、榜眼、探花"三个词是科举时代的产物。科举已离开我们的生活一百多年,这三个词中的"榜眼、探花"也随之消亡了,但"状元"一词尚未消失,而是保留了下来沿用至今。当然,它的意义、所指、用法都发生了些微变化,例如今日的"高考状元"、今天的俗语"行行出状元"即是。

第二节　词汇的正态分布与调节

词汇的发展,一方面是因为社会有要求——或需要增加新的成员以反映、指称新的事物对象,或需要汰除旧的成员,因为其所反映、指称的事物对象已成为历史的陈迹;另一方面是社会需要对词汇的分布重作调整和调节,使之布局更趋合理,达到正态分布。语言在使用一段时期后,词汇就可能由原先的分布合理变得不那么合理,需要重新作出调整和调节,使之重趋合理。这样的调整和调节是常常发生的,所面对的情况也较为复杂。

一　缺位与补位

词汇的现况,可能是满位的,即该有词语出现的位置都有词语出现;也可能是缺位的,即该有词语出现的地方却无词语出现。词语缺位虽是词汇运动中常见的情况,但是一旦语言社会不再容忍缺位,就可能新造一个词语补上这个缺位。补位是词汇运动中一项较为复杂的运动,因为语言社会对缺位的容忍度究竟有多大,何时才需要补位,为何是此时而不是彼时补位,可用来补位的候选词语未必只有一个,那么选择哪一个来补位,为何最终选择的是这个而不是其他词语,这些都是值得研究的问题。例如,戏剧演出结束,观众离开剧场,叫"散戏";而电影演出结束,观众离开影院,却没有"散影"这样的词来表现。这词语缺位,截至目前尚未有"散影"之类的词语出现,也就是说还没有词语补位。如果不补位也并不对交际起到较大的妨害作用,语言社会可能就默认或容忍这种缺位。而当不补位对交际起到较大的妨害作用时,语言社会可能就会对此选择零容忍的态度,进行补位。例如古代为师者多是男性,男老师的夫人学生称之为"师母"。但现代为师者女性并不少,女老师的丈夫,学生们该如何称呼？目前大陆还处于缺位的状态；而台湾地区却有个"师丈"的称谓，用于称呼女老师的丈夫。"师丈"在台湾地区起到了补位的作用。

二 占位与错位

词汇运动中，当一事物对象出现后，语言社会可能很快就造出一个词语加以反映、指称，将这个位置占据。这就是词语占位。但这个词语之于这个事物对象未必是最合适、最妥当的。虽然人们后来发现此前的词语并不很适切，但那个位置已为词语先期占据，也很难让那个词语让位，只好让更适切的词语改占其他尚处闲置状态的位置。这就是词语错位。词语错位是词汇命名时常常见到的情形。例如"国联"是旧的"国际联盟"的简缩说法，英文名为 League of Nations，汉语亦译为"国际联合会"，简作"国联"。这是根据1919年在巴黎和会上通过的《国际联盟盟约》，于第一次世界大战结束后不久的1920年1月成立的一个国际组织，总部设在日内瓦。二战后"国联"宣告解散。1945年10月24日新的国际组织 United Nations 成立，它虽仍是国际联盟的意思，但汉语已不能再用"国联"来指称它，尽管"国联"的表意十分恰切。新的国际组织被汉语称作"联合国"。这样称呼它就是要错位。按照汉语的构词规则，"联合国"的重心是"国"，如同"中国""美国""俄国""法国"一样。但联合国并不是一个国，它也没有国家主席或总统。虽然"联合国"之名与这个新的国际组织之实不相符合，但"国联"已有所指，词语的位置已被占用，也只好如此了。

词语占位也不见得都以时间先后为序，有的可能有其他因素在起作用。例如东部亚洲称"东亚"，北部美洲称"北美"，中部欧洲称"中欧"，而南部非洲（Southern Africa）却不能称"南非"，而只能以"南部非洲"名之，因为"南非"是 South Africa 这个国家的中文译名。再如位于南美洲西北部的厄瓜多尔共和国（The Republic of Ecuador）16—19世纪长达三个世纪为西班牙殖民地,西班牙语在厄瓜多尔的影响在在可见,就连国名"厄瓜多尔"也是西班牙语"赤道"的意思。汉语没有将 Ecuador 译作"赤道",再用来指此一国家,因为"赤道"已指环绕地球表面与南北两极距离相等的圆周线,已有占位,汉语用的音译的形式可以避免重复。再如表示学生从注册入学到毕业的在校学习时间这一概念所用的词是"学制",其实"学制"从词语构成上丝毫也看不出其所表示的是上述概念。表示上述概念最恰当的词应是"学时",但"学时"已用来表示学习的单位时间,已然占位,因此表示上述概念时不得不另造"学制"这样的词。

第三节　词汇的语用变异

词汇在实际的使用中,因应一定的语境而发生某种变异,就是词汇的语用变异。词汇的语用变异与词汇的历史变异是不同的,后者指的是词汇在历史的纵向发展中所产生的变化以及变化的情状。例如,"肆"在古代汉语中就是店铺、摊档之意,现在还可见"鲍鱼之肆"等说法,但在现代汉语中,能与"肆"组合的就只剩下了"书"和"酒"。因而《现汉》为字头"肆[3]"释义作"铺子"有义域过宽之嫌,而应释为"零售书、酒的铺子"。"肆"这个字的意义的变异,就是字义的历史变异。历史变异更多的是指词汇单位的变化情状,例如"翻箱倒箧"变为"翻箱倒柜","秤心如意"变为"称心如意","前仆后继"变为"前赴后继","揠苗助长"变为"拔苗助长"。历史变异还可发生在成类的词上。例如,量词是词汇中较为传统的类。古代汉语中的量词一如其他词类的词,绝大多数是单字词。古汉语的单字量词中有一部分是专用量词,例如"尾"专用于鱼,"袭"专用于成套的衣服。近代以来汉语的量词仍有不少是单字量词,也有不少是专用量词,例如"泡"专用于屎尿。自汉语进入现代以来,量词中增添了一些外来的成员,这些外来的成分在汉语中多仍表现为单字词,例如英语中的 mile 汉语译作"迈",英语中的 ton 汉语译作"吨"。量词的这种传统性甚至导致语言和文字的分离,如"公两"写作"唡","公寸"写作"吋"。量词的发展也表现在合成量词的产生上。近世以来产生出来的合成量词分复合量词和派生量词两类。复合量词多是因应近代以来科学技术的发展而产生的,如"批次、车公里、吨公里、秒差距、体积吨";派生量词则多为民间的创造,口语性较强,如"口子、起子、下子"。

词汇的语用变异与上述变异情况不同,它们是词汇在使用中因应一定的语境情况而产生的变异。词汇的语用变异情况很多,这里略举几种:

第一种,弃此词而取彼词。例如,曾有领导干部面对外媒否认中国有失业现象,他说中国没有失业,而只有待业。不称"失业"而称"待业",即弃此词而取彼词,是词汇的一种语用变异。

第二种,仍用此词,却让此词的意义指向发生自己需要的改变。例如,"母校"的意义是自己所从出的学校,但在中国国民党主席连战2005年的北京大学演讲中有这样的话:"台湾的媒体,说我今天回母校——母亲的学校。这是很正确的报道。"

第三种,一种语言,在多数地方有数个词可用,而在某一地却只用其中一词。某地只用的一词,其语用涵盖其他地方多词的语用。举个例子,在澳门的一些场合有警示性的招贴,上写"录像监察中"。似这样意义的"监察",在内地会写作"监视"。澳门所用汉语,倒是"监察""监视"两词都有,但内地用"监视"的地方,澳门常习惯性地说成"监察"。从构词的字上看,"视"与"察",并不完全一样,《类篇》:"视,善旨切。瞻也。比也。""察,初芮切。伺也。"《现汉》第6版对这两词的释义也有所不同:"监视"的意义是"从旁严密注视、观察","监察"的意义是"监督各级国家机关和机关工作人员的工作并检举违法失职的机关或工作人员"。在内地汉语中,"监视"常用来表示对人和事进行严密的注视,加以防范;"监察"常用来表示对国家和政府机关的工作人员进行监督。该用"监察"的地方,不可换用作"监视";该用作"监视"的地方,也不可换用作"监察"。"监察""监视"两词在内地和澳门的使用,并不表明两词的意义有所不同,而只说明它们在语用上有所区别:澳门社会偏好"监察"而避用"监视",目的或在于减轻词语的刺激性,有使语意轻化的作用。再举一个例子,内地有"违法""违规""违纪""违章"等多个词表示违反了某种社会约定,违反法律叫"违法",未违反法律只违反规定叫"违规",未违反法律只违反纪律叫"违纪",未违反法律只违反规章叫"违章"。但在澳门却无"违规""违纪""违章"这些词而只有"违法"这一个词。也就是说,在澳门,无论是违反法律还是违反其他社会规定,都称为"违法"。澳门的"违法"一词的语用辖域,大致相当于内地"违法""违规""违纪""违章"四个词的语用辖域。这或可表明澳门人对违反法律和违反规定、违反纪律、违反规章的同等的重视程度。

第四种,某个词本存在于各处,但随着时间的发展,该词只为某地偏用,而为其他地方所避用,以此显示出不同的语用选择。一种语言的词汇单位,常常会有一些成员是各区域共有合用的情况,也会有随着时代的发展和历史的变化虽为各区域所共有却不同时为各区域所共享,而只为某一个/些区域独用或常用的情况出现。一种语言的共有合用词语,可称全局词语;一种语言偏用一域的词语,可称偏域词语。共有,说的是其共同语词语的身份;偏域,则指的是其只用于某一个/些区域的事实。使用人口众多、使用地域辽阔的一种语言,其所下辖的区域往往是很多的。拿现代汉语来说,因社会制度和意识形态等的不同形成的大的行政区域有四个,这就是大陆、台湾、香港和澳门。偏域词语在现代汉语的这四个不同区域中有着大量的存在和较为活跃的表现。例如,"挹注"是台湾媒体上常常出现的一个比较典雅的词,台北《工商时报》2011年4月14日有标题为《特力两岸展店,挹注营收攀升,预期五一长假将助涨大陆业绩,而台湾今年营收至少成长两位数》,其中就用到了"挹注"这个词。"挹注",《现汉》从1960年的试印本到2012年的第6版均有收录,第6版释义为:"〈书〉囫指从有余的地方取些出来以补不足的地方。"这个词《现汉》收录是收录,但在大陆却极为罕用。查询国家语委现代汉语语料库,1900年至2000年的报纸类竟无一个"挹注"的用例,自然科学类和综合类亦无一例,只人文社科类有两例。而台湾地区则不然。经查2014年1月1日—31日的《自由时报》,一个月内竟有68例。除整个单位是偏域词语外,有的多义词语只在某个义项上存在着偏域的情况。这虽非整个词语偏域而只是词语的某个义项偏域,不好再称之为偏域词语而只好称之为词语的偏域义,但为研究计,可将其纳入偏域词语的研究范围。"坦白"的"坦率"义即是。"坦白"是汉语各区域共同拥有的一个词,但表示"坦率"义的"坦白",却常见于台湾的"国语"和港澳地区的汉语,而很少用于大陆的普通话,因而,对于台港澳区域而言,"坦率"义是"坦白"这个词的偏域义。

第四节　异形词:异形一词

　　理想的词典所收的条目应该是一词一条、一条一形。然而由于历史上各种各样的原因,今天的现代汉语中存在着不少同一词位而有不同书写形式的词——异形词。这些异形词的性质如何确定?其本身存在着哪些类别?异形词怎样进行规范?这些问题需要澄清和辨明。

　　目前,学术界对异形词性质的看法尚不一致,大体上有三种不同的认识:第一,认为异形词是读音相同或相近,意义相同,但词形不同的词;第二,认为异形词是词形不同而含义相同并在同一语言环境中可以互换使用的一组词;第三,认为异形词是意义、读音完全相同,但书写形式不同的词。以上三种观点有一点是共同的,即:异形词意义相同是其首要性质。第一种和第三种观点还提出了异形词读音同、近的问题,唯独第二种观点没有提到读音同、近的问题,而把使用上的可替换性作为一个重要性质提了出来。我们认为,各家所谈到的异形词的几点性质并不恰切、全面,只接触了表面现象而非问题的实质,有的甚至会导致错误的结论。下面分别来看。

首先,看异形词的所谓意义相同的问题。

语言中存在着词与词之间在意义上相同的关系。"意义相同"多指两个或两个以上的词相互间的关联。把"意义相同"拿来也视为异形词的性质,易使人将异形词和同义词混为同类现象。异形词的各个形体并无自己独立的意义,也并不彼此形成对照和制约。同义词和异形词是绝不同质的两类现象,它们之间的根本区别点在于材料构造不同。同义词,无论是等义词还是意义有细微差别的一般同义词,词与词间存在着材料构造上的差异。材料的不同或材料在构词方式上的不同,致使相互同义的词各自有着自己的意义特点,各作为一个独立的词位而彼此区别开来。异形词却不然,它不是语言中的"一组词",不论书写形式有多少个,在实际语言中都只是一个词,它是一个词位在书写上表现为若干个变体的现象。而所以如此的更根本的原因,就在于异形词的不同的书写形式在材料构造上并无不同。异形词是用若干个形体表示一个材料,或者说,一个材料由若干个形体来代表,去表现。同义词中的等义词在材料构造上的区别也是明显的。如"力气、气力""光荣、荣光",材料虽同,构造逆序,成为意义相等的成组的词。而"按语、案语""黑糊糊、黑乎乎"是异形词,不是同义词,因为它们都只是一个词书写上的不同变异形式,在不同的变体之间也不存在可使它们彼此区别的意义特点。有的研究者所以把同义词看成异形词,是因为在他看来,异形词各形体之间的关系是词与词的关系,而且各"词"之间具有相同的意义;有的研究者之所以把异形词视为同义词,也是由于并未在观念上根本排除掉异形词彼此"意义相同"问题的考虑。照后一种观点来看,许许多多异形同词的异形词,将成为词异义同的同义词,或同义词中的一类——同音同义词,异形词势必所剩无几;按照前一种观点来看,语言中所有的同音同义词,都将归入异形词之列,而且这样一种认识还会导致更为严重的后果。如有人就曾将"按摩、推拿""星期、礼拜""演讲、讲演"

"感情、情感"这些绝不共一个词位而在材料构造上显出自己特点的一对对词也看作是异形词。其所以这样做的理由,就是这一对对的词各有意义,而且意义相同。这当然是荒唐的,不能为绝大多数人所接受。

其次,看异形词的读音同、近的问题。

异形词多是人们在语言的运用中使用繁简字、古今字、同音字替换原有词中的部分或全部成分的形体造成的。用来替换原词中成分的形体和原词中本有成分的形体一般也是同音的。这样看来,为异形词的确定设立一条读音相同的标准是可以的,也是大体符合实际情况的。但这条标准也未可绝对化,因为有的异形词就并不同音。如"弟佗"和"棣达"都译自英语 data,而且同时出现在严复所译的《穆勒名学》中,汉语意义也只有一个:数据。"弟佗、棣达"难以看作两个词,而只是一个词的两个书写形式,是异形词。同类的例子如:"脉塞、脉泽"同译自英语 maser,"掩拔、盐敷"同译自马来语 amba,"特卡米突、特克米突、特克迈当、迭客米突"同译自法语 décamètre,"拘卢舍、拘罗舍、拘罗、拘屡、拘楼赊、俱卢舍、卢舍"同译自梵语 krosa。当然,在外来词中,如果记录音节的汉字同时也蕴含、表示和该外来词含义相关的某种意义,那么所形成的不同的形体也就不再共一个词位,而是不同的词,如"水门汀"和"西门土"之类即是。于此可见,读音相同的标准既不宜绝对化,也不可与意义问题完全割裂开来。读音相近标准的设立,如果是针对外来词中的那种异形同词的现象而言,无疑是正确而符合实际的。然而,有的论者所举的却是"跟头"和"筋斗"这类同义词中的读音相近的例子而非外来词中的异形词现象,这就不能不令人对论者是否正确把握读音相近的标准产生疑惑。那样一来,异形词的范围势必无限扩大,异形词与许多其他类型的词也将无法分清界限。

再次,看异形词的可以互换使用的标准。

异形词是书面上的一种用词现象。对汉语中的异形词来说,汉语的使用者们不计较汉字本有的意义,而把它们当作纯粹的记音符号看待,这样,一个词就可能会产生不同的书写形式,成为异形词。异形词如果从构成其各个形体的汉字只重记音不重表意的角度看,使用哪个形体都不能算错,尤其是在一个词刚刚有不同的写法出现的时候。但异形词究竟是有待规范的用词现象,从这个方面考虑,却又不能过分强调异形词的可替换性。异形词有些已被人们明确地分出正体和异体(如"仿佛、彷佛、髣髴"),在此情况下,如果弃正体而用异体,显然不适当。有些异形词虽尚未明确地分出正体和异体(如"耿直、梗直、鲠直"),却也已反映出规范的倾向。在异形词不同写法的使用上,尽管更主要的不是对不对的问题,而是好不好的问题,但是这并不能成为它可以脱开规范的藩篱、任意换用的理由和根据。对异形词来说,换用至多只能作为一个消极的鉴别标准存在:甲形体换作乙形体、丙形体或丁形体,不能算错。如果把换用视作异形词确定的积极的标准,势必与规范化的内容相矛盾,而这是不能允许的。

鉴于此,所谓异形词,是一个词位在书面上有若干种不同写法的用词现象;异形词的若干个形体在共有一个意义的前提下,多是有着同一的语音形式,少数语音形式略有参差;异形词从最初形成的角度着眼,各形体有使用上的代换关系,但从规范的角度看,几个形体应该而且可以分别出正体、异体,以利于人们的使用。

第五节 同音词、同形词:一形异词

词的语音形式相同的词,是同音词。同音词,是从语音形式相同的角度为词所作的分类。一个词,当其语音形式与他词有相同的关系时,并不能排除跟它同音的词在书写形式等方面也与其具有完全相同或部分相同的关系。同音词所关注的仅仅是同音而已,并不关注其他。如此看来,一些著作为同音词所下的"语音形式相同而字形不同的词"的定义,是存在问题的。同音词因字形的异同而存在着三大类别：

A. 书写形式完全不同的同音词。例如：

曾—增　天—添　严—盐　网—往　刚—钢　魂—浑
应—鹰　鹿—路　坝—爸—霸　号—好—耗
李—里—礼—理　晚—碗—皖—挽　清脆—青翠
冲击—充饥　惯常—灌肠　浴池—尉迟　目的—墓地
保健—宝剑　峰巅—疯癫　绅士—身世　机关—鸡冠
歧视—骑士—奇事　犀利—淅沥—西历
公式—攻势—工事—官室

B. 书写形式部分相同的同音词。此类又分两小类：

a. 词的前半部分书写形式相同，后半部分书写形式相异的。例如：

上风—上峰　死结—死节　算是—算式　看重—看中
公事—公式　满族—满足　小麦—小卖　过渡—过度
先觉—先决　女生—女声　基因—基音　狼毫—狼嚎

b. 词的后半部分书写形式相同，前半部分书写形式相异的。例如：

文理—纹理　生平—升平　工会—公会　介词—借词
公事—工事　钎子—签子—扦子　吸力—悉力—惜力

C. 书写形式完全相同的同音词。例如：

仪表（人）—仪表（设备）　理论（名词）—理论（动词）
杜鹃（花名）—杜鹃（鸟名）　将军（名词）—将军（动词）
语文（语言文字）—语文（语言文学）
乖乖（表示诧异或赞叹的叹词）—乖乖（形容词或名词）
淤血（动词）—淤血（名词）

A 类仅仅在语音形式上相同；B 类不仅在语音形式上相同，而且在字形上部分地相同，如果把字形的因素也考虑进去的话，则该类词可称作半同形同音词;C类不仅在语音形式上相同,在字形上也完全相同,如果把字形的因素也考虑进去的话,则该类词可称作全同形同音词。

汉语同音词产生的原因有四。一是语音偶合。汉字量大,汉语普通话音节数量少,用少量的音节去表大量的字词,自然会出现语音相同的现象。二是历史音变。历史上本不同音的词,随语音的发展演变而成为同音词。三是词义分化造成。四是不同系统的语言单位的借入,产生同音词。

同音词有个词长的问题。同音词词长愈长,其同音的概率愈低。同音词词长最长的大概就是双字的。

同形词,是词的书写形式相同的词。同形词,是从词的书写形式的角度为词所作的分类。一个词,当其书写形式与他词有相同的关系时,并不能排除跟它同形的词在语音形式等方面也与其具有完全相同或部分相同的关系。同形词所关注的仅仅是字形相同而已,并不关注其他。如此看来,一些著作为同形词所下的"书写形式相同而语音形式不同的词"的定义,是存在问题的。同形词因语音形式的异同而存在着三大类别:

A. 语音形式完全不同的同形词。例如:

澄(chéng)—澄(dèng)

还(hái)—还(huán)

落(luò)—落(là)—落(lào)

和(hé)—和(hè)—和(hú)—和(huó)—和(huò)

结实(jiē·shi)—结实(jiéshí)

大夫(dàfū)—大夫(dài·fu)

差事(chāi·shi)—差事(chàshì)

B. 语音形式部分相同的同形词。此类又可分为两小类:

a. 词的前半部分语音形式相同的。例如:

难处(nánchù)—难处(nánchǔ)

播种(bōzhòng)—播种(bōzhǒng)

下水(xiàshuǐ)—下水(xià·shui)
大汗(dàhàn)—大汗(dàhán)

b. 词的后半部分语音形式相同的。例如：

倒车(dǎochē)—倒车(dàochē)
转动(zhuǎndòng)—转动(zhuàndòng)
片子(piān·zi)—片子(piàn·zi)
曲种(qūzhǒng)—曲种(qǔzhǒng)

C. 语音形式完全相同的同形词。例如：

苏子(白苏或紫苏的种子)—苏子(指苏轼)
通话(通电话)—通话(用彼此听得懂的话交谈)
对眼(合乎自己的眼光，满意)—对眼(内斜视的通称)
北海(广西壮族自治区的一座城市)—北海(北京市内的一个公园)

A类词书写形式相同而语音形式全异，自然只是同形词；B类词的部分语音形式相同，部分语音形式相异，而书写形式相同，当然仍只是同形词；C类词不仅书写形式相同，语音形式也完全相同，因而既是同形词又是同音词。

同形词产生的原因非常复杂，归纳起来看，不外乎有如下几种：第一，词义的分化形成同形词；第二，书写形式偶合形成同形词；第三，用记录本语言的字去拟写外语中的词时形成同形词。

同形词词长愈长，其同音的概率也愈低。同形词词长最长的大概就是四字格的"难(nàn)兄难(nàn)弟"和"难(nán)兄难(nán)弟"。

同形词是就一种语言系统内部的词汇关系而言的，不属一种语言的词汇现象不能视为同形词。例如，"学长"在现代汉语中有两个义项，第一个义项是对同学的尊称，第二个义项是旧时对大学各科负责人的称谓。而在现代韩国语里亦有"学长"一词，它仅有现代汉语的第二个义项，而没有第一个义项。再如，

"总长"在现代汉语里有两个义项,第一个义项是北洋军阀时期中央政府各部的最高长官,第二个义项表示总参谋长。而在现代韩国语里亦有"总长"一词,它的意义是大学校长。

第六节 异名同实词语和同名异实词语

异名同实词语,是一个事物对象而有不同的叫名的词语。在《现汉》里,异名同实词汇单位通常用在释语和例证后加标"也叫……"的方式表示,以与标作"也作……"的异形词区别开来。

通过对《现汉》所收异名同实词汇单位的分析,我们发现:第一,用以构作异名同实词汇组的词汇单位在现代汉语中占有不小的比例。《现汉》1978年版收条目共约56,000余条,而用以构作异名同实词汇组的词汇单位就有5,464条,占全部条目的9.75%以上。第二,异名同实词汇组可由两个词汇单位构成,也可由两个以上的词汇单位构成。但异名同实词汇组从构自单位的多寡上看,其典型形式应是由两个词汇单位构成的。理由除了由两个词汇单位构成的异名同实词汇组在全部异名同实词汇组中约占83.8%之外,还有一点也不能忽视,那就是:由两个以上的词汇单位构成的异名同实词汇组,组内的词汇单位有不少是方言中的不同叫名,如由七个单位构成的"甘薯"组,只"甘薯、红薯、白薯"是共同语中的,"番薯、山芋、地瓜、红苕"四个词都以"〈方〉"的标记标示着它们来自方言;由九个单位构成的"玉米"组,只"玉米"和"玉蜀黍"两个词是共同语中的单位,"老玉米、玉茭、玉麦、包谷、包米、棒子、珍珠米"七个词都因来自方言而标以"〈方〉"的标记。

与异名同实词汇单位情况相反的是同名异实词汇单位。所谓同名异实词语,是形式相同而所指不同的一组词语。形式,可指语音形式,也可指书写形式。语音形式相同的同音词和书写形式相同的同形词,均可称为异名同实词汇单位。

思考题：

一、什么叫词汇的正态分布？词汇的正态分布中，自然力的作用和人工的干预各自发挥着怎样的作用？

二、同音词的"形"和同形词的"形"，二者是什么样的关系？

三、不同的异形词，可以说其间的关系是词形不同而意义相同吗？

四、词汇的语用变异与历史变异有无关系？

参考文献

董秀芳 2002《词汇化:汉语双音词的衍生和发展》,成都:四川民族出版社。
符淮青 2004《词典学词汇学语义学文集》,北京:商务印书馆。
江蓝生 2000《近代汉语探源》,北京:商务印书馆。
蒋绍愚 1989《古汉语词汇纲要》,北京:北京大学出版社。
李宇明 2005《中国语言规划论》,长春:东北师范大学出版社。
梁晓虹 1994《佛教词语的构造与汉语词汇的发展》,北京:北京语言学院出版社。
梁晓虹 2001《佛教与汉语词汇》,台北:佛光出版社。
刘叔新 1990《汉语描写词汇学》,北京:商务印书馆。
刘叔新 周 荐 1991《同义词语和反义词语》,北京:商务印书馆。
陆俭明 2005《现代汉语语法研究教程》(第三版),北京:北京大学出版社。
吕叔湘 1979《汉语语法分析问题》,北京:商务印书馆。
马西尼 1997《现代汉语词汇的形成——十九世纪汉语外来词研究》,上海:汉语大词典出版社。
沈国威 2010《近代中日词汇交流研究——汉字新词的创制、容受与共享》,北京:中华书局。
苏宝荣 2000《词义研究与辞书释义》,北京:商务印书馆。
孙常叙 1956《汉语词汇》,长春:吉林人民出版社。
孙常叙 2005《汉语词汇》,北京:商务印书馆。
王洪君 2011《基于单字的现代汉语词法研究》,北京:商务印书馆。
王 力 1980《汉语史稿》,北京:中华书局。
王 力 1993《汉语词汇史》,北京:商务印书馆。
王云路 王 诚 2014《汉语词汇核心义研究》,北京:北京大学出版社。
邢福义主编 1994《现代汉语教程》,武汉:湖北科学技术出版社。
张志毅 张庆云 2001《词汇语义学》,北京:商务印书馆。
周 荐 2004《词汇学词典学研究》,北京:商务印书馆。

周　荐 2004《汉语词汇结构论》，上海：上海辞书出版社。
周　荐 2011《汉语词汇趣说》，广州：暨南大学出版社。
朱庆之 1992《佛典与中古汉语词汇研究》，台北：文津出版社。
竺家宁 1999《汉语词汇学》，台北：五南图书出版股份有限公司。
西光義弘 2002『日英語対照による英語学概論』，東京：くろしお出版。
Lyons，J. 1995 *Linguistic Semantics*. Cambridge：Cambridge University Press.
Saeed，J. 1997 *Sementics*. Oxford：Blackwell Publishers.

后　记

　　2005年,南开毕业后任北京大学出版社编辑的张进凯同学,先打电话到我南开寓所,又亲到我在范孙楼的办公室,敦请我编写一部汉语词汇学的教材。我答应了,但随之而来的工作重心南移,令此事不得不搁置下来。四年前,时任北京大学出版社汉语编辑部主任的王飙先生打电话到澳门重提此事,我很不好意思,但还是应承尽快完成任务,并函请陆俭明先生惠赐大序。我虽知教材与专著写法不尽相同,但任务之艰巨仍大出所料。专著,可将作者崭新的思考尽情挥洒,将本人旧文中的观点任性纳入;而教材,则只能拣选较为稳妥的内容酌情展开,挑出能为大家接受的观点适度写入。于是,我只好边读书边思考,成熟一节写一节,成熟一章写一章。写写停停,修修补补,一晃又是三年,陆先生的序早已赐下,拙著却远未成型。2015年11月,我应金铉哲教授之邀到延世大学做学术讲座,不意在此巧遇故人——进凯就在金教授门下读博。讲座之余,进凯和为陪我专程赴韩的博士生严世焕同学与我共游三八线上的临津阁。在文山镇一家名"味牛肉花"的餐馆,我们师生三人边小酌韩国米酒玛格丽边聊天,进凯又提教材事,问我进度,还说曾看到过北京大学出版社为是书打的广告。这让我羞愧难当。从韩国回到澳门后,我放下手边几乎所有能放下的工作,全力投入到这部教材的修改完善当中,终于赶在乙未年的最后一刻完成了此一工作,庶未愧对俭明老师,但愿没太对不起进凯、王飙及责任编辑崔蕊等多位为此书付出过心血的朋友。

再过数十小时就是农历丙申年，按照中国传统算法，我也将进入耳顺之年了。仿佛就是昨日，我还作为学生坐在南开的教室里聆听邢公畹先生、张清常先生、刘叔新先生、宋玉柱先生等老师授课；只一瞬间，青丝少年已满头飞雪，即将进入老年，当年的老师多已作古，与我天人永隔了。时光无情，它并不因人的哀恳而稍停匆匆的步履。我们唯一能做的，就是在高速前行的时光将一切抛下前尽力完成好自己该做、能做的事情。

　　日月不淹，春秋代序；长征接力，薪尽火传。作为一个学者，不忧时光飞逝，但求学有传人。当年我师，将汉语词汇学的接力棒交到我手上，我竭尽全力去做，尽力使之发扬光大了。今日的我，瞩望后之来者，循此前行，拓出更宽广的路，以利后之后者。

周　荐
2016年2月4日灯下

北京大学出版社语言学教材总目

博雅21世纪汉语言专业规划教材：专业基础教材系列

语言学纲要（修订版）　叶蜚声、徐通锵著，王洪君、李娟修订
语言学纲要（修订版）学习指导书　王洪君等编著
现代汉语（第二版）（上）　黄伯荣、李炜主编
现代汉语（第二版）（下）　黄伯荣、李炜主编
现代汉语学习参考　黄伯荣、李炜主编
古代汉语　邵永海主编（即出）
古代汉语阅读文选　邵永海主编（即出）
古代汉语常识　邵永海主编（即出）

博雅21世纪汉语言专业规划教材：专业方向基础教材系列

语音学教程（增订版）　林焘、王理嘉著，王韫佳、王理嘉增订
实验语音学基础教程　孔江平编著
现代汉语词汇学教程　周荐编著
简明实用汉语语法教程（第二版）　马真著
当代语法学教程　熊仲儒著
修辞学教程（修订版）　陈汝东著
汉语方言学基础教程　李小凡、项梦冰编著
语义学教程　叶文曦编著
新编语义学概要（修订版）　伍谦光编著
语用学教程（第二版）　索振羽编著
语言类型学教程　陆丙甫、金立鑫主编
汉语篇章语法教程　方梅编著（即出）

汉语韵律语法教程　冯胜利、王丽娟著

新编社会语言学概论　祝畹瑾主编

计算语言学教程　詹卫东编著（即出）

音韵学教程（第五版）　唐作藩著

音韵学教程学习指导书　唐作藩、邱克威编著

训诂学教程（第三版）　许威汉著

校勘学教程　管锡华著

文字学教程　喻遂生著

汉字学教程　罗卫东编著（即出）

文化语言学教程　戴昭铭著（即出）

历史句法学教程　董秀芳著（即出）

博雅21世纪汉语言专业规划教材：专题研究教材系列

实验语音学概要（增订版）　鲍怀翘、林茂灿主编

现代汉语词汇（第二版）　符淮青著（即出）

现代汉语语法研究教程（第四版）　陆俭明著

汉语语法专题研究（增订版）　邵敬敏等著

现代实用汉语修辞（修订版）　李庆荣编著

新编语用学概论　何自然、冉永平编著

外国语言学简史　李娟编著（即出）

近代汉语研究概要　蒋绍愚著

汉语白话史　徐时仪著

说文解字通论　黄天树著

甲骨文选读　喻遂生编著（即出）

商周金文选读　喻遂生编著（即出）

汉语语音史教程（第二版）　唐作藩著

音韵学讲义　丁邦新著

音韵学答问　丁邦新著
音韵学研究方法导论　耿振生著

博雅西方语言学教材名著系列
语言引论(第八版中译本)　弗罗姆金等著,王大惟等译
语音学教程(第七版中译本)　彼得·赖福吉等著,张维佳、田飞洋译
语音学教程(第七版影印本)　彼得·赖福吉等著
方言学教程(第二版中译本)　J. K.钱伯斯等著,吴可颖译
构式语法教程(影印本)　马丁·休伯特著
构式语法教程(中译本)　马丁·休伯特著,张国华译